图书在版编目（CIP）数据

浑沌学与语言文化研究新进展/张公瑾、丁石庆主编．—北京：中央民族大学出版社，2009.12
ISBN 978-7-81108-744-4

I.浑… Ⅱ.①张…②丁… Ⅲ.浑沌学－应用－文化语言－文集 Ⅳ.H0－05

中国版本图书馆 CIP 数据核字(2009)第 233763 号

浑沌学与语言文化研究新进展

主　　编	张公瑾　丁石庆
责任编辑	方　圆
封面设计	金　星
出 版 者	中央民族大学出版社
	北京市海淀区中关村南大街27号　邮编：100081
	电话：68472815(发行部)　传真：68932751(发行部)
	68932218(总编室)　　68932447(办公室)
发 行 者	全国各地新华书店
印 刷 者	北京华正印刷有限公司
开　　本	880×1230(毫米) 1/32 印张：11
字　　数	270千字
印　　数	1000册
版　　次	2009年12月第1版　2009年12月第1次印刷
书　　号	ISBN 978-7-81108-744-4
定　　价	28.00元

版权所有　翻印必究

中央民族大学国家"211工程"三期建设项目

浑沌学与语言文化研究新进展

HUNDUNXUE YU YUYAN WENHUA YANJIU XINJINZHAN

张公瑾　丁石庆 ◎ 主编

中央民族大学出版社
China Minzu University Press

目 录

语言学思维框架的转换（代序） …………………… 张公瑾（1）

理论与方法篇

语言变化的浑沌学诠释 ……………………………… 张铁山（11）
浑沌学视域下的语音构拟 …………………………… 周国炎（23）
初值与沿流：语言演变的浑沌性质 ………………… 王 锋（33）
浑沌性是语言的本质属性 …………………………… 彭 凤（42）
文化语音学理论构建的思考 ………………………… 孟德腾（50）
西方浑沌学和语言文化研究：发展趋向、研究成果、
新的挑战 …………………………… ［德］司提反·米勒（60）
帕尔默文化语言学观概述 …………………………… 王国旭（71）

研究与应用篇

傣语双声型摹状词元音交替规律探索 ……………… 戴红亮（83）
蒙古语二元对立文化语义语音选择 ………………… 曹道巴特尔（93）
中国京语与越南语西贡音辅音和声调的异同 ……… 何思源（110）
"山寨"现象的浑沌学观察 ………………………… 杨大方（122）
"子"为词缀的文化意义流变 ……………………… 吴 平（132）
浑沌学视野的"上下结构"的语义非对立现象 …… 陈 晨（142）
词义引申的浑沌学解释 ……………………………… 李宇宏（149）
早期传教士作品中的"基督化"词语 ……………… 马云霞（155）
古代汉语中动物与植物的范畴化 …………………… 李智勇（166）
沿流与演变：业隆话动词的使动式 ………………… 尹蔚彬（174）

蒙古语中古老的内部屈折构词法探析 ………… 格根哈斯（182）
初始与分叉：达斡尔族姓氏的历史演化 ………… 丁石庆（187）
从浑沌学视角透视英汉字词中的性别文化 ……… 王显志（196）
语言接触强度：内蒙古俄语演变的重要参量 …… 白　萍（208）
沿流与变异：试析撒拉族语言的浑沌演化 ……… 张竞艳（219）
从满语的发展历程看满族文化变迁 ……………… 胡艳霞（228）
额尔古纳俄罗斯族语言文化中的浑沌学因素
　分析 ………………………………………………… 张英姿（235）
纠错反馈：中介语系统演化的重要因素 ………… 洪　芸（248）
甘南藏族学生汉语中介语干扰因素的浑沌学
　解释 ………………………………………………… 杨　琳（259）
基于浑沌学思想的汉语教学模式及其应用 ……… 鲜红林（266）
浑沌学理论与外语教学 …………………………… 井兰柱（281）
浑沌学视野下的壮语翻译 ………………………… 黄美新（291）
日本文字文化的浑沌学考察……………［日］水原寿里（297）
文学的分叉现象 …………………………………… 吴　刚（317）
"第二届浑沌学与语言文化专题研讨会"
　会议纪要 …………………………………………… 刘　浩（323）
主要参考文献 …………………………………………（332）

语言学思维框架的转换（代序）

张公瑾

一个新兴的学科，如果没有不同于传统的新的方法论的支撑，它还是站立不起来的。浑沌学的理论和方法使文化语言学获得坚实的方法论基础，实现了一次思维框架的转换。

学科的发展首先体现在对自己研究对象认识的深化上。文化语言学在前人对语言认识的基础上，提出了语言的文化性质问题，认定语言是一种文化现象。这个认识改变了语言学的理论和方法论基础，大大拓展了语言学的研究领域，从而使语言学溶入了文化多样化的时代潮流，在实践上增添了人文关怀，获得了前所未有的生命力。

由于语言是一种文化现象，在语言与文化整体以及语言与其他文化现象的关系上，语言获得了最有论证力和说服力的文化价值。使用浑沌学的非线性分析方法，充分揭示语言的文化价值，是当前语言学的重要使命。

文化语言学以及浑沌学的应用，我们都走在世界思潮的前沿，但我们不必讲"领先"、"接轨"之类的话。文化语言学有中国自己的传统和特点，它将为语言学开拓无限广阔的前景。

一、改换观念，实现一次思维框架的转换

上世纪 80 年代初文化语言学在我国崭露头角，到 80 年代中期正式有了"文化语言学"的学科名称，此后逐渐形成了所谓的

"文化语言学中国潮"。文化语言学产生在中国,有自己深厚的文化背景,它与文化意识的崛起以及民族独立和民族解放运动相关联,因此它能产生在中国是顺乎自然的。当时国外还没有这个学科,我们不必说我们当时处于世界的领先地位,但它的确有中国的特色。

对于一个新兴的学科,必定要有新的方法论来支撑。最初10年间,人们在方法论上不断探索,但很难脱离传统方法论的窠臼。到了90年代初,我们看到科学的发展在分析方法登峰造极之后,正朝着大综合的方向前进,多学科交叉成为科学发展的普遍趋向。语言学借鉴其他学科的最新成果来刺激本学科的发展已势所必然。就在这个形势下,我们发现上世纪70年代以后迅猛发展的浑沌学理论对语言学研究的重大意义,浑沌学方法的运用将使文化语言学获得新的方法论基础。

浑沌学起源于自然科学,但很快被应用于人文科学,并取得了显著的成果。语言学所研究的语言,既有物理、生理基础,又有社会、文化基础,既有自然属性,又有人文属性,浑沌学在这个领域的应用有着天然的方便条件,有着非常广阔的天地。但浑沌学与传统语言学在理论框架和方法论原则上都截然不同。传统语言学对语言一贯使用线性分析的方法,而浑沌学要把握对象的非线性特点,注重对语言和文化进行非线性分析。把浑沌学理论和方法引用到语言学中来,这是一次思维框架的转换,是语言学的一次重大的变革。

浑沌学被科学界普遍承认还只有30年的历史,但它在很短的时间内迅速覆盖了很多人文、社会学科。浑沌学以直观、以整体为基点来研究事物的浑沌状态的复杂规则性,为科学发展展现了一个全新的局面。传统语言学的方法论特点主要是对应、类推、构拟、对立、分布、转换生成等等,都基于对对象的线性分析。

把浑沌学应用到语言与文化的分析之后，我们发现了语言与文化的分布和演化中的许多非线性现象，使我们对语言学的一些基本理论问题有了全新的认识。我们依据对初值的敏感依赖性和分叉的原理，以"河网状"的语言演化模式纠正施莱哈尔的"谱系树"理论；我们依据分形和层次自相似性的原理，认识语言的文化价值，即语言与文化整体及与其他文化现象之间的一致性关系；我们依据整体把握的原理，发现各种语言和方言固有的文化气质；我们依据平衡与平衡破缺的原理，重新论证了萨丕尔关于语言演变的"沿流"说；我们依据内部随机性和外部干扰作用，看到基本词汇并不稳固的性质；我们依据奇异吸引子的原理，研究汉字演化与传播的规律等等。如今，浑沌学中的"蝴蝶效应"原理已经成为人们认识和分析日常事件和科学现象的常用模式，它已在语言学和语言与文化关系研究中得到广泛、充分的应用。我们已经将浑沌学原理应用于语音结构、词语组合、语法变化以及语言与思维的关系、二语教学、双语使用、公文写作等方面的研究。总之，浑沌学的理论和方法使语言学的面貌焕然一新，使文化语言学有了新的、坚实的方法论基础。

二、立足本体，拓展语言文化研究的领域

传统语言学和文化语言学的研究对象都是语言，或者首先是语言。历史语言学主要研究语言发展的对应规律和类推作用，也涉及到一些文化问题。结构主义语言学和转换生成语法的研究对象限于语言本体，人类语言学和社会语言学已越出语言本体的范围，涉及不少文化问题，但各有自己的局限性。

文化语言学在语音、词汇、语法等语言本体结构的基础上，将语言与文化联系起来，大大拓展了语言学的研究领域。传统语

言学（包括中国传统语文学）涉及语言与文化的关系问题，大都只限于词汇方面，至于语音和语法则极少涉及或根本不涉及。文化语言学不仅研究词汇的文化意义，还特别重视语音和语法中所包含的文化意义。单是研究词汇的文化意义，这是自古就有的，西方的历史语言学和中国的传统语文学都做了不少这方面的工作，但它们还不是文化语言学。文化语言学研究的范围要宽泛得多，既包括词汇，也包括语音和语法以及修辞和语义，还包括语言的系属问题、语言的类型问题、语言的地理分布和语言的书面表达形式等等，并进而对有关各方进行整体的考察，形成一种语言的整体印象。这种整体印象有时可以看作是一种语言的文化气质，有时是一种能力或表现力。一种民族语言与这个民族的文化构成一个有机组合的整体，其中各部分彼此适应，处于一种系统平衡之中，从而为语言与文化研究提供了一个新的认识平台。这是浑沌学的整体观提供给我们的新的启示。

我们知道，一个学科的发展首先体现在对自己研究对象认识的深化上。文化语言学在前人对语言认识的基础上，提出了语言的文化性质问题，认定语言是一种文化现象，是文化总体的组成部分，是自成体系的特殊文化。这是对语言本体论的革新。这个认识改变了语言学的理论和方法论基础，突破了语言结构内部研究的局限性，大大拓展了语言学的研究领域。从此我们不再把语言仅仅看成是一种交际工具，而且是一种文化现象，它具有文化的一切品格。它储存着一个民族的历史记忆，维系着一个民族的集体感情，表现为一个民族的鲜明特征，成为一个民族的生存标记之一。这就使以语言为研究对象的语言学溶入了文化多样化的时代潮流，在科学实践上增添了对社会的人文关怀，获得了新的社会价值和前所未有的生命力。

三、整体把握，提高对语言文化价值的认识

由于语言是一种文化现象，在语言与文化的关系上，语言获得了最有论证力和说服力的文化价值。使用浑沌学的非线性分析方法，充分揭示语言的文化价值，是当前语言学的重要使命。

语言的文化价值是指通过语言研究语言之外的其他文化现象。由于语言中凝聚着历史上积累的文化成果，保存着丰富的文化信息，我们就可能通过语言了解和认识、分析各种文化现象，进而探索文化史上的未知状况。十多年来，我们已在民族语言与民族文化、汉语与汉族文化、英语与英美文化以及方言与地域文化等方面，做了大量的个案研究，取得了显著的成绩。我们在研究工作中逐步形成了一系列的应用性原则，其中包括：系统平衡性原则，异源联想原则，名实相关性原则，异物同构原则，中心边缘依存性原则，语言思维同一性原则，初值延续性原则，演化随机性原则以及语言与文化的穿插对应和随机对应等等。这些原则有的是直接从浑沌学的原理演绎来的，如系统平衡性原则，有的是我们在具体语言研究中逐步形成的，如异源联想原则。我们应用这些原则在词的切分，单纯词与组合词的可代码性差别，语音与地理环境，语言的文化气质，语音连续体问题，语言系属与文化类型，特别是语言与思维方式、与文化结构的关系问题上，获得了一些认识上的突破。但这些原则本身还带有某些随机性特点，我们要在今后的研究中逐步地完善它，使之定型化，形成系统的具体方法论原则。

从整体上把握，语言是一种文化现象，它是文化整体的一个组成部分，又与其他文化现象处于并列的关系。这既是局部与整体的关系，又是局部与局部的关系。以分形学的自相似性理论来

处理这两种关系，为我们研究语言的文化价值提供了认识上的武器，为我们在语言的各个方面、各个角度观察文化现象打开了方便之门。

四、自主创新，走在世界思潮的前沿

将浑沌学应用到语言与文化的研究中来，是我们自己探索的结果，没有任何先行的范例。当上世纪80年代我国出现文化语言学的时候，在西方词典里还很难找到这个词，到1996年，才有了帕尔默撰写的《文化语言学》一书。至于将浑沌学应用到语言文化研究中来，以它作为文化语言学的方法论基础，更只是我们的事。上世纪90年代初当我给我的德国学生司提反上文化语言学课讲浑沌学时，当时他在网页上只找到一些西方学者在文学语言研究中提到浑沌学的问题，但过了一年，他说已找到几篇有关的文章了。当时他感慨地说，既不是他们启发了你，也不是你启发了他们，只要条件成熟，一种科学思想可以在不同的地方同时产生出来。如今，浑沌学对语言学研究的意义，已在西方学术界引起充分的重视，但仍未见有人将它作为语言学和语言文化分析的方法论基础，希望我们在自己的研究实践中能走出自己的路子，逐渐形成比较完善的方法论体系。

文化语言学的产生有我们自己深厚的文化背景和现实需求，浑沌学的整体观符合我们传统的整体性思维特点。浑沌学理论虽然发源于西方，但浑沌观念在我国古已有之，是我国人最熟悉和最容易驾驭的思维方式。对于西方传统思维来说，浑沌观念是对分析性思维方式的反叛，而对于我国人来说，却是传统思维的延续，我们有天然的条件来接受和发展浑沌学思想。在语言学领域，在我国传统语文学的基础上，它也应该最能取得开创性的成果。在自然科学方面，存在与世界接轨和发展先后的问题，但在某些人文科学领域，为了弘扬有自己特色的民族文化，我们可以各走各的路。1996年在杭州的一次语言学会议上，一位学者说我国语言学在20世纪三四十年代与当时的国际水平是相当的，理由是陈望道先生当时对结构主义的一些基本原则非常熟悉，方光焘先生对结构主义也十分了解。而在1996年时，我们与国外的差距是整整40年，理由是我们还没有把乔姆斯基（形式学派）和Simon Dick（功能学派）的理论中国化。这是一种令人悲哀的观点。一个世纪以来，我们总是随着西方和苏联的语言学理论亦步亦趋。如果跟得不紧，那就认为是落后了。难道我们就不能有一点自己的思想吗？我们如果要跻身世界语言学先进的行列，我们就要有从我国语言实际和理论传统出发的我们自己的语言学理论。现在，随着我国综合国力的增长和学术界的思想解放，我们已有可能利用后发优势，逐渐赶上并超过世界先进水平。事物对立的双方在一定条件下是可以互相转化的。人类历史上通过跳跃式发展而后来居上的实例屡见不鲜。要做到这一点，第一是要吸收时代思潮的新养料，第二是吸收古人思想资源中的有用成分，从我国和世界的语言实际出发，在当代高度上探寻新的起点。我们也必须参照国外语言学的最新成就，来开阔我们的视野，来充实我们的认识。但从语言学的发展史来看，一个思潮跟一个思潮的更替，如从普遍唯理语法到历史语言学，从历史语言学到结构主义语言学，特别是在转换生成语法与结构主义语言学之间，并没有明显的连续性。科学思潮常常有跳跃式的跨越，这种跨越常常在必然性之中存在极大的偶然性。一种新的理论的提出和评价，首先取决于整个社会文化背景、科学共同体的偏好，还有是科学家的个人视角。我们不必瞻前顾后，左顾右盼，去说什么"领先"、"接轨"之类的话。文化语言学有中国自己的传统和特点，它将为语言学开拓无限广阔的前景。

两年前的第一届浑沌学与语言文化专题研讨会上,我曾经说到浑沌学方法属于一般科学方法论,是科学方法论三个层次中的中间层次。它可以应用于若干个具体学科,但它依然是在唯物主义辩证法的哲学方法论框架内运转的。只是浑沌学在各个学科研究中的新发现,可以进一步丰富、充实、发展唯物辩证法。现在两年过去了,在这次会议上,大家将要展示在各自课题上的新成果,看看我们在这个领域中作出了哪些新的贡献。我们的下一个论文集将定名为《浑沌学与语言文化研究新进展》。希望通过这次会议我们又有新的进步。

理论与方法篇

野合民族志篇

语言变化的浑沌学诠释

张铁山

　　语言无时无刻、无地无处不在变化。变化是常态，静止是相对的。只要有"时间"第四维轴线，世界就有变化，语言就有变化[①]。变化是语言的一个基本特征。本文试图运用浑沌学理论来诠释语言变化的复杂性，并通过语言实例对其作出合理解释。

一、变化的多角度分析

　　对于变化，可从多角度进行分析。经典科学有自变与他变，渐变与突变，微变与剧变，量变与质变等分类。

　　先看自变与他变。从变因的角度看，系统内部的没有外来变因的变化叫自变。自变源于系统内部各子系统间及各组成成分的相互作用。语言系统内部语音、词汇、语法各子系统及其各组成成分，有不受外来变因影响而发生的自变，如语音的同化、异化、元音和谐律等。他变是外来变因引发的变化，如民族间的交往，造成语言的接触，引发借词的出现，而借词的出现又引发语言系统内部各要素的变化，最终促使系统变化。

　　再看渐变与突变。从变化的速率来看，变化有快有慢。慢速

[①] 四维是构成世界的时空概念。三维是坐标轴的三个轴，即 x 轴、y 轴、z 轴，其中 x 表示左右空间，y 表示上下空间，z 表示前后空间。第四维是在三个空间维数之外设立的"时间"系。

度的变化是渐变,快速度的变化是突变。渐变是指物体有规律性的变化,它给人很强的节奏感和审美情趣。突变是指细胞中的遗传基因发生永久的改变,它通常会导致细胞运作不正常、或细胞死亡,但同时突变也被视为物种进化的推动力。一般来讲,语言作为交际工具,不可一日或缺,呈现出渐变性,其变化是通过新质要素的逐渐积累、旧质要素的逐渐淘汰来实现的。语言的渐变只是语言要素的增减,而语言的突变则是语言的死亡。当社会大变革或发生突变时,语言也会随之出现大变化或突变。

从变化的过程和影响来看,有微变与剧变之别。微变是变化过程漫长、影响轻微的变化,剧变是变化过程短暂、影响剧烈的变化。语言中一般词汇的变化是剧烈的,是剧变,而基本词汇则相对稳定,变化过程漫长,不易被人发觉,是微变。语言是随着社会的发展而发展的。社会发展得慢时,语言也发展得慢;社会急剧变动时,语言也发展得较快。

马克思曾将变化分为两类,一类是量变,一类是质变。量变是事物在数量上的增加或减少以及场所的变更,是一种连续的、逐渐的、不显著的变化,表现为渐变,呈现出事物的统一、静止、平衡、相持等状态。量变由矛盾着的各个方面既统一又斗争而引起的,是事物每时每刻都在进行的连续不断的变化,因此,它具有客观普遍性。质变是事物从一种质态向另一种质态的转变,是在量变的基础上发生的,标志着量的渐进过程的中断,表现为突变,呈现出显著的、迅速的和剧烈的状态,对事物的分解或是相持、平衡、静止状态的破坏。任何事物的变化都是从量变开始的,量变是质变的必要准备,只有当量的积累达到一定程度时,才会引起质变,但量变不会永远维持下去,当量的积累达到一定程度时,就会引起质变,变为另一种性质的事物。量变和质变是相互转化的。量变引起质变,质变引起新的量变,如此循环。

每一时代的发展都为时代思想的产生提供了机遇和准备。经典科学对事物变化的分类都是某一学术思想或学说的体现,都对某一状态的变化作出过合理的解释。以浑沌学为理论基础的文化语言学,是21世纪语言科学的新潮流,它是对传统经典科学的思维方式的飞跃。"21世纪的语言学一方面要继承以往语言学的合理成分,另一方面,它从理论到方法都将面貌迥异,不可同日而语。"[①] 从浑沌学理论来看语言的变化,不但涉及到许多新的概念,诸如后代语言对早期语言的"初值的敏感依赖性"、语言变化中的"分叉"、"涨落"、"内在随机性"、"平衡破缺"等,而且还牵涉到对语言变化现象的解释,如对语音演变规律、词汇和语法要素发展、语言接触和混合等等现象的解释。

二、语言变化的总体诠释

语言是重要的社会交际工具,随着社会的产生而产生,随着社会的发展而发展。语言的发展变化是渐变的,往往不易被人们所察觉。语言的发展变化包括两方面的内容,一是语言结构体系的发展,它是整个语言体系及其语音、词汇、语义、语法各子系统的历史变化。一是语言功能的变化,它是语言同社会发展水平的适应关系的变化。语言结构体系的发展和语言功能的变化既有差别,又有联系,语言越丰富越精密,表达力越强,它的使用范围就越广,反之,语言的使用范围越广,它的结构就越精密越丰富,表达力也就越强。

对语言的发展变化及其规律进行解释是语言学的主要任务之一。以往的语言学家由于语言观的不同和语言研究材料的局限,

---

① 张公瑾:《文化语言学发凡》,第7—8页,云南大学出版社,1998年。

曾有过不同的诠释。例如德国语言学家施莱格尔（A. W. von Schlegel）将人类语言分为孤立语、黏着语和屈折语三大类型，认为屈折语在内部结构方面是最优越的。德国语言学家洪堡特（W. von Humboldt）虽强调"世界主义"，但他在进行语言比较时，一方面认为每一种语言都体现了独特的民族特性，另一方面，又对梵语、希腊语等屈折变化丰富的印欧语言赞不绝口，提出"语言中有效的生命原则主要依赖于语言的屈折性质"。他认为，语言的发展依次以初民语言、孤立型语言、黏着型语言、屈折型语言阶梯式排列，最完美的是纯粹的屈折形式。美国语言学家鲍阿斯（Franz Boas）、萨丕尔（Edward Sapir）和沃尔夫（Benjamin Les Whorf）师徒三人花费毕生精力调查研究印第安人的语言文化，勇于向"西方语言优越论"挑战，强调语言和思维不仅存在着差异，而且应当承认并尊重这种差异。

任何一种语言都是经过长期发展演变而成的，都是民族文化的结晶和表现。这是我们对语言发展的基本认识。但要细究语言变化的原因，则是多种多样的，既有语言内部因素引起的变化，也有外部条件引起的变化。不仅不同语言各有其发展变化的特点，而且同一语言内部的各子系统——语音、词汇、语义、语法等也有各自的不同的发展变化，同一语言在不同时期、不同地域也有不同的变化。对于语言变化的原因，各语言学家从不同的角度曾提出过不同的看法，都对语言变化的诠释做出了贡献。

1963年罗伦兹提出的浑沌理论的最大贡献是用简单的模型获得明确的非周期结果。浑沌学理论认为，在浑沌系统中，初始条件十分微小的变化，经过不断放大，对其未来状态会造成极其巨大的差别。这一现象被形象地称为"蝴蝶效应"，它是指对初始条件敏感性的一种依赖现象。此效应说明，事物发展的结果，对初始条件具有极为敏感的依赖性，初始条件的极小偏差，将会引起结果的极大差异。

关于人类语言的起源有许多理论，诸如模声论、感叹论、手势论等。马克思主义创始人把劳动作为人类起源，认为"劳动创造了语言"。语言的起源也是浑沌现象，处于浑沌状态之中。当古猿还在爬行时，它还是猿。随着时间的推移，古猿为了攀缘，前肢和后肢有了分工，初始条件发生了微小的变化，加之当时地球的气候发生了变化，古猿从树上下到地面，逐渐学会了用后肢直立行走，形成了手脚的分化。手脚的分化成为人类的必需，对人类语言的产生起到了决定性作用。同时，由于直立行走，古猿的声带下移，形成多种共鸣，能发出多种声音。手脚的分工丰富了古猿的视觉和触觉，改进了神经系统，为思维的产生提供了物质基础。人类语言就是在这种情况下产生的，其产生过程中的每一细微变化，都是对初始条件的极小偏差，都是一个奇异吸引子，都对系统的确定性形成干扰，最后引起极大的差异，人类产生了，语言也产生了。人类语言的产生充满了浑沌。

平衡是指在一定变化下的不变性，最高的平衡就是在所有变换下的不变性状态。平衡破缺是指在一定变换下所表现的可变性，事物的复杂性和层析性正是起源于某种平衡破缺。犹如人类进化，开始时，只是愿意和其他动物一样趴着生存，后来环境发生了变化，不适应了，平衡破缺了，变成直立行走，再后来双手征服不了自然界，发明了工具，再后来交流无法满足生活需要产生了语言，再后来语言无法长时间保持和记忆，产生了文字。人类文明的产生都是平衡破缺的产物。复杂化和组织化的系统是一个不断发生平衡破缺过程的产物。

平衡与平衡破缺关系是普遍存在的矛盾关系。平衡是变化中的同一，反映不同物质形态在运动中的共性。平衡破缺是变化中的差异，反映不同物质形态在运动中各自的特性。物质总是处于平衡——平衡破缺——新的平衡——新的平衡破缺……这样不断深化之中。

人类语言产生之后，其变化也体现为一种浑沌现象，处于浑沌状态之中。语音变化既有共时的，如同化、异化、增音、减音等，也有历时的，如语音变化的规律性、时空局限性等。

维吾尔语固有词中没有以复辅音开头的词，这是一个规则，是线性的，是一种平衡。但当俄语借词借入后，这一规则被打破，是非线性的，出现了平衡破缺，在复辅音之前或之中增加元音。比如 станция——istansa "车站"，стол——ystɛl "桌子"，план——pilan "计划"。

语言的浑沌现象可以表现为线性与非线性。线性指量与量之间按比例、成直线的关系，在空间和时间上代表规则的运动，具有叠加性，而非线性指不按比例、不成直线的关系，代表不规则的运动和突变，不具有叠加性，局部相加不等于整体。非线性是引起突变的原因，对线性的微小偏离，一般不引起突变，但当非线性大到一定程度时，系统就可能发生突变。

词汇的变化主要表现在新词的产生、旧词的消失、词义的变化等方面。其中词义是个更小的子系统，主要有词义的扩大、缩小、转移等变化。如上古汉语中的"臭"，原指"气味"，包括"香气"和"臭气"，后来其意义缩小，仅指"臭气"。上古汉语中的"江"和"河"都是专名，"江"即"长江"，"河"即"黄河"，后来其意义扩大，成为了通名。

以浑沌学理论来看"臭"词义的缩小和"江"、"河"词义的扩大，也是充满了有序与无序的浑沌现象。有序即系统的组织性，无序即系统的无组织性，两者是对立的统一。任何开放系统在远离平衡态的条件下，当某一外参量变化到一定程度时，即可通过随机涨落以及系统内部各元素之间的非线性相互作用而改变无序化趋势，在不同的无序等级上建立有序。另一方面，远离平衡态的开放系统在其有序化的过程中，当某一外参量增大到一定程度时，也会出现混乱，而改变有序化趋势。因此，有序与无序是互相依存而又互相转化的。"臭"原指"气味"是有序的，由于其他"香味"词义的排挤，改变了"臭"的原有有序性，出现了无序，当"臭"仅指"臭味"，并与"香"并列时，完成了有序向无序的变化，又出现了新的有序，达到了新的平衡。

尽管不同语言的语法变化各具特色，但由于语法是思维长期抽象化的结果，而人类的思维具有共性特点，所以，不同语言的语法除了个性外，也有共性。从发展变化的角度看，语法变化主要有新语法成分增加、旧语法成分消失、语法形式改变等。

在现代汉语中，程度副词修饰名词原本不是一个被语法学界完全认可的语法组合，然而在当代口语及书面语中，"程度副词＋名词"组合却有越来越多的人使用。有人认为这种组合是副词与名词之间有所省略，有人认为组合中的名词已形容词化。如："本人长得很丑，但本人长得很中国，中华民族五千年的沧桑和苦难都写在我的脸上。"该句中的"中国"已经不是指一个国家的名称，而是指中华民族的民族个性特征：多灾多难而忍辱负重，饱经磨难而自强不息，也就是说"我"虽然长得粗俗、丑陋，但却显得刚毅、坚韧，富有民族特征。现代汉语中"程度副词＋名词"组合也是由于在使用过程中发生偏差造成的，而这种偏差是由内部的随机性和外部的干扰造成的，其中有许多个人的、偶然的因素在起作用。语言变化中的内在随机性以及奇异吸引子的作用造成平衡破缺，使我们看到了语法变化的多样性和复杂性。

三、语言变化的具体诠释

语言变化充满了浑沌，可以出现于语言结构体系的各部分，也可以出现于语言功能上。下面以浑沌学理论探讨语言变化的具体实例。

1. 对音变规律与例外的诠释

音变规律与例外是研究语音演变时经常遇到的一个棘手问题。德国语言学家格里姆发现格里姆定律的同时，也注意到例外。

印欧语	日耳曼语
p, t, k	bh, dh, gh
bh, dh, gh	b, d, g
b, d, g	p, t, k

例如：1. T＞A

p＞bh	pater	father	父亲
t＞dh	tres	three	三
k＞gh	centum	hundred	百

2. A＞M

bh＞b	frater	brother	兄弟
dh＞d	feci	do	做
gh＞g	hostis	guest	客人

3. M＞T

b＞p	kennabis	hemp	麻
d＞t	duo	two	二
g＞k	genus	kin	亲属

格里姆把清塞音（p, t, k）简写为 T，把浊塞音（b, d, g）简写为 M，把送气音（bh, dh, gh）简写为 A。从原始印欧语到前日耳曼语，塞辅音的发展规律可简化为：

原始印欧语		前日耳曼语
T	＞	A
A	＞	M

M > T

经过这样一次辅音大转移，原始日耳曼语从原始印欧语中分离出来而成为一个独立的语族。但格里姆也看到日耳曼语辅音转移规律的例外现象，并把例外现象分成三组：

1. T 没有变成 A，而仍读作 p, t, k。
2. 日耳曼语的 M 应与反映原始印欧语特点的梵语 bh, dh, gh、希腊语的 ph, th, kh 对应，但实际情况却不同。日耳曼语的 M 在这两个语言中都是不送气的 b, d, g 和 p, t, k。
3. 原始印欧语的 T 没有变成 A，而是变成 M。

格里姆定律及其三组例外的解释，实际上是对音变条件的解释。"音变有地域的限制（在日耳曼地区发生的音变而在其他地区不一定发生类似的音变）和时间的限制（前希腊语的浊音清化在前，因异化作用而使第一个音节的送气音丢失送气成分在后，等等）。"[①] 格里姆定律揭示了从原始印欧语到原始日耳曼语的发展的一个重要变化，但在很长时间内人们都无法解释第三组例外的原因。维尔纳通过比较注意到重音等超音段成分对音变的影响，从而解决了格里姆定律中的最后一组例外，使印欧语系语言的发展线索更加清晰。

第一组例外 T 保持不变，是因为 T（p, t, k）前有一个清辅音。第二组例外是因为在希腊语里，原始印欧语的 bh, dh, gh 先清化为 ph, th, kh，而后在两个送气音节相连时第一个音节的送气音被异化为不送气音，因而产生了 p, t, k；而在梵语里，原始印欧语的 bh, dh, gh 并没有发生清化的变化，因而第一个音节被异化时仍是 b, d, g，即前希腊语丢失送气成分和梵语丢失送气成分是各自独立发生的。第三组例外与词的重音位置有关，原始印欧语的 p, t, k 在古日耳曼语中演变为 bh, dh,

---

① 徐通锵：《历史语言学》，第 110 页，商务印书馆，1996 年。

gh，但只有位于词首或重读元音之后的 p，t，k 演变为 bh，dh，gh，而其他位置上的 p，t，k 演变为 b，d，g。

格里姆定律所揭示的音变是原始印欧语向原始日耳曼语发展过程中的有序的、线性的变化。与此相对应的三组例外，是无序的、非线性的变化。在发展过程中，由于受到语言内部随机性和外部的干扰，线性的、有序的会产生非线性的、无序的变化，出现变异，偏离主流，出现平衡破缺，从线性主流中分化出来，形成分形。格里姆定律及其三组例外还说明，语音变化是极其复杂的，它不是简单的从有序到无序、从线性到非线性、从平衡到平衡破缺的变化，而是既有有序又有无序、既有线性又有非线性、既有平衡又有平衡破缺、既有分形又有合形的复杂的交织状态，犹如语言分化发展所展现的情景，呈现出"复杂的网状交织状态"①。

2. 对语言接触与濒危语言的诠释

不同语言的相互接触必然产生不同程度和不同内涵的相互影响。语言接触有直接接触和间接接触。不同语言的人直接进行语言交际即为直接接触，不同语言的人没有直接进行语言交际，而是通过书面或现代通讯媒体进行的接触即为间接接触。无论是直接接触或是间接接触，都有一个广度和深度问题。由于接触的广度和深度不同，语言的影响也会有不同的层次，而不同层次的语言影响，必然导致语言产生不同程度的变化。

语言接触是语言变化的一个重要原因，接触使接触双方语言或多方语言出现不同的结果：一种是接触的双方语言各自从对方吸收新的成分进一步充实发展。另一种是接触双方语言地位不同，处于弱势地位的语言在强势语言的制约下逐渐衰退，

---

① 周国炎：《以浑沌学的方法审视语言谱系分类》，载张公瑾、丁石庆主编：《浑沌学与语言文化研究》，第 96—101 页，中央民族大学出版社，2005 年。

结构系统创新能力日益削弱，固有特点逐步丧失，表达形式日趋贫乏，使用受到干扰，通行范围缩小，使用人数减少，从而产生双语现象，进而是语言混合，出现既不同于甲也不同于乙的混合语。

濒危语言是语言接触和变化中功能逐渐缩小、衰弱的归宿之一。据统计，在当今世界上，只有一人会说的语言有51种；近500种语言的使用者不足百人；1500种语言的使用者不足千人；3000多种语言的使用者不足万人；5000种语言的使用者不足10万人。全世界6000种语言中的一半将在21世纪消亡。保护语言的多样性已成为人类至关重要的任务。

从语言接触到语言濒危乃至语言消亡，是一个漫长的动态发展过程，其中既有确定性一面，也有随机性一面。确定性与随机性是事物的两个方面，是对立统一的。确定性是相对的，不确定性是绝对的。随机性具有以下特点：①事件可以在基本相同的条件下重复进行。②在基本相同条件下某事件可能以多种方式表现出来，事先不能确定它以何种特定方式发生。③事先可以预见该事件以各种方式出现的所有可能性，预见它以某种特定方式出现的概率，即在重复过程中出现的频率。语言接触是确定性的，是必然性的，但语言濒危是随机性的，是偶然性的，它只是语言变化的其中一个结果。

世界充满了不确定性，唯一不变的就是永远在变。但是事物运动过程中，必然性中有偶然性，偶然性中也包含了必然性。我们不可能绝对地确定事件变化过程的每一个细节，却可以在偶然性中寻找发生概率最高的必然性事件。自然规律使事物运动的一些结果是可以确定的。推而广之，在濒危语言的偶然性中寻求语言接触的必然性，研究必然导致偶然的原因，就成为语言学家保护人类语言及其文化多样性的重要途径。

由此可以看出，语言是一个开放的复杂的浑沌系统，是有序与无序、线性与非线性、确定性与随机性、平衡与平衡破缺的对立统一的系统。语言变化中充满了浑沌。以浑沌学为理论基础和研究方法的文化语言学将大有作为。

浑沌学视域下的语音构拟

周国炎

构拟又称重建（reconstruction），是历史比较语言学常用的一种方法，分比较构拟和内部构拟。比较构拟（comparative reconstruction）主要通过两种或几种方言或亲属语言差别的比较，找出相互间的语音对应关系，确定语言间的亲属关系和这种亲属关系的亲疏远近，然后构拟或重建它们共同的源头——原始形式（proto-forms，proto-language）。内部构拟（internal reconstruction）通过对现存古代铭文和历史文献古籍的诠释说明一种语言中语音特征和语法特征的分布，进而拟测该语言的更古老的形式。浑沌学（Chaos）是20世纪初产生的一门新学科，其基本理论观点是：世界是确定的，必然的，有序的、但同时又是随机的、偶然的、无序的，有序运动会产生无序，无序的运动又包含着更高层次的有序。浑沌学在其产生之初主要用于自然科学领域，20世纪80年代以后逐渐被人文科学领域采用。语言学研究采用浑沌学方法大约始于20世纪90年代，张公瑾先生在其《文化语言学发凡》一书中系统采用了浑沌学的理论和方法对语言以及语言与文化相关系中的一些问题进行了深入的研究。本文受此启发，尝试着运用浑沌学的原理对历史比较语言学构拟始源语过程中的一些问题进行探讨。

一、历史比较语言学及其对始源语的构拟

历史比较语言学起源于 18 世纪末到 19 世纪初的德国。从 19 世纪初开始得到发展，并逐步走向完善，经历了一个世纪的辉煌，至 19 世纪末 20 世纪初，被以索绪尔为代表的现代语言学所取代。历史比较法是历史比较语言学重要的研究方法之一，它通过比较方言或亲属语言的差异来探索语言的发展规律，找出方言间或亲属语言间的语音对应关系，确定语言（或方言）间的亲属关系和这种关系的亲疏远近，然后构拟它们共同的原始母语。其研究语言的步骤主要如下：(1) 收集、鉴别材料，剔除那些于历史比较无用的偶然同音、借用现象；(2) 在方言或亲属语言的有差别的形式中找出语音对应关系，并据此确定同源成分；(3) 确定那些有差异的形式的先后年代顺序，以便弄清语言发展的时间层次；(4) 拟测原始形式，并利用各种可能的办法来检验拟测的可靠性（徐通锵，1991，72）。

历史比较语言学的先驱 W·琼斯（William Jones）、F·冯·施莱格尔（F. Von. Schlegel）、F·葆朴（F. Bopp）、R·C·拉斯克（F. C. Rask）、A·F·波特（A. F. Pott）等采用历史比较法对印欧语系语言的亲属关系进行了研究，其中尤其重要的是将欧洲本土的一些主要语言与远在东方的梵语进行了比较。1786 年 W·琼斯首次提出了梵语和欧洲古代语言希腊语、拉丁语和日耳曼语言在历史上有亲缘关系，具有同一来源的假设。

丹麦语言学家拉斯克是历史比较语言学早期的代表人物，他的《古代北欧语或冰岛语起源研究》是第一部印欧语言比较研究的著作。他列举了近 400 个词，比较了希腊语、拉丁语和古北欧语的对应关系，提出了语音对应规则。德国语言学家格里姆也是

历史比较语言学早期的重要人物,他在 1819 年出版的《德语语法》一书中系统论证了日耳曼语和其他印欧语之间辅音的对应关系,并将这种对应解释为语音转换,揭示了语音演变的规律性现象(申小龙,2004)。德国语言学家施莱歇尔(A·Schleicher)提出了语言谱系树理论,认为语言同其他自然现象一样受着相同的功能规律和发展规律的支配,因此可以把自然科学中所制定的精确方法应用于语言发展过程和分类的研究。他根据已经发现的规律来重建原始印欧语,并追溯出它在每一支中的发展。他把自己对各种语言相互关系的研究成果和他们先后形成的过程绘成了印欧系语言发展的谱系树。历史比较语言学后期的重要代表人物是"新语法学派"的 K·勃鲁格曼、H·奥斯托霍夫、A·雷斯琴、B·德尔布鲁克、H·保罗等,他们把语音变化的规律归纳为语音规律无例外和类推两条极其重要的原则,大大深化了历史比较语言学的研究。

作为最早摆脱哲学附庸地位的语言学学科,历史比较语言学最先把语言作为一门科学来进行研究,产生了自己的研究语言的方法——历史比较法。这一方法对其他学科产生了深刻的影响,但它自身也存在一些局限性,主要表现在以下几个方面:(1)历史比较法只适用有亲属语言和有发生学关系语言史的研究,对无亲属语言则束手无策。(2)历史比较语言学的学科理念更多地关注语言历史和历时的纵向研究,对语言的共时研究描写少。(3)历史比较语言学的分类方法也存在缺陷,因为语言有统一也有分化,但历史比较语言学关注的是语言的分化,而忽视语言的统一,忽视语言之间相互渗透、相互影响的现象(吴碧宇,2008)。(4)历史比较语言学声称通过构拟可以再现始源语,而实际上,所构拟出来的形式只是不同语言之间系数对应的一种假设,有时,现存的材料可以用来检验构拟出来的结果。比如可以用拉丁语来检验原始罗曼语,在现存的拉丁语与构拟出来的原始罗曼语之间不存在一对一的对应关系,有很多例外现象需要解释。(5)通过历史比较构拟出来的是一个没有方言差异的系统,而实际上,任何一种语言都会存在很多方言,如果方言差异太大,就很难区分究竟是方言还是不同的语言,很多语言就是方言差异不断扩大的结果(胡壮麟等,1987)。

二、浑沌学视域下的语音构拟

产生于20世纪初的浑沌学近年来被广泛运用于社会科学和人文科学领域对一些复杂现象进行研究,它具有动态性、非线性、初值敏感依赖性、分叉和自相似性、自组织性等特点。张公瑾先生于20世纪80年代中后期将浑沌学理论和方法引入语言学领域,认为浑沌学之于语言分析,有广阔的应用前景,可以运用于语言的各个不同层次,语言演化中的内在随机性以及奇异吸引子的作用造成平衡破缺等理论使我们有可能看到语言演化的多样性和复杂性。浑沌学对语言的整体把握有可能为语言学提供一个语言现象之间和语言与文化之间穿插对应和随机对应的新的方法论模式。他同时认为诸如后代语言对早期语言"初值的敏感依赖性",语言变化中的"分叉"、"涨落"和"内部随机性"、语言对文化整体的"层次自相似性"、语言系统的"平衡破缺"以及游离现象作用于"奇异吸引子"等等这些浑沌学术语所反映出来的语言学问题都是语言研究中存在的实际问题。(吴碧宇,2009)

这里主要运用浑沌学原理对历史比较语言学构拟始源语的理论进行观照,对拟测过程中可能存在的一些问题进行探索。

(一)语言演变过程中的无序现象对语音构拟的影响

根据历史比较语言学的谱系树理论,语言的发展演变与生物进化过程相似，众多语言从一种始源语分化发展而来，形同母女繁衍的过程。

　　语言是一个复杂的系统，语言的演化过程也是一个复杂的过程。始源语分化成子语言的过程并不是一朝完成的，因此，亲属语言间的发展是不平衡的。历史比较语言学自身也意识到这个问题。语言的分化总的沿流是有序的，比如在语音方面，都在朝着简约、便于发音器官发音的方向发展。但各语言在演变过程中的内部随机性又导致一些无序现象的产生。这些无序现象起初可能是个人随选变体，但随着交际广度的加深，个人随选变体逐步成为语言使用者群体广泛接受的总的语言的整体特征，于是语言演变过程的无序又汇入语言演变的总的沿流，有序地朝着同一个方向发展。随机性特征所导致的无序演变现象首先造成语言内部局部与整体（或方言之间）的语音差异，继而造成亲属语言之间的差异，它打破了语音演变的规律，使方言或亲属语言之间的语音对应产生断点，这种断点便成为历史比较语言学始源语拟测难以逾越的障碍。例如，辅音 p、t、k 是语言中最基本的要素，这是人类语言的一个共性特征，在几乎所有语言中，这组辅音都承担着较大的功能负荷量，一个很明显的原因是，对于具有正常发音生理条件的人来说，要准确地发出这几个音是不成问题的。在语音演变规律中，t→p 或 p→t 的情况比较罕见。①

　　布依语是一种方言差异较小的语言，只划分为三个土语，土语之间语音对应比较整齐，与亲属语言，尤其是壮语北部方言也有比较严整的语音对应关系。但在内部却存在 t→pj/p 的对应关系。详见下表：

---

① 在 F·C·拉斯克的音变规则中有 t→p，但只列举了带有缀音的例子，如希腊语的 treis（三）→古北欧语的 prir（三）。

例词 语言点	眼睛	蛔虫	黄瓜
兴义巴结	ta^1	te^6	ti:ŋ^1
平塘西凉	ta^1	pe^6	ti:ŋ^1
三都板考	pja^1	te^6	pi:ŋ^1
荔波尧所	pja^1	te^6	pi:ŋ^1
紫云火烘	ta^1	te^6	ti:ŋ^1
惠水党古	ta^1	pe^6	ti:ŋ^1
都匀富溪	ta^1	pe^6	ti:ŋ^1
贵定巩固	ta^1	pe^6	ti:ŋ^1
荔波朝阳	ta^1	te^6	pi:ŋ^1
都匀新桥	ta^1	pei^6	ti:ŋ^1

布依语中目前没有发现 p→t 的现象，t→p 的也仅有上述几例，而且大多是孤证，分布在两个词的仅有三都板考和荔波尧所两个点，很难总结出对应规律来。在侗台语内部，塞音与同部位或相近部位其它辅音对应的情况比较多，上述对应情况也很少见。这是语音演变过程中出现的例外现象？还是某种特殊的音变现象？历史比较语言学很难回答的一个问题，我们可以借助浑沌学的"随机性"、"分岔"等来加以解释。

（二）语言系统发展演变的非线性特征对语音构拟的影响

事物的发展有线性的，也有非线性的，语言的发展演变也一样。仍以语音的发展演变为例，有的音素从古至今可能没有发生过任何变化，比如一些最基本的元音和辅音，远古时期读作/a/，到了现代语言中还读作/a/，远古时期读作/p/，到了现代语言中还读作/p/。上古汉语声母系统中的一些音，经历中古时代的发展,到现代汉语中仍然保持不变。① 有些音素发生了一些变化,但其过程并不复杂。如浊音清化,送气音与不送气音的转化等。这类可以算是从 A 到 B 的演变,也是线性的。但语音系统的发展演变过程并不都如此简单,有些音素可能会经历比较曲折的发展过程,甚至会"走回头路"。比如有些已经发生了某种变化的音素在语音系统内部某种变化的干扰下又演变成具有原先音素音质特征或与原先音素音质近似的音。当然这样的音变还只能是假设。现实语言中的一些语音现象或许有助于说明这样的假设并非完全不可能存在。

侗台语族语言中的壮傣、侗水和黎三个语支除个别方言点以外,绝大多数都有一整套的塞音韵尾,壮傣、侗水语支有-p、-t、-k,黎语支部分方言除这三个以外还有-ʔ。仡央语支是最早从原始侗台语分离出去的,因此,在语言结构上与其他三个语支差别较大,这些差别在语言的三个子系统中都有体现。语法方面,仡佬语的否定词后置现象与其他侗台语族语言明显不同;词汇方面,前缀构词词素比较丰富;语音方面,仡央语支辅音系统相对复杂一些,有些方言有较完整的塞音清浊对立,有的方言保持有较古老的复辅音声母,韵母系统则相对简单,多数语言没有塞音韵尾,如仡佬、木佬、拉基等语言。目前,在布央、普标和拉哈语中有一些带塞音韵尾的词汇,这些语言长期与壮傣语支语言接触,有些塞音韵尾词显然是从壮语、傣语或越南北部的某种壮傣语支语言中借入的,但一些词与壮傣语支语言却又没有对应关系。多数从事仡央语言研究的学者认为,作为侗台语族语言,仡央语早期应该是有塞音韵尾的。问题是,这些语言的塞音韵尾是

---

① 比如,上古和中古汉语的声母系统中都有"帮"母,对应于现代汉语的清不送气塞音声母/p/,虽然在现代汉语方言中,/p/可能还有别的来源,但相当一部分/p/声母字自始至终没有发生过变化。

什么时候、怎么脱落的？整个仡央语支从侗台语分离出去以后，与主体部分（壮傣、侗水等语支）可能有过一段时间的地域阻隔而与其他语族，如苗瑶语族有过密切的接触，仡佬、木佬、拉基语中有与苗瑶语语音近似的特征可以说明这一点。塞音韵尾的退化可能与受苗瑶语影响有关。仡央语支与其他侗台语言的"重逢"最早大约可以追溯到1000多年前的唐代。一部分仡央语民族于这个时期从云贵高原北部南下，沿黔西南、桂西北、滇东南进入越南北部。与壮傣语支语言"重逢"时的仡央语应该没有了塞音韵尾，而由于与壮傣语支语言长期接触，借用了部分带塞音韵尾的词汇，同时由于受类化作用的影响，固有的语音系统中又重新产生了塞音韵尾系统。用浑沌学的原理来解释，那就是，壮傣语支语言从原始侗台语中继承下来的塞音韵尾系统是一个"奇异吸引子"，在与仡央语的接触过程中使其偏离了固有的发展沿流，向壮傣语支语言靠拢，重新产生塞音韵尾。

这样一来，在仡央语支语言内部比较过程中，如果用线性发展的眼光来分析上述语音演变过程，很容易将布央、普标和拉哈语中的塞音韵尾看成是对原始侗台语的直接继承，是仡央语中相对古老的语音形式。因此，在构拟古仡央语的韵尾系统时，自然会以它作为主要参照系。

（三）语言的动态性对语言拟测的影响

语言交际是一种活动，语言存在于语言交际活动中，因此，语言也是活动的，不断发展变化的。在语言交际过程中，为了满足交流的需要，新的语言单位不断产生，旧的、过时的语言单位不断隐退，新的用法不断出现，可以说，语言的运动从来就没有停止过，也没有任何力量能够阻止语言的运动。从这个意义上讲，动态是语言的本质（于根元，2001）。

浑沌学认为，一个动态开放性系统中既包括有确定性的系统，同时有包括不确定的系统。两种子系统在系统运行中相互作用、相互转化和影响，在系统范围内进行重组和调整，从而使系统产生随机和难以预测的现象（吴碧宇，2009）。

　　语言是一个动态开放的系统，在这个系统中，基本词汇、基本音位、基本句式处于核心的位置，是相对稳定的，其发展演变也是相对有序的。而那些处于文化层面的语言单位则是相对活跃的，是随着社会文化的需要而产生、发展的，一种社会文化现象一旦消亡，与其相关的一些语言单位也将随之消亡。新语言单位（主要是新词）的产生有多种途径，包括创新、以旧指新（旧词新义）、借用、方言交融等。新的语言单位，甚至一些来自别的语言的语言成分，也可以转化为相对稳定的部分，一些外来成分在长期发展演变过程中会与本族语固有的成分融为一个整体，让人难以分辨。

　　同源和借贷的问题长期以来始终困扰着亲属语言比较研究。关系比较密切的语言有很多貌似同源的成分很可能是相互借用或因长期接触而类化的结果，关系疏远的语言之间也同样存在有些语言成分同源和借贷难辨的情况。目前学术界处理"同源"问题大多比较谨慎，人们发现，一些较少有可能出现词汇借贷的语义场也会发现外来成分，一些看似处于封闭环境中、相对保守的语言也会有大批成体系的借词。剔除借贷成分，所谓亲属语言之间还有多少"建筑材料"留给语言学家们"重建"（构拟）原始母语的"大厦"？

结　　语

　　本文力图从浑沌学分析问题的视角出发，对历史比较语言学构拟始源语过程中存在的一些问题进行初步的探索。对于语言学学科来说，历史比较语言学有首创之功，今天语言学各分支学科在理论和方法上都或多或少继承了历史比较语言学。历史比较法存在的一些缺陷已为前辈语言学家们所认识并做了深刻的检讨，但对一些重要问题似乎仍找不到理想的解决办法。笔者不揣浅薄，试图换一个角度来考虑问题，希望能对学界广大同仁有一些启发。

初值与沿流：语言演变的浑沌性质

王 锋

一、萨丕尔关于语言沿流的阐释及其与浑沌理论的联系

E. N. 洛仑兹给浑沌系统下的定义是：敏感地依赖于初始条件的内在变化的系统。洛仑兹通过多角度的阐述，强调了浑沌系统只是对内在变化敏感，而对于外来变化的敏感性本身并不意味着浑沌①。因此，浑沌系统的特性可以归结为两点：一是对初值敏感依赖；二是变化的内在性。他的相关论述对于我们准确把握浑沌的性质是有重要意义的。

萨丕尔在《语言论》中，就语言沿流作了大量的阐述。萨丕尔关于沿流的阐述，向来是其学说中最难被理解的，但我们将其放在浑沌学的理论框架下，可以发现他关于语言演变的相关阐释，是符合浑沌学的相关理论的。也就是说，我们可以从浑沌学理论和萨丕尔的阐述，得到同样的语言历史演变具有浑沌性的认识。本文认为，萨丕尔对于语言沿流问题的阐释，实质上就是论证了语言作为一个浑沌系统对于内在变化的敏感依赖性。萨丕尔关于语言沿流的阐释与浑沌理论的联系主要表现为以下三个方面：

---

① [美] E·N·洛仑兹：《混沌的本质》，气象出版社，1997年。

1. 语音的发展有内在的规律性和特定趋势（沿流）。这反映了浑沌系统变化的内在特殊性。

2. 语音的轻微变化，会引起语音系统的巨大发展。这是浑沌系统对初值敏感依赖的基本表现。

3. 语音变化的基本途径是从语音的轻微调整或扰动发展到语音格局的重建。

以下根据几个例子谈谈对洛仑兹和萨丕尔相关阐释的理解。

二、语言系统发展的内在特殊性：以汉藏语复辅音简化为例

萨丕尔指出：语言里其他一切都有自己的沿流，每一个词，每一个语法成分、每一种说法，每一种声音和重音，都是一个慢慢变化着的结构，由看不见的、不以人的意志为转移的沿流模铸着，这正是语言的生命[①]。

萨丕尔关于语言历史发展的论述完全符合洛仑兹对于浑沌系统的定义。语言的演变是一种内在的变化，而不是受外来力量影响的。特定的语言，有自己的历史沿流。如何理解，我们来看一个例子。

一个音节中的音段是按一定的次序排列的，音节峰具有最大的响度（sonnority），越到音节的边缘，响度就越小。发音强度（strenth）则与响度成反比，越是音节边缘的音，发音强度就越强。各种音的响度和发音强度的次序如下[②]：

响度 ⟶

[①] 爱德华·萨丕尔：《语言论》，商务印书馆1985年版，154页。
[②] 潘悟云：《汉语历史音韵学》，上海教育出版社，2000年。

塞音—塞擦音—擦音—鼻音—流音—半元音—元音
←─────────────────────发音强度

音节结构的这种普遍现象，对于解释语言的历史音变是十分重要的。研究表明，语言系统的变化与发音强度密切相关。对于处于一个音节边缘部分的语音变化来说，可以发现总是发音强度弱的音素容易产生变化或失落。这是一个基本的音变规则，也可以说是各种语言共有的一个总"沿流"。复辅音的简化就是这个基本规则的重要表现形式。复辅音的发展过程中，一般按照辅音发音强度的大小，发音强度小的脱落，发音强度大的辅音保留。

汉藏语复辅音的演变符合这个沿流。汉藏语原来应有复辅音，后来复辅音简化成单辅音。在最为常见的由塞音和流音构成的复辅音序列中，先失落的一般是流音而不是塞音。先看汉语。如汉语"裤"，上古汉语的拟音是 khlaas[①]，现代普通话为 khu^{51}，原来的复辅音变成了单辅音，音节开头的塞音 kh 得到保留，后面的流音 -l 失落了。这一演变形式是符合发音强度大辅音保留、发音强度小辅音脱落的规则的。

但是，很多藏缅语中复辅音的演变似乎不符合这个总的规则。藏缅语与汉语关系密切，尤其是古藏文与汉语的密切对应已经成为共识。但在汉语中由塞音和流音构成的复辅音，在藏缅语中大多都变成了单辅音的流音声母，塞音反而脱落。如"裤"，西夏语为"力"，彝语 la^{21}，纳木义语 li^{33}，纳西语 le^{33}，载瓦语 lo̱^{21}，尔恭语 luɕɯ。但是，通过方言的比较研究，可以发现在藏缅语中，复辅音在发生脱落前先经历了一个变化，即塞音先发生变化，变成发音强度较小的擦音或半元音，擦音或半元音最后脱落，塞音后面的流音则得到保留。例如藏文的 klod-pa（脑子）、glog（电）、blug（灌）在现代拉萨话中变成 lɛʔ^{54} pa^{54}、loʔ^{54}、

[①] 本文的汉语上古、中古拟音根据潘悟云—郑张尚芳系统。

lu²⁵⁴。通过比较可以发现，藏文复辅音序列 Cl-中的 C 是先弱化为擦音后才脱落的，可比较藏语"脑子"的夏河方言读音 hla-pa，阿力克方言 ɣlat-pæ。"电"夏河方言 hlox，阿力克方言 ɣlok。"灌注"阿力克方言 wluk。这些例子，都证明流音前面的塞音有弱化为擦音的变化形式。可见，藏语的塞音＋流音的辅音序列从藏文到拉萨话的变化是：kl->hl->l-，gl->ɣl->hl->l-，bl->wl->l-。h-和 w-的发音强度比 l-小，自然会失落。这种音变同样符合上面的规则。

这样，汉语与藏缅语的 C-有两种不同的演变方向：

kl- ⟨ 汉语 kl- ＞ k-
       藏语 kl- ＞ hl- ＞ l-

两者的变化结果虽然不一样，但是都符合复辅音简化的基本规则，发音强度比较弱的音素失落。

但是，虽然汉语、藏语的复辅音演化都符合基本规则（即总沿流），但两者的发展路径却完全不同。人们不可能要求藏语也像汉语一样简化其复辅音。而且我们也不能回答藏缅语在复辅音简化前，为什么非要经历一个塞音的擦化或半元音化过程。汉语和藏语的不同演化道路都是各自语言所特有的、不以人的意志为转移的（可以称为分沿流）。正是这不同的发展路径，导致藏语和汉语的分化，并形成独立的语言。不论是总沿流还是分沿流，都是语言自身的系统所决定的，而非外来力量影响的结果。两个层次的沿流共同造成了语言的共性和特性。从这里我们也可以更好地理解萨丕尔所说的"沿流模铸着语言的生命"。历史语言学研究就是要发现语言演变的"沿流"并加以解释，而并非是去改变它，实际上也不可能改变它。

三、系统对初值的敏感依赖：以汉语-r-介音的历史发展为例

对初值的敏感依赖性，是我们早已熟知的浑沌系统的根本特征。但需要注意的是这种敏感依赖是系统的内在变化，而非系统外的因素导致的扰动。萨丕尔也指出：一种沿流，从语音的轻微调整或扰动开始，会在几千年的历程中引起最深刻的结构变化。这种轻微调整或扰动，就是一种初值的形式。这里以汉语的-r-介音为例说明初值对于语言系统演变的重大作用。

介音在汉语语音史上有重要地位。带介音与否，影响到汉语的巨大发展。关于汉语的介音，尤其是二等介音，学术界向来有较多争论。自雅洪托夫提出中古二等介音应为-r-以来，这一问题已经得到基本解决。现在来看，二等介音的发展是如何影响到汉语语音的巨大发展的。

二等介音-r-来自上古由塞音和-r-构成的复辅音声母。后来，复辅音简化，-r-逐渐与前面的塞音辅音脱离，变成介音。到中古时期，-r-介音又产生一系列变化，极大地影响了汉语的语音结构。可以看到，尽管-r-发音强度很弱，在汉语复辅音序列中属于要脱落的部分，但它能量巨大，对后代汉语影响深远。因此，是否有-r-这个初始条件，以及它的轻微调整，都对语言结构的发展有深刻影响。

以"江"字为例。"江"从"工"得声，二者上古同属东部字，东部的韵母拟为-ooŋ。声母方面，"工"为单辅音声母，上古拟音为＊kooŋ，"江"为复辅音声母，上古拟音为＊krooŋ。因此，两个字在声母上的区别也非常小，细微的差别只在于"江"多了一个颤音辅音-r-。但中古时代，-r-从声母上脱落变为介音，

由此引起了整个音节的重大变化:

"工"字声母没有变化,韵母按长元音高化的规律发展,到中古时已读为 kuŋ。中古以来"工"字读音没有大的变化,汉语普通话读音与中古音相同。

而"江"字因有-r-介音,受其推动,整个音节的结构都发生了大的变化。-r-介音自身的变化如下:-r->-ɣ->-ɯ->-i-,因此,原来的复辅音声母经历了如下的变化:Cr->Cɣ->Cɯ->Ci-。而由于-r-介音由颤音擦化变成-ɣ-,之后再变为元音,它逐渐成为韵母的一部分。同时,由于它最终变为前高元音-i-,发音部位的前高化作用于前面的辅音,使前面的塞音声母腭化,变为舌面塞擦音;同时,又使后面的主元音舌位前移,变为前元音。其发展过程如下:

*krooŋ>krəŋ>kɣoŋ>kɯoŋ>kiɐŋ>kiaŋ>tɕiaŋ

这一系列变化的影响是空前的,介音不仅成为韵母的一部分,使韵母的结构发生了变化,它还扭转了后面主元音长元音高化的固有趋势,使之成为低元音。在其影响下,甚至还发展出了新的辅音类别,即原来的塞音声母变为了舌面塞擦音。需要指出的是汉语原来没有舌面塞擦音,因此可以说,介音-r-推动了新的辅音音类的产生。试比较"工"从 *kooŋ 到 kuŋ 的发展,我们可以说,介音(或者说是复辅音中)-r-作为一个初始条件,它对汉语的语音系统产生了深刻的影响。

四、沿流的历史推进:从轻微调整或扰动到语音格局的重建

萨丕尔指出,语音沿流往往是更具有一般性的。它不是趋向于某几个声音,而是趋向于发音的某几种类型。所有元音都趋向

于高些或低些，二合元音都趋向于合成单元音，无声响的辅音都趋向于变成有声响的，塞音都趋向于变成摩擦音。

一个或几个语音的变化将打破原有的语音格局，引起一系列变化，并保持和恢复其语音格局。

即使没有语音的拉平，单只一个音的改变也有推翻原来的语音格局的危险，因为它把声音的分组弄得不和谐了。要想重新建立旧的格局而在沿流上不走回头路，唯一可能的办法是叫同一组里的其他声音按类化的方式移动。假如，由于某种原因 p 移动了，变为和它相应的有声响的 b，原来的一组音 p，t，k 就显出不平衡的形式 b，t，k。这样的一个组在语音效果上和原来的一组不相等，虽然在词源上还是和它相应的。总的语音格局就这样受到了损害。可是，如果 t 和 k 也移动了，变为和它们相应的有声响的 d 和 g，原来的一组就以新的形式重建起来了，即 b，d，g。格局本身保存了，或恢复了。只要是新的一组 b，d，g 不跟从另一个来源传下来的，原有的一组 b，d，g 相混杂。要是没有原来的一组，创造新的 b，d，g 不会惹麻烦。要是有，那只有把它移动一下才能保持旧的声音格局。原有的 b，d，g 可以变为送气的 bh，dh，gh，或是擦音化了，或是鼻音化了，还可以发展任何别的特点，只要能保持为一个组，和别的组有区别。这样的移来移去而不丧失格局，或是只有最低限度的丧失，也许是语音史上最重要的趋势①。

萨丕尔的相关论述精辟地阐述了语言的历史演变是如何实现的。这一实现的方式仍然符合浑沌学的原理。语音的演变不是突发的、大规模的，也不是零散的，不成系统的，而是从语音的轻微调整或扰动开始，之后通过类化移动的方式，将语音发展扩展到整个语音类别，实现语音格局的重建。这也是对初

---

① 爱德华·萨丕尔著，陆卓元译：《语言论》，商务印书馆，1985 年。

值敏感依赖性的重要表现形式。因此，我们可以说，语言沿流历史推进的主要方式是通过类化移动，实现语音格局的重建。这就解释了语言作为一个浑沌系统，它是如何对初值敏感依赖，同时又是如何通过对初值的敏感依赖，实现语言结构的历史演变的。

以下简单举汉语长元音高化的例子来说明。

上古的鱼、侯、幽三部，分别读为-a、-o、-u。由于长元音高化规则的推动，鱼部从-a 开始高化，逐渐向舌位较高的-o、-u 两个读音推进，如"父"、"古"、"五"、"乌"、"鱼"、"夫"等字，上古都读-a 韵，现在都高化为-u、-y；而原来读-o、-u 的侯、幽两部，在鱼部高化的推动下，只好让出原有的位置，变为其他类型的读音。一部分侯部字高化，读为-u 或-y，如"朱"、"主"、"乳"、"付"、"需"、"取"等字，一部分则发生裂化，发展为复元音，如"侯"、"豆"、"斗"、"后"、"口"等字；原来读-u 的幽部由于本已处在最高位置，无法再向上高化，所以只能全部发生裂化，读为复元音-iu、-au、-əu 复元音（高顶出位），如"求"、"九"、"流"、"幽"、"早"、"包"、"好"、"守"、"肘"、"臭"等字。

从上面的例子可以看出，汉语语音的变化是以类化的形式进行的。类化又可以称为"语音推链"，即一个类的变化会引起其他各类的相应调整。总结汉语从上古到中古的汉语韵母演变，如图所示：

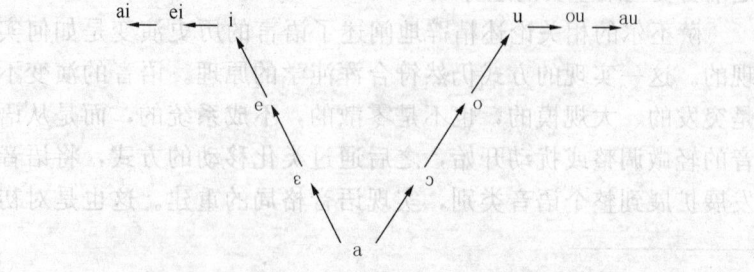

$$ai \leftarrow ei \leftarrow i \qquad\qquad u \rightarrow ou \rightarrow au$$
$$\uparrow \qquad\qquad\qquad \uparrow$$
$$e \qquad\qquad\qquad o$$
$$\uparrow \qquad\qquad\qquad \uparrow$$
$$\varepsilon \qquad\qquad\qquad \mathrm{ɔ}$$
$$\nwarrow \qquad\qquad \nearrow$$
$$a$$

汉语元音高化推链及高顶出位

类化移动的本质，就在于在一个语音类型中，最初可能只是一个音或几个音的变化，但这种变化实际上代表了整个音类的发展，这几个音的变化最终将扩张到整个音类。一个音类的变化将会引起整个语音系统格局的调整。也就是说，从一个或几个语音的轻微调整，最后将会引起整个语音格局的重建。这就是语言演变的基本途径，也是语言作为一个浑沌系统的重要表现。

浑沌性是语言的本质属性

彭 凤

在把语言看作一个独立的、封闭系统的结构主义理论框架下,语言的任意性的观点曾经一统天下多年;随着语言研究的不断深入,学者们注意到语言的理据性也是不容忽视的,而且这种反对的声音越来越强,甚至对理据性和任意性何者为语言的本质属性这一问题僵持不下。但如果转换一下思维框架,认识到语言是人类精神创造,语言系统是历代群体成员不断推动的、充满着确定性与随机性的动态演化系统,语言的演化是一个浑沌运动,那么就不必厚此薄彼了。理据性和任意性恰好是语言在社会机体细胞不断更迭的群体中,在不断变化的社会背景之下完成其使命的必然要求。所以,对于以浑沌运动的方式演化的语言系统来说,浑沌性才是语言的本质属性,它涵盖了语言的任意性和理据性。

语言始终是人类精神创造的产物,是一个民族历代智慧的积累,是一个文化的结晶体,它包容着一个民族长期创造性活动的一切成果。人们常说语言是智慧的宝库,是一个民族的精神财富。而使语言演化的主体是不断进行成员更新的、动态变化的民族群体,正如洪堡特所说"一个民族的语言,多少世纪以来所经验的一切,对该民族的每一代人起着强有力的影响,而接触这种影响的只不过是单纯的一代人,更何况这种力量从来就不是单一的,因为正在成长的人和正在消逝的一代人总是交混生活在一起。"① 一代一代的人们经历着不同的社会变革、文化冲击,甚至是思想洗涤。语言就是在这样的民族群体中传承着,并且人们敏感地通过语言对它们做出反应,根据不同的社会变革进行语言形式的调整。

语言的演化是一个浑沌的运动。

作为系统分支的崭新发展阶段,浑沌学兴起于20世纪60—70年代。科学家们发现绝大多数确定性系统都会出现古怪的、复杂的、随机的行为,人们把这种行为称为浑沌。"浑沌是实现系统的一种自然状态,一种不确定性,它在表现上千头万绪,混乱无规,但内在的蕴含着丰富多样的规则性、有序性。"② 作为"现实系统的一种自然状态",在语言这一系统中是否"现实"呢?过去人们仅仅注重语言结构的规则性、有序性,他们从具体的言语材料(言语活动的结果)中总结出语言系统不同层级结构的规律,更有甚者,语言生成理论将这些规律同人的大脑机制联系起来,认为言语活动完全是大脑按照从言语材料中归纳出的规律,通过推理和演绎,如同数学的逻辑一般,不断生成的结果。于是,语言成为一个线性的规则系统。在注重语言内部规则的结构主义者的眼中,语言的演化甚至也被完全纳入到了规则之中,在规则中寻找演化的解释。好像语言只要在内部发展规律作用之下,就可以自主地发展,这些内部规律也成为解释语言一切变化的着眼点。

语言系统整体是在不为人们察觉中逐渐变化的,只有以历史

---

① 威廉·冯·洪堡特著,姚小平译注:《洪堡特语言哲学文集》,第301页,湖南教育出版社,2001年。
② 苗东升、刘华杰:《浑沌学纵横论》,第14页,中国人民大学出版社,1994年。

的眼光，将它放在时间的放大镜下，才能被发现。而且，在注重形式研究的结构主义者看来，变化也只有以规则形式出现，一般表现为一定量时，才会被人注意。因为形式的规则性或说可归纳性，所以能被发现，能被解释。而那些形式上表现出的个别的现象，因为在结构主义者的眼中缺少解释的条件，而视其为不符合规则，遭到漠视。但我们却从不质疑结构主义方法的局限性。这样一来，人们眼中就只剩下规则，语言似乎成为一个规则的、自动的演化系统。

结构主义的方法为我们呈现出了语言规则性的一面，而人类对事物认识上的追求总是无止境的。当浑沌学方法论作为一股科学思潮的强音叩响自然领域的大门时，语言学研究者的心门也应声而开，尝试着站在另一个更高的山头，立足于语言演化的动态过程本身，努力来为传统理论框架下无法回答的问题提供更为合理的解释。而将这一自然领域的研究方法引入到社会学科的第一人，就是张公瑾教授。他提出，语言的演化就是一个浑沌运动，这是一次思维框架的转换。

将语言作为一个整体来看，语言始终是一个不断变化的动态演化的动态事物。就拿维吾尔语言来说，历经千年，语音、词汇、语法在不同的"成长"阶段，有着不同的成长性特征。例如：在语音方面，9 世纪以前，元音之间及音节尾古音仍然保留，到 9—13 世纪的时候，元音间及音节尾的古音 b 变成 w，到了 13—15 世纪演变为 y 或消失。例如：söyün-"喜悦"（söbün->säwün-> söyün-），suy-im"我的水"（subim>suwim>suy-im），öy"房子"（äb>öw>öy）。

在词汇方面，在九世纪之前，存在许多以为现代维吾尔语不用的古词语。ögüz"河流"，sü"军队"，bodun"人民"，balïq"城市"等。除少数汉语借词之外，如quŋ čui"公主"，sängün"将军"等，其他语言借词很少。9—13 世纪时期，古维吾尔语言除增加了一些汉语借词之外，还吸收了大量的佛教用语（wa č ïr "金刚"），南部文献开始出现阿拉伯、波斯语借词（dunya "世界"，din "宗教"）。到了 13—15 实际，南部文献中大量的使用阿拉伯、波斯语借词、词组和某些语法形式。

但从语言系统某一个时间切面（共时语言系统）来看，语言犹如结构主义语言学者看到的一样，整体呈现出规则性。而一个时间截面中的规则语言结构，在另一个切面的语言系统中又是相对不规则。比如，维吾尔语言，9 世纪以前，元音之间及音节尾 b 古音仍然保留，是一种规则现象。但是到 13 世纪的时候，元音之间及音节尾 b 古音变成了 w。从历史比较语言学方法上来看，变化是规则的，这是比较变化的结果得出的结论，但是很难说，就完全归因于一种语言的内部演化。从 "b" 到 "w" 总有一个临界点，由少变多，最后遍及整个语言词汇系统，使得元音间及音节尾 "w" 表现为规则性。也就是说，如果以数量考虑，语言的每一步演化，都是从突破规则开始的。那么，这种不规则因素来源于何处呢？真的如结构语言学者所说的完全源自于语言的内部规则吗？事实证明，这种不规则因素的发端并非仅仅是内在的必然性，也有可能来自于外部因素的随机干扰。正如张公瑾教授关于傣语因受佛教传播的影响从巴利语借入短元音 i，这一发现就有力地驳斥了这一观点。另外，维吾尔语言中的 "h" 音，也不是语言体系自身 "生长" 而出的，而是来自于阿拉伯语。语音尚且如此，更莫说词汇了。所以，推动语言演变的因素，并非仅来自于内部，也同样会受到外部随机因素的影响。

总之，语言始终处于一种变与不变之间，是处于有序与无序之间的动态系统，而促使语言变化的不仅来自于自身内在的规律性，同时也受到外部随机性的干扰。作为随机性因素的来源是开放性的，当一种随机性因素有了发生的广泛社会基础时，它就如同浑沌学中的"奇异吸引子"一般，笼罩着人们的心灵，将它周围的"点"吸引过来,随着数量的增加,在数量上表现为一种规则性或稳定态。所以,对于一种语言的未来,我们总是无法预计的。语言就是这样的一个有序与无序、确定性与随机性共同作用下的动态体制。这一理论地提出,所能解决的重大问题,就是语言任意性和理据性统一的问题。

(1) 语言创造的理据性和随机性

我们所说的语言理据性都是作为语言创造结果的理据性,并不是说语言创造那一刻理据的唯一确定性,而是指词汇形式是由确定的理据促成的,形式背后必有一个理据。而在众多潜在可能性理据中,由哪一理据促成语言词汇形式的形成仍具有随机的。所以,语音形式和概念之间不能存在自然联系来对以随机性理据产生的形式加以约束,语音形式和概念之间必须是随机的。即使是以事物本身特点为词汇形式创造的理据,也存在很多的潜在的可能性。正如"蚯蚓"在英语方言中为"rainworm",在英语的另一种方言中又名"mudworm",一个选择了这一生物与天气之间的关系为理据,而另一方言则选择了生物的生活环境。而在汉语中则将注意力聚焦到这一小东西的"伸缩"的活动方式上。不同语言对相同事物的理据的不同选择,实际上就意味着这一事物潜在理据的多选性以及理据选择的随机性。

理据来源的非线性。

每个词汇形式作为创造结果进行考察,理论上都源自于一个理据,但是不是所有的词汇形式的理据都是在规则的语言结构下对概念的理性意义的描述,其理据一目了然,属于线性的理据。例如:汉语中的"电灯"、"地震"、"红叶""伤心"等。很多语言词汇形式源自于来自事物和当时文化背景下的开放式联想。所以,很不直观。例如:英语中的"bikini"意为"三点式内衣",该词源于太平洋的 Bikini 岛。一个地名和内衣有什么关系呢?1946 年该岛上进行了原子爆炸,弗洛特猜想源自爆炸产生的力量与身着"三点式"泳衣女人一样,足以使男子立即产生冲动的力量相类似。这种联想就是一种开放式的联想,是一种随机的产物。如果没有 Bikini 的原子爆炸,如果没有弗洛特的联想,如果爆炸发生在现在,"三点式"的泳衣不一定会产生如此大的冲击力的时代空间里,这一个词都不会产生。这种由随机因素促成的词汇形式,是一个非线性的结果。词汇系统中,类似于这种随机因素为理据产生的形式很多,这种形式的产生既不可预测,因为事件的发生无法预测。同时词汇形式的理据又不可根据结构形式进行线性推理而获得。所以,如果要是缺乏文献资料的话,可以说其形式是不可论证的。这一词汇的产生就是理据性和随机性共同作用下的结果。

(2) 词汇系统演化方向的随机性

词汇总是因"需"而生,顺应时代的变化,满足人们的社会需要,是人们适应社会变化的结果。"适应",本质上是一种改变,是以环境为理据的相应调整。词汇形式变化本身就是以适应社会变化为理据,语言的使用是为人们适应社会而服务的。语言对社会的适应性体现了语言的理据性,而由于语言的这种理据性,使得语言词汇的变化同社会变化一样具有必然性和随机性。例如,从古代封建社会中国的"戏子"到现代社会的"文艺工作者"、"歌星"、"歌唱家",同样的职业,由于社会的变革,地位的变化,使得源于卑贱身份并和"骗子""婊子"、"癞子""疯子"原属一个语义色彩的"戏子"不再适合于指称他们。这一职业地位的提高,使指称他们的词语形式搭上了从英语中"引渡"而来的"星"船之上。这一结构的引入并不是本民族语言自身机体中生长出的,而是意译自英语中的 star。"... 星"这一"星外来客"如同奇异吸引子一般,将地位提高的演艺工作者吸引到它的周围。所以,词汇系统内部同社会一样,也是根据人们的褒贬分为三六九等的。社会地位的变化,使其指称在语言系统中的地位也会随之发生变化,这是人们根据社会变革所做的相应调整。

与之相似,但不完全相同的另一例子是原代表封建家族中主仆关系的尊贵"小姐",也因社会的变革,被打入人所不容的边缘地带。因为社会制度的颠覆,使其尊贵光辉消逝,成为一个泛化的称呼(对年轻的、未婚女子的敬称)。改革开放后,以年轻女性为主体标志的性工作者异军突起,充斥到以年龄和婚姻状况为标准使用的"小姐"之列,使得人们寓于"小姐"之中仅存的敬意遭到毁灭性的创击,如同"美女"逐渐不再美丽一样。以年龄和婚姻状况为标准的群体内部因职业以及社会对这种职业的强烈鄙视,使得其他女性不愿与之为"伍",来了一个"金蝉脱壳",留下这一词语成为性工作者的特称。原来的"小"在"小姐"隐含着婚姻和年龄状况,当这一词语转变为为职业特称时,"小"字似乎是对指称对象行为的鄙夷的宣泄。人们在情感上有用"小"来表达主观鄙视情绪的用法,有"小贩"、"小偷""小丑"、"小妾"、"小秘"、"小三"(第三者)、"小妹妹"、"小情人"等。这些词语在"小"字上就表现出了人们对这些身份的不耻。"小姐"这一词语的起落,社会变革是根本原因,同时也有"小"字逐渐成为人们表达个人情感的青睐有关系,客观的社会变迁和主观上的语言使用共同作用主宰着这一词语形式的沉浮,处处透露着一种随机性。

从以上的分析我们可以看出,语言词汇形式的产生是有理据,而这些理据都来自于语言自生所无法左右的外部因素。而社会的变化是难以预料的,为了适应社会的变化,语言词汇的更替也是难以估计的。语言系统前方的发展始终是一个随机的、开放的随时准备应变的系统。正如,维吾尔民族先民无论如何也不会料想到佛教圣地被遭践踏,伊斯兰教会占领人们的精神世界。当然也不可能预计到当年的古代回鹘文献语言会涌进大量的阿拉伯、波斯语词汇，并对本民族语言的形式产生巨大的干扰。例如，本民族利用从波斯语借入的后缀创造了大量的派生词语。这些词汇形式都是民族精神的再创造，每一个词汇形式的创造都是有理据的。从现代维吾尔语言的词汇形式来看，词汇的形式具有很大的规则性，这种形式的规则性很难说不是源于理据的规则性，即源自应变于社会文化环境的人类精神创造的规则性。（对于这一点地探讨，在我的博士论文中，有着详细地阐述）。也就是说，语言形式规则的形成不一定完全是语言内部演化的结果，还有可能是受到语言外部干扰作用的表现。

社会的变化是必然的、随机的，而语言变化本身又是以适应社会变化为理据的。社会是一个随机的变量，语言词汇形式是一个因变量，使二者之间发生应变关系的是人们为了适应社会对语言的理据性创造。由于社会变迁的必然性以及语言形式理据来源的随机性，使得同一事物的词语形式有无数潜在的可能性。所以，语言形式和事物之间绝不存有自然的联系。也就是说，语言也必须具有任意性。这是语言的创造及演化内在随机性决定的。语言的理据性和任意性是语言本身作为民族历代群体推动的一个动态演化系统其浑沌性的两种表现。浑沌性才是语言的本质属性。

总之，理据性是语言社会性对人类个体精神自由创造的约束，是人类理智性的表现，同时，语言理据来源的开放性又给了精神创造的起飞以无限多的着力点，这使得语言的系统演化朝着一个不可预测的方向发展，从而就需要语言任意性来成全人类的这种创造。语言系统始终是在这样一个浑沌状态下运动变化着，而且每时每刻都没有停歇过。

文化语音学理论构建的思考

孟德腾

一、引 言

语言符号的声音和意义之间的关系曾引起了哲学家和语言学家的极大关注。语言符号的能指和所指之间究竟是何关系？语音层面是否具有文化元素？这个问题一直困扰着众多的语言学者和心理学家。认知语言学假设语言形式和意义之间存在着某种认知联系，语言形式和客观世界之间的象似性必然在一定程度上映射到相应词语的语义上。认知语言学更多地关注句法层面的象似性，但不可否认的是这种研究在一定程度上也引发了人们对音义关系的深入思考，使得人们重新审视语音和意义的关系。

二、音义关系研究历史的简要回顾

音义之间的关系的探讨古已有之。早在柏拉图《对话录》的《克拉底洛篇》就记载了苏格拉底和学生之间就这个问题的对话。在中国，历代学者如墨子、荀子、公孙龙等就名实或音义问题做出过各种论述。清代学者提出"音近义通"、"以音求义"的原理，来探索汉语音义之间的理据。

自从现代语言学之父索绪尔在《普通语言学教程》中把任意

性作为第一原则提出来之后,语言符号的任意性和理据性之争更加激烈。后来美国的霍凯特等语言学者极力推崇语言的任意性,认为语言的能指与所指之间,特别是语言的音与义之间没有任何联系,他们认为任意性是语言的基本属性之一。但是有一些学者则认为声音和意义之间可能存在某种联系。例如美国语言学家莫里斯·斯沃德什等人通过对奇努克语、玛雅语、泰语、缅甸语等诸语言作了比较分析,他发现许多语言用[i]类元音表示近,用[a]或[u]类元音表示远。

在基于体验哲学的前提下,认知语言学也主张映射存在于一切语言之中,并且人类倾向于用人体特征和人的感知来映射身边事物和事件,因此作为语言要素之一的语音具有象征性。

美国语言学家加利·帕尔默在其《文化语言学理论构建》中明确提出"音系学与意象图式、认知模式以及世界观有着密切的联系。"在他看来,音系学具有一定的文化属性。

三、音义关系研究所关心的几个问题

1. 拟声词

拟声词存在于世界各民族语言之中,音与义的对应程度最高,是人类语言中最古老的成分之一,也是探讨人类语言起源的一个关键问题。

从符号学角度看,拟声词相当于皮尔士符号学理论中基于相似的象似符。如汉语里"布谷"这种鸟名与其叫声极似。世界上很多语言中"妈"这一词发音很相似,这是模拟婴儿无意识发出的自然音而成。拟声名物便成为本能的、基本的认知方式,语词的形式就直接摹写现实。

拟声词也就是模拟客体声音的词。"语言形式与事物的本质有着内在和自然的联系，如构成基本词汇之核心部分的拟声词就是真实地代表了事物的状态和行为特征。"①

拟声词在各种语言里并非完全一致，而是存在着一定的差异。例如同样是表达"狗叫"，汉语里是 wang wang 英语里是 wow wow，法语里是 oua oua，德语里是 wau wau。索绪尔曾经以此来反驳语音的理据性。其实不同语言使用者对外在世界的感知、文化背景、心理特征等方面必然有偏差，摹拟客观世界的过程中势必不可能百分之百地去复制声音，所以这种现象的存在也就不足为奇了。

2. 语音象征

语音象征（sound symbolism）特指某些词中一些单个字母或音组的发音，甚至包括发音时口腔内发音器官的动作，可能还有字母代表的形状能象征某种概念、意境或气氛，使人引起联想。根据象征的显著程度，我们分为以下两种：

（1）音义联觉词

所谓音义联觉词，就是指开口度、响度等发音生理学特征映射到语义上的部分词，它们具有共同的特点：发音特征与所表达的语义之间有着明显的象似关系。例如：

景颇语 poŋ^{33}（突出）、poŋ^{31}（壮实）、tʃoŋ^{31}（堆尖状）、koŋ^{55}（稍高状）、ʒoŋ^{31}（耸立状）、tsoŋ^{55}（微竖立状）等词的韵母都含有"oŋ"，意义都与突出有关。②

同样，汉语里指称圆形物体的语素大都包含圆唇元音/u/，

---

① 朱文俊：《人类语言学论题研究》，第 98 页，北京语言文化大学出版社，2000 年。

② 戴庆厦、徐悉艰：《景颇语词汇学》，第 56 页，中央民族大学出版社，1995 年。

圆唇元音的发音动作与所指相似。如："卷、圆、团、轮、果、瓜、碗、圈、周、环、围、转、桶、滚、卵、螺"等；以双唇音发音动作的紧闭摹拟包蒙之意，如"包、蒙、埋、蔽、闭"等。

再如，元音/a/和/i/之间的发音和语义对比表现得更加明显，上文就提到一些语言学家通过大量语料得到了证明。发元音/a/时舌头达到口腔最低最后的位置，声频低，象征尺寸大，重量重，声音低沉庄重，距离长等。相反，发元音/i/时舌头达到口腔最高最前的位置，声频高，象征尺寸小，重量轻，声音高而刺耳，距离短，形状纤细等。

元音［a］就往往与大而重的概念相联系，如英语中的 large，vast，grand，maximum；法语中的 grand，gargan-tua。汉语里如：大（dà）、胖（pàng）、高（gāo）、长（cháng）等。表颜色的词，响度较大的，相对的色彩就明亮。如：白（bái）、红（hóng）、蓝（lán）、黄（huáng）＞黑（hēi）、紫（zǐ）、灰（huī）。

英语中含有"i"的词语通常都与"小、细、轻"的意念相联系，如：英语中的 tiny，little，slim，piglet，teeny；nipper（小钳）、ritter（琐碎）、fickle（轻薄）、kidding（小羔羊）、flimsy（纤弱）、thin（稀薄）、kid（小山羊）。法语中的 petit，diminu 德语 kleine，意大利语 picco-la，拉丁语 minor，匈牙利语 kis 和希腊语 mikros 等。汉语里含有"i"的词语"细、眯、碎、粒"等也都表"小"义。

值得一提的是，满语、蒙古语等语言中的某些词采取语音交替的屈折形式，往往还具有更深层次的文化含义。

例如满语里的例子：

haha———hehe

男————女

ganggan———genggen

强————弱
wasihu——wesihu
西————东

满语和蒙古语中有许多带有 /a/ 和 /e/ 两个音的词处于对立关系的语义场当中,从发音时的开口度和响度来讲,/a/ 要比 /e/ 大,这一发音特征被映射到词的文化含义上。含 /a/ 的词多与"男、西、强、直"等有关,而带有 /e/ 的词多与"女、东、弱、弯"等有关。举例来说,蒙古包中西边的座位一般属于尊贵的客人,所以用 wasihu 这个词,而东边则不然,所以其中出现 /e/ 这个音。从这个例子该语言中词的发音特征和文化之间的同构关系。

以上例子表明,客观世界事物的大小诱发人体发音器官(例如口形)在发音时的对应性大小;客观世界的物理性与人体的生理性乃至心理性具有某种程度的契合。换言之,语言的发音和语言所表达内容的含义之间存在着某种生理—物理—心理甚至文化上的同构联系。

(2) 隐性语音象征词

隐性语音象征,指语音和意义之间的关系比拟声词和音义联觉词更隐晦,表面上难以看出象似关系,但在各种语言中却可以找到大量的例证,足以说明音义之间的对应绝非偶然现象。由于它不像拟声词和显性语音象征那样显豁,因此我们可以称之为隐形语音象征。

英语中比较常见,例如:

fl- 有"飞,拍打翅膀"之意:fly, fleet, float, flitter, flight, flit, flutter, flirt, flicker, flap, flick, flop 等。

gl- 有"闪光,滑动"之意:glare, glaze, gleam, glamour, glabrous, glimpse, glimer, glint, glisten, glitter, glide, gloss, gleaming, glib, glitz, glitzy, gloria, gloss, glow 等。

sl-有"滑"，"滑动"之意：sled，sleek，sleigh，slide，slip，slipper，slick，slippery，slither 等。

-ump 则常用来表示"大块""滞重"的物体：rump，plump，chump，mump，lump，stump，thump，bump。

Langacker 对加利福尼亚南部 Yuma 语言的 Ipai 语中［l］和［ɬ］的语音交替现象作了分析：

(a) cəkuɬk　　大洞
(b) cəkulk　　小洞
(a) ɬapəɬap　　大而平
(b) lapəlap　　小而平
(a) xəkaɬ　　一列中的大缝隙（尤指缺失的牙）
(b) xəkal　　一列中的小缝隙

Langacker 认为，Ipai 语的语音交替形式［…ɬ…/大］和［…l…/小］通过分析看起来就是声音和大小的一种符号象征。

美国亚利桑那州北部的 Hualapai 语中，词干 quir 和转动有关。涉及到形状和动作的一系列概念就是通过该词干的音段变化来表示的，就像 quir 表示"滚动"，quid 表示"大圆圈"，quin 表示"快速旋转"。类似的词干还有不少，这种语音模式表现出一种文化和力学表达的语音学特征。

Robert Johnson 分析了 Coeurd'Alene 语中的词根：kʷl（明亮、热），kʷr（橙色），kʷir（黄色），kʷəl（红色），kʷil（使变成红色），qʷɛl（点火），qʷil（燃烧）。他发现该语言中所有的表示颜色和热的状态的词根首位都有 kʷ，而表示点火和燃烧的词首位都带有 qʷ。

隐性语音象征虽然目前难以看出音义之间词源发生学上的确凿理论依据，但是语言中却存在着大量的例证足以引起我们的关注，深入探索该现象背后所蕴藏的语言机制和文化因素。

四、关于音义关系的思考以及文化语音学理论构建的展望

1. 对任意性和理据性关系的反思

索绪尔在提出符号的任意性的同时,并没有彻底否定音义联系的可能性,他说:"语言在选择它的手段方面却不受任何限制,因为我们看不出有什么东西妨碍我们把任何一个观念和任何一连串声音联结起来。"除了绝对任意性之外,他还提出了"相对任意性"的概念,认为"只有一部分符号是绝对任意的;别的符号中却有一种现象可以使我们看到任意性虽不能取消,却有程度的差别:符号可能是相对地可以论证的。"[①]

语言符号既有任意性,同时存在理据性。二者并非水火不容,而是互为补充,相辅相成。语言符号的确存在一定的理据性,但这种理据性只在一定范围内存在,它的表现形式是多种多样的,拟声词、语音象征性以及音美素等都是很好的体现。例如跨语言比较显示:表示"父亲"都以清辅音/f/、/p/开头,"母亲"都以/m/开头。这种发音方式和部位都在特定范围内的例子决不会是偶然的。人类相同的生理结构和共同的发展过程所导致的共同特征和行为,产生了某些自然生成因素。一方面,任意性使得语言具有变异、多样的可能;另一方面,理据性则保证了语言的有序、稳定运转。理据性以任意性为前提,任意性并非随意性,其中必然包含着诸多理据性,二者相辅相成,充分体现了语言符号音义之间辩证统一的自组织原则。

---

① [瑞士]索绪尔著,高名凯译:《普通语言学教程》,第181页,商务印书馆,1980年。

因此，如果把任意性和理据性简单地对立起来并争论不休，这种做法从某种程度上产生一种误导作用。我们不能顾此失彼，或为过激的言论所迷惑，在简单的二元思维的支配下纠缠于语言符号到底是任意性还是理据性，这并非是简单地折衷或逃避，其实是一种客观科学的态度。

2. 语音层面的文化研究亟待加强

语言和文化密切相关。但是就目前而言，词汇层面的文化探讨最为热门，一直是文化语言学的焦点所在。相对于词汇而言，语音层面的文化现象往往具有潜隐性质，尤其不如词汇那么显豁，所以语音和文化关系的探讨则显得薄弱，缺乏更多应有的关注。从理论上讲，声音除了物理属性和生理属性，其本质属性是社会属性。语言是通过声音来表达意义的。从这个角度来讲，语言符号的声音一定包含着某些人文因素，它和文化一定有着千丝万缕的内在联系。可喜的是诸多学者早就开始重视文化和语音的关系并进行了深入的研究。"音素的选择和组合联系着人对客观世界的适应和感受，一个民族的语音特点与这个民族的文化气质，存在一种深层的同构关系，语音的变化与文化的流变和迁徙也存在一种或先或后的同步关系。这些方面都包含着十分深刻的文化意义，这是从大的方面来说的；再从小的方面来看，语音的重叠、辅音和元音的变换、韵律、轻重音、音量、音势、音高等，也都体现出它的文化意义。"[①]

3. 文化语音学理论建构的展望

不可否认，目前语音和文化研究的深度和广度仍需进一步拓

[①] 张公瑾、丁石庆主编：《文化语言学教程》，第 42 页，教育科学出版社，2004 年。

展,尤其是语音文化理论的建构更是难以一蹴而就。若想证明语言的一种普遍规律,都必须进行大量考察,提供多种语言中声音和意义基本联系的根据,并从中取出足够充分的例证,而且要从多种语言中找出同一模式或共同特征,并且通过说话人直觉的实验来进一步验证,否则难以令人信服。从二三十年代起,语言学者做了许多不同类型的试验,试图证明声与义的联系是否具有普适性,甚至期望找到声音象征性的普遍规律。目前收集的诸语言音义密切相关的例子可以激发我们更加深入地去认识语音符号及其性质。

科学发展的一个显著标志就是不同领域之间产生互渗现象。例如语义场、配价语法等都是从自然科学中引进语言学研究并取得了令人瞩目的成就。同样,上世纪70年代创立的浑沌学理论以其独特的研究理念和强大的语言解释力,备受学界关注。当前结合浑沌学理论来研究语言文化方兴未艾,不少学者在文化语言学领域研究中成功地运用该理论取得了令人耳目一新的成就。浑沌学理论认为语言符号系统是一个匀质性和非匀质性的综合体,其中既有有序成分,又有无序成分。受浑沌学理论的启发,在笔者看来,语音和语义之间的关系尽管十分复杂,千丝万缕,但是语言符号的任意性与理据性同时并存,任意性使语言的生成具备了广阔的选择余地和发展空间,理据性在任意性的基础上,不断丰富、发展,支撑着语言从无序状态走向有序状态。因此,"关注和强调引入浑沌学的理论和方法,倡导运用这种特殊的研究视角观察和分析语言学问题"[①],充分利用我国语言所呈现出的多元性、类型的多样性和深厚的社会人文内涵以及中国丰富的多元一体的文化格局,以浑沌学理论的视角,针对音系的多维性、音

[①] 丁石庆:《浑沌学与语言文化研究中的几个问题》,载《浑沌学与语言文化研究新视野》,中央民族大学出版社,2008年。

系和民族文化的关系、汉语及少数民族语言和方言中语音要素的文化探讨以及语音现象中的认知因素、拟声造词等具体问题，深入挖掘语音包括音系所蕴藏的文化价值，文化语音学的研究无疑有着广阔的前景。

西方浑沌学和语言文化研究：发展趋向、研究成果、新的挑战

[德] 司提反·米勒

一、浑沌学面对浑沌理论的分叉

1.1 民间浑沌理论：娱乐、商业、信仰

对浑沌学来说，2008年发生的几件大事值得关注。

首先，浑沌学之父，美国气象学家爱德华·洛伦兹（Edward Lorenz）于4月份去世。1963年，他发现了复杂系统对初始条件的敏感性的规律，即蝴蝶效应。自那时起，洛伦兹开始用"浑沌理论"的词汇描写他新发现的现象和规律，发展了浑沌学的主要概念。

其次，Marcos Siega 的一部电影光盘（DVD）"浑沌理论"在2008年得以公开发行。很多人通过这部电影第一次了解到浑沌现象和浑沌理论的存在。如果在网上查找浑沌理论或浑沌学，立刻会找到这部电影，但通过这部电影得到的只是对浑沌理论的一种完全歪曲的理解。因为其反映的是非科学性的"浑沌理论"。越来越多的个人、组织、企业甚至一些宗教派别都在利用浑沌理论来吸引人们的注意力和兴趣。他们中的大部分人完全不明白浑沌理论的形式和内容，他们所谓的浑沌理论与科学的浑沌学是两码事。大部分有关浑沌理论的网站基本属于一种"民间浑沌理

论",宣传的是一种与浑沌科学没有关系的思想。

浑沌学曾经历过复杂系统发展所出现的分叉,这符合复杂系统的发展规律。浑沌学最热门,最时髦便是上个世纪八十年代发生的这个分叉现象,即浑沌这个单词,基本上被非科学的民间浑沌学所占用。民间浑沌学具有一定的商业化倾向,为了经济效率或者某种宣传的需要,民间浑沌学执意歪曲了浑沌学的科学内涵。西方科学的浑沌学研究家们为了使该理论更易被其他学科接受,不得不放弃浑沌学的一些基本概念,像整体性、思维框架的转换等等。

1.2 浑沌学作为科学发展到第二代:非线性学、复杂系统学

在欧美国家,目前至少有一百多个研究机构专业从事浑沌学研究,而且每年还会增加几十个。如果再加上各大学里从事浑沌研究的单位,很容易找到上千个研究所或学院从事浑沌学研究项目。但是,却找不到几个用浑沌学命名的研究所。德国格丁根动态与自组织学研究所的所长 Theo Geisel 在解释为什么没有采用浑沌学命名研究所的名称时说:"我们常用浑沌这个单词,但是我们曾经偏离'浑沌理论'的说法,因为更多人将这个单词用在非科学性的、甚至带有异端色彩的环境中。"[①]

研究浑沌学的机构,其名称一般是:非线性现象研究所、动态过程研究所、复杂系统研究所,甚至系统研究所等。他们再不提"浑沌理论",而改说"非线性现象理论"、"复杂系统理论"等等。还有一部分人直接把"浑沌理论"当作"系统理论",由此也招引来传统系统学学者的抗议!

传统的系统科学是自 1920 年代以来由贝塔郎非(Ludwig von Bertalanffy)创立的理论。尼克拉斯·卢曼(Niklas Luh-

---

① 德国广播,2005 年 11 月 13 日。

mann）是德国当代最为重要的社会学家之一，他的主要贡献是发展了社会系统论。社会是一种系统，系统存在的基本因素就是人们的交流。最近西方系统科学与浑沌学产生矛盾，系统科学的学者认为，浑沌学仅仅是系统学的一小部分，浑沌学的成就应该属于系统科学。

要避免这个矛盾，就只有保持浑沌学的名称。可是，各学科的许多传统学者接受不了"浑沌"的说法。反而非科学性的各个教派、组织、公司对浑沌理论这个说法很有兴趣。他们认为，"浑沌"这个单词会更加吸引人们的注意力与兴趣，市场价值会比较高。

Heinz-Otto Peitgen 是不来梅大学的数学教授、德国浑沌学的主要人物之一，他说："我敢肯定，浑沌这个名称为了浑沌学的成功起了决定性的作用。而如果自然科学家或数学家提到'浑沌'，人人都会非常注意他会说点什么"。[1]第一代浑沌学家，像洛伦兹（Lorenz）、曼德勃罗（Benoît B. Mandelbrot）、费根鲍姆（Feigenbaum）等学者都曾使用浑沌学的说法让人注意到了这个新的理论。

当出现第二代浑沌学者时，他们对浑沌学的研究虽然也是从个别先驱者的研究过渡到研究机构的项目，但为了提高浑沌学的可接受性，浑沌学则演变成为以上所说的复杂系统学、非线性发展学、动态过程学等。浑沌现象只是系统学整个理论、方法、研究内容中的一部分。如此，用"复杂系统学"，"非线性学"，"动态系统学"，等称呼代替"浑沌学"的做法就把人们的注意力转向了浑沌现象以外的一些概念。

起初，只有几位被社会和学术界嘲笑的人在研究浑沌学，他

---

[1] Grotelueschen, Frank: Apfelmann im Abseits, Was wurde aus der Chaostheorie? Deutschlandfunk 13. 11. 2005。

们就是浑沌学的几位创始人。自上个世纪 90 年代以来，学术界开始重视浑沌学，浑沌学的研究项目转到大学、私立或国家的研究所。尽管这些研究机构所有的研究项目都有共同的方法与理论基础，但这些研究机关最终还是没有成功把浑沌学建立成独立的一门学科。在这些研究所里，每个学科都保持了自己的独立性。

　　浑沌学的创造者们，知识面比较宽，所以他们能够发现不同学科中复杂系统的共同点。浑沌学本身主张系统的开放性，重视不同系统之间的多种关系，以及各学科的研究对象的整体性，甚至跨学科的整体性。在这方面，目前的西方浑沌学仍落后于西方早期的浑沌学。且各学科的独立性明显表现在浑沌学的专业词汇的应用上。如同样的术语在物理学、数学、经济学、社会学、语言学等学科领域的用法与含义大相径庭。因此，在不同的学科领域间的浑沌学研究交流中，必须注意到浑沌学概念在各学科的不同含义。如对数学学科来说，整个一种系统本身就叫浑沌，而对语言学学科来说，浑沌则是复杂系统在发展中的一个阶段的状况。总之，从大的方面来讲，自然科学和人文社会科学的浑沌学发展方向有所不同。

二、西方语言学研究浑沌学的成就：奇异吸引子

　　许多西方大学的学院或研究机构运用浑沌学研究各自领域中的特殊现象。但是，在众多研究机构、众多研究项目和著作中，语言学者几乎没有出现。语言中存在大量的浑沌现象，学习语言学的学生必须学习浑沌学的理论与方法，才能对这些现象进行解释和说明，但在各个浑沌学研究所和研究项目中，却基本找不到语言学方面的研究员。

　　虽然在欧美国家研究浑沌学的语言学者比较少，但这并不表

明他们不存在。目前就有几位较出名的语言学家在这方面做了一些工作,其中,比较突出的研究是关于奇异吸引子对语言非线性发展的作用。语言的发展发生在语音、词汇和语法之间,词汇决定一句话的各个成分的意思,语法决定成分之间的关系。一般情况下,在大部分语言历史中是比较稳定的,词汇的变化则可能比较多。通常,词汇变化发生在几个吸引子之间。其中两个重要的吸引子是词的长短和词的信息量。吸收新的信息,大多语言首先利用本语言已经提供的构词法材料与规律,创造较长的比较复杂的单词。音节长的词容易改变、融合、容易被排除,音节短的词在吸收太大的信息量时容易失去词汇本身的意义,会变成语法(形态学)成分。各种语言中的介词,其音节数最少,但是信息量却最多。而介词容易与其他词类融合,成为形态学的前缀或后缀。

词汇必须保持一定的音节数量,必须包含一定的信息量。音节太多或者太少的词或者信息量太大或者太小的词早晚会从语言的词汇中消失。

在两种语言接触,或同时使用两种语言的情况下,语言也会发生一些变化。如语言在相互接触的情况下,容易吸收彼此的词汇。语法在语言相互接触情况下则比词汇稳定些。由此我们能看到,在语言历史发展中的吸引子和在语言接触发展的吸引子不同。正因为如此,为了准确地理解语言的发展,我们必须同时注意到所有的吸引子。那么,语言发展究竟受多少吸引子的影响,各个不同吸引子之间的关系怎样,这都是西方语言学研究中所关注的一个大的专题。

另外,自然科学和人文社会科学的浑沌学专业词汇的区别:在物理学的浑沌学,一个吸引子有固定的吸引力,这个吸引力是永远不改变的。在语言学和其他人文社会科学中,奇异吸引子的重要特点是其不稳定性。某个吸引子会存在几百年,可是却可以不起任何作用，但另一个吸引子却会突然变成整个系统中最重要的吸引子。在语言学和其他人文社会科学中，奇异吸引力有时候存在，有时候不存在。

在语言发展与语言接触两种不同情况下，也有两种不同的吸引子在起决定性的作用。如果在语言历史中还接触其他语言，那么这些吸引子之间的关系可能就更复杂了。

三、西方浑沌学在语言方面的研究成就

虽然有一些语言学者应用浑沌学的理论与方法研究语言学问题，但是，大部分有关语言的研究成果来自其他学科。物理学、教育学、数学、传播学、大脑科学、电脑科学等领域的学者，研究了很多与其学科有关的语言现象。如医学和物理学研究语言的生物学基础、语音的组成与传播；人脑科学研究母语和第二语言的学习；教育学研究语言的教学；电脑学研究语言的深层次性和语言层次之间的关系；媒体传播学研究语言的功能与作用。由此也引发了一个问题：由于浑沌学目前没有发展出一个统一的、跨学科的术语，致使各学科对语言现象研究中所运用的浑沌学术语的概念及用法有很大不同。如果我们不注意到这个问题而认为各学科所用诸如"吸引子"、"分叉"，"浑沌"等术语的内容都一样，可能会遇到很多新问题。

下面从物理学和计算机科学简要介绍两个用浑沌学理论与方法研究语言的项目。

3.1 浑沌中的语音传播

近几年物理学研究语言现象的贡献最大。物理学用浑沌学研究语言传播中一些问题的解决方法，为研究结果申请专利，新发

明的技术已经大量应用在各个语言传播设备上。应用浑沌学的知识,早已解决了如何处理模拟性语言传播的擦音问题。当时的擦音是在传播过程中出现的。近来,研究的目标是怎样才能从一个很嘈杂的环境中传播人的语言。如果环境的杂音来自同样的声源,如汽车发动机的声音,那么这种杂音比较容易过滤,但如果说话者的周围有不同类型的杂音,且不断发生改变,那么这个杂音怎么处理?

以前,学者们曾考虑过滤杂音,只要传播过滤出来的语言。后来又考虑在多种声音浑沌中,如何做到加强语言的声音,削弱杂音。如果同时用四个话筒,并从不同方向去录音,四个话筒背景的杂音虽然都不一样,但从不同方向录下的语言的声音却都是一样的。那么,如果把录下来的语言包括杂音都加到一起,语言的信号强度是各方向的杂音的四倍,语言的声音则很清晰。

但是,如果没有条件同时用不同话筒从不同方向录下语言,那么还有什么办法?如果我们在电脑上看录下来的语言或者音乐,我们能用波浪表达我们所听到的声音。在一个很嘈杂的环境中的语言表现出一种波浪浑沌,同时出现各种形状的曲线。每个语音的曲线每次都是同样的。每个语音持续大约 1/5 秒钟,而且有一个固定的曲线。这个曲线在声音浑沌中一出现,就可以把它过滤出来,进而加强它的信号并传播它。这个方法今天已经用在高级手机与其他传播语言的设备上。

在应用这个方法的时候,语言的元音和浊辅音从声音浑沌中能很容易过滤出来,但在浑沌中找清音的难度比较大。对以上的研究者来说,元音和浊辅音一起足够清晰地传播语言。由此出发可考虑和研究语音传播是否与这个现象有关系?清音在声音浑沌中比较容易失去,是否语音传播的一个可能的因素?

3.2 电脑系统中的语言共同深层结构研究

再举一个有关计算机科学的例子：计算机科学为了编写电脑程序、发展电脑系统从而广泛地研究语言的多层次性。

我们常遇到的语言现象，其中词汇、语法、语音是语言表面的层次。每个电脑符号都带有四个不同层次。我们在显示器上只能看到一个单词，可是，为了显示正好这个单词在这个位置，电脑应处理的信息很多。目前，电脑系统能处理195种不同的语言。如果要改变我们的系统语言，没有必要改变整个系统，我们调出所选择的系统语言，重新启动电脑，同样的系统用不同语言就出现了。每种语言用不同单词的命令，这些命令在系统中翻译成同样的一个符号，这个符号就是与电脑系统的语言交流，让电脑做它应该做的事情。普通的电脑系统和办公软件共认识上万不同功能的命令，能根据不同语言处理几百万条命令。如果你出现一个指令错误，那么电脑会用你自己的语言警告你。当你每次启动电脑时，它立刻得到一种信号调整好它这次工作所用的语言。

下一步的目标就是，怎么让电脑不仅用不同语言在早就编好的系统与软件上，而怎么可以在电脑中同时翻译用户所写的文件。如一个人在电脑上使用汉语工作，但他的同事不会汉语，可是要在同样的文件上做一些修改。那么，他调出来相应文件，选择文件语言，这个本来用汉语写的文件就会用英语出现。传统的办法是运用一种翻译软件，靠软件词典里的单词和词条自动翻译。如果只用两三种语言、词典的单词与语条量足够大，那么结果还可以。但是，如果同时要应用几百种语言，这个方法就行不通了。新的解决问题的方法是：寻找或者创造一种各个语言都能运用的最深层次。所有的语言可能要表达的内容都必须包含在这个共同层次里。每种语言的表面层次可以直接连深层次的符号，深层次的符号直接可以用各语言的表面层次显示出来。这样，每个在我们的显示器上出现的单词都带有几个信息：它的形式（字母、字体）、它所属的语言、它在深层次的有关的符号等等。在翻译文件时，我们只需改变决定具体语言与字母的信息，通过深层次的符号保持它所带的信息量就可以了。

目前，电脑学者们正在研究语言的共同的最深层次。这个所有语言的共同层次可以理解为一种（人造）浑沌。创造这个层次就必须运用浑沌学现在提供的全部知识。在让深层次符号准确地成为具体语言的时候，必须运用一种由许多吸引子组成的系统。例如，每种文献中会出现个别的单词或者表达方式，让电脑明白这个文件属于哪种文笔（科学性、文学性、人情性等等）。

四、各系统的全球化对浑沌学的挑战

2008年9月，在德国召开了一个浑沌学（非线性科学）会议，主要内容是有关世界经济危机的。浑沌学在经济学的贡献比较多，在经济学领域中应用得也比较多。很久以来，金融机构、银行、保险业都已经运用浑沌学所推荐的方法在保持市场的稳定性。当然，浑沌学在经济管理中没有变成主要理论，各机构同时应用各种不同手段。但是，现在浑沌学者在研究金融、经济危机的时候，对浑沌学提出了不少问题。这里不讨论经济学，只把出现的问题与挑战直接与语言学连接在一起。

浑沌学在小范围之内比较成功。如果我们要解决复杂系统之内的一些小问题，那么浑沌学能帮助我们。但是，如果系统开始膨胀、系统太大的时候，还能不能应用浑沌学的理论和模型呢？

对一个小范围的经济，甚至一个国家的经济系统，能够用浑沌学方法有效避免重大的问题。但是，如果各国家的经济系统的关系太密切，分不清楚各自国家的经济系统的边界，是不是浑沌学的方法再不能用？

对语言学来说我们应该考虑，地球上有几个语言系统？所有的语言是不是本身一个系统？能不能说，所有的语言是同样系统的不同表现？两种语言之间的关系，是两个独立系统的关系，还是一个系统的内部成分的关系？

说语言是开放系统，那么开放到什么程度？保护濒危语言不是把语言的开放程度减少，甚至创造一种死板、不开放的词汇语法结构？强调要保持各个语言的独立性，而不是回到结构主义？

近来对各个系统最大的挑战是系统的全球化。以上所说的电脑科学，语言研究就在朝着这个方向发展。如果我们要把全球语言系统作为一个系统来理解，不同语言仅仅是这个系统的不同的表达方法，那么必须理解语言是作为一个对同样系统封闭的系统。说开放，就是对其他的不同本质的系统开放。例如可以说语言对文化系统是开放的。但是，很快我们会发现，语言不是对文化系统开放的，语言是文化系统的一种表达方式。文化显示在语言中。

语言与文化的关系，是否同一个系统或者两个互相影响的系统。语言之间的关系，是否两个系统的关系，还是一个系统的内部关系。这些都是有待研究的问题。

发明浑沌学的洛伦兹是气象学的学者，气象学从一开始就是研究全球性的问题。而气象学经过几十年的发展还是没有办法做三天以上的准确的天气预报。人类可以——像有的学者提出了——毁灭洛伦兹所提出的蝴蝶、提高各个现象的数据量，难道这样就解决了蝴蝶效应的问题？

浑沌学帮助我们了解世界，但是不能提供为了控制或管理世界性的系统工具。在小的范围之内，浑沌学能够提出方法并解决一些问题，但是，如果一种系统膨胀到全球的范围，那么这个系统的规律就有了变化。关于复杂系统的膨胀方面的研究在浑沌学中极少。

两个同样的系统能互相起支持或者阻碍的作用。但是如果一种系统吸收了所有同样的系统，一个系统是否成为全球系统？浑沌学提醒我们，任何复杂系统早晚会遇到浑沌的状态，那时候该系统可能有巨大，非线性的变化，但是也可能在这个状态中毁灭系统。既然知道复杂系统多么容易受损害，甚至有灭亡的可能性，那么我们还是主张保持各个系统的独立性、系统的多样性。

帕尔默文化语言学观概述

王国旭

一 引 言

　　加利·帕尔默（Gary B. Palmer）是内华达州大学拉斯维加斯分校的荣誉退休教授，1971年毕业于明尼苏达州大学，获博士学位。他的研究志趣广泛，尤其专注于人类语言学、认知语言学的探讨，在菲律宾语（Tagalog）、科达伦语（Coeur d'Alene）、修纳语（Shona）、北美诸语言、非洲语言等的研究方面都有所建树。如他的相关论文对菲律宾语动词交际、南岛语族概念体验的可能性、班图语名词范畴化的文化基础、撒利希语对美国西北部撒利希人的固有思维的框架化、语法的跨语言研究所揭示的文化心智的独特性等进行了探讨。纵观其整个学术活动，帕尔默结合文化与语言的相关性，检验了认知、文化、历史和语言的汇合形式和内容。其中，《文化语言学理论构建》是帕尔默从文化的角度探讨语言的集大成之作，该书由得克萨斯大学出版社在1996年出版，并于2000年翻译为西班牙文。在中国，系统地对帕尔默的文化语言学进行介绍的文章不多，纪玉华（2002）曾在简介的基础上比较过中国的文化语言学与其细微的差别，但并没有对他的理论加以评述，可见，在中国文化语言学界，介绍引进帕尔默的理论并运用于实际的语言分析，是一件非常有意义的事。

二 帕尔默的文化语言学观

作为西方第一个提出文化语言学这一学科术语的学者,帕尔默的文化语言学观的产生有其特殊的历史背景和学术原因。20世纪90年代,以欧洲三大语言学传统为主的现代语言学式微,代之而起的新的理论和方法如雨后春笋般地冒了出来,如认知语言学就是颇受学者们青睐的一个领域。如何整合这样的一种局面,即在传统的研究视野下,引入令人耳目一新的观点和方法,成为摆在时代面前的一个问题。正是在这样的情况下,帕尔默提出了自己的文化语言学观。

(一) 3+1模式的综合理论

帕尔默的文化语言学观从认知语言学的基本概念出发,以研究语义为本,融汇了欧洲的博厄斯语言学、言语文化人类学、人类文化语义学的研究范式。在帕尔默看来,这三门人类语言学的传统领域,在现代语言学的突飞猛进中获得了新的发展,并逐渐体现出求同存异的趋势。在帕尔默文化语言学观中,文化作为语言使用的广阔的背景,提供给语言使用者共享的百科知识,并以意象的方式呈现在语言中。

1. 博厄斯语言学

从20世纪初开始,直至40年代,博厄斯语言学理论活跃于美国人类语言学界,开辟了美国当代语言学的繁荣局面。博厄斯语言学理论专注于用本族语的术语描写语言的各种构成要素,帕尔默举了西班牙语和英语代词根据性别的差异进行分类的例子,说明性的区别只是"众多这种可能分类"原则中的一个,因为其他语言可能根据动物/非动物、人类/非人类、部落成员/非部落成员这样的原则进行分类，对异族语言而言，这些原则也许过去、现在都还没有被完全理解。也就是说，我们必须立足在本民族的语言世界中去探讨其语言现象的各种规律，而不能用另外一种语言的构成方法或原则硬套它，不能有先入为主的看法。

另外，博厄斯同样关注语言与心理的同构关系，指出语言是人类最重要的精神生活的表现形式，语言调查实际上也是对世界各族心理调查的主要组成部分。在他的观点中，语言学属于民族学的研究范畴，因为它是"关于世界上的人们生命的心智现象的科学"。同时，博厄斯认为语言详细记叙了经验的基本分类，强调不同的语言有不同的体验，并且这样的分类是潜意识地进行的。因此，在语法表面所进行的分类反映了一个可选择的主观意象的表达。

博厄斯语言学在其学生萨丕尔的发展下得以影响深远，萨丕尔及其同时代自学成才的语言学家沃尔夫一起提出了萨丕尔——沃尔夫假说，该假说有强势和弱势之分，强势说认为语言主宰着人们认识世界的途径和方法，受语言的限制，使用同一语言的人难以摆脱语言的桎梏；弱势说认为不同的语言会对人的认识方式产生影响。这个假说至今难以令人信服，但也存在一定的合理性。当代许多语言学家都致力于寻找相应的语言材料对其进行证真或证伪，同样也都找到了相关支持的证据。帕尔默指出，在语言与认知的层面，萨丕尔和沃尔夫都是别开生面的人物，如萨丕尔提到在语言的影响下，人们总会觉得在自己语言文化背景中体现的信息最重要，也最突出，并认为从自己语言的角度看待事物才是正确的角度。而在沃尔夫看来，不同的语言对世界的真实状况的解释都具有相对性，语言往往固化了该言语社团的认知系统和意识"背景"（文化），形成迥然不同于其他语言的世界观。

然而从20世纪50年代到80年代，随着形式和数学化分析方法吸引学者们的研究眼光，博厄斯语言学理论中关于文化与心智的语义建构的探讨逐渐沉寂。90年代以后,一些学者如Lee、Hoijer, Mathiot, Lucy等人利用更多的语言材料,出版了一批有影响的著作,这或许预示着博厄斯语言学理论在认知语言学世风日上的趋势下,其复苏的时代正在到来。

2. 人类文化语义学

作为人类学的一个分支学科,人类文化语义学出现在20世纪60年代到70年代之间,它一出现就广泛获得了人们的重视。这一学派最有影响的代表代表人物主要有Stephen A、Tyler Ronald和W. Casson。人类文化语义学进一步采用人类学研究认知科学的方法来研究不同文化环境中意义的结构方式(例如亲属关系和颜色的表达,言语事件的话语结构等)和文化制约语义变异的原则。

令人遗憾的是,虽然人类文化语义学对人类的认知有一种强烈的兴趣,并在无意中使用了许多认知语言学的理论和方法,如通过原型理论的运用,在不同的文化背景中对亲属词、植物名、疾病术语和颜色词的语义扩展进行分析,并得出了许多新颖的结果。但帕尔默认为人类文化语义学从来没有发展衍生出一种意象的理论,他们更多地热衷于民间的语言分类系统的描写,分析语义的细微特征,常用词语的结构及其在重要的语义域投射的民间分类范畴。20世纪80年代,人类文化语义学逐渐衰弱,该领域的专家大多转向言语文化人类学和社会语言学,从事话语的研究。

3. 言语文化人类学

言语文化人类学是在人类文化语义学的基础上发展起来的,由Hymes、Gumperz合作建立,并由其他一些学者参与完善该理论。言语文化人类学专注于人们怎样有目的地在特定的文化环境里使用语言资源通往社会一端的问题的探讨。具体方法是通过识别有哪些语言外因素构成信递的社会基础,重点在于描写语言的交互作用。

言语文化人类学的奠基人 Hymes 阅读视野广泛，对博厄斯语言学理论及人类文化语义学有很深刻的认识，他把言语看作一种文化行为系统，认为说话者的语言能力不仅包括产生正确句法的能力，而且还包括在具体的社会和文化环境中使用语言的能力。他非常重视语言认知的重要性，但却把语言的认知研究留给了人类文化语义学家们。随着许多研究在海姆斯的理论框架下展开，学者们逐渐意识到言语文化人类学不是一个周密的语言理论，把它描写成一个综合的选择性学科可能更合适，因为它借用了结构语言学和人种志的方法，且其理论散乱地来自语言学、文化人类学、哲学、社会学。帕尔默认为，通过与认知语言学的解释理念相结合，言语文化人类学将会获得发展的一贯性。

4. 综合理论

在语言学研究中，始终贯穿着人文主义和科学主义研究的两条主线，人文主义关注语言与民族、社会、文化、心智等相关的研究，科学主义则重视语言研究中的客观要素的形成关系，如语言的生成、结构、人工智能等相关领域。自19世纪末以来，语言研究领域这两种截然不同的研究范式逐渐遭到瓦解，用一种综合的理论融合二者的优势的可能成为许多语言学家探索的一条途径。在认知语言学出现之前，语言、推理、文化、意象以及世界观都分属不同的学科领域，是认知科学的出现把这些研究对象归入在一起。从1960年到1990年这30年间，人类学、人工智能、语言学、心理学、哲学、神经科学、修辞学等领域的学者都对认知科学的出现做出了自己的贡献。认知语言学正是在这种多元的环境中揭竿而起。作为一种经验科学，认知语言学以其独有的研究范畴和理念受到现代语言学的关注，它的解释面是新颖而多元的，尤其是在现代汉语研究中，从引进之初开始，学者们对这门科学进行了创新性的拓展，使中国的语言学研究有了新的飞跃。

因此，在帕尔默的文化语言观中，他认为认知语言学和博厄斯语言学、人类文化语义学、言语文化人类学都有相通之处，例如，三者都是以研究语义为中心，并且都关心在不同的文化背景中，不同的民族对世界的感知存在细微的差异，这些差异不仅是通过语言中的语音、词汇、语法等各要素体现出来，而且还体现在话语和叙事中，其中，意象是贯穿认知语言学与欧洲三大传统语言学的主线，通过意象，人们构建起一个以文化为背景的网络，深藏在每一个民族中的各种图示被意象所唤起，组成不同的范畴，并通过原型的方式在人们的心智中得以识解，从而达到对其他范畴的沟通。

综上，我们把帕尔默的文化语言观概括为3+1模式，即在欧洲三大传统的语言人类学的基础上，引入认知语言学的研究视角，融会贯通它们在概念上的联系，从而形成一种全新的解释理论。

（二）文化语言学理论普照下的意象特点

意象是认知语言学的术语，帕尔默的文化语言观中，意象是心智的表征，它源于对外部感官世界即时的感知体验，是生成一切认识的基础，人们对世界的探索总是以意象为起点，并以生成新的意象达到对客体的自然感知为最终目的。在语言生活中，语义总是以意象的方式呈现在认知者的面前，如在语言的各要素及语用中皆表现为一定的意象组合聚合的特征。正如帕尔默所言：意象如一闪即逝的林中鸟儿，但却负载了众多的文化内涵和象征价值。鉴于意象在帕尔默文化语言学中所处的核心地位，我们对其特点进行简单地介绍。

1. 意象的关联性

意象是对事物的主观的表征（如看得见的物体），这个事物不一定能直接感知，但可以通过记忆和想象再现。帕尔默的文化语言学是以意象为基础的理论,在这样的语境下,意象不仅是具体的,同时也是抽象的。意象除了是视觉所见、听觉所闻、动觉所感、嗅觉所辩及触觉所及的客观对像之外,还包括情感产生的复杂意象,建构会话场景的动觉意象等。

另外,在特定的社会习惯和民族文化中,意象是用一种潜在的方式共享于不同的人的心智中,它是综合而全面的,在不同的场景中被激活,是人们能够彼此交流的语义基础。

2. 意象的再现性

在具体的环境中,我们对意象的识解往往通过语词被唤醒而达到。这种环境是复杂的,在广义上包括生成意象的广阔的文化背景、思维框架、认知图式等等。意象是连接语言与受话者的载体,受话者在特定环境的促动下重先构建熟悉的意象与其对应,从而达到理解的目的。一方面,一种源意象可能增加一些具体内容到已识解的意象中,另一方面,通过过滤,它本身也失去一些内容。而所有的意象都是被文化和个人的经历所结构,同时它也被社会所构造或嵌入在社会构造中。就像给你一片能烫伤你嘴唇的肉,你也知道这是食物而不是用来折磨你的工具。

3. 意象的适应性

在语言中,通过意象进行会话、理解是人类进化过程里逐渐培养发展起来的一项生物本能,有别于其他动物。帕尔默认为,在人类的各项活动中,语言实现了许多功能,但也许在人类进化中,语言出现的最基本的理由是它提供了一种方式,利用这个方式,说话者能唤起并加强彼此间的适应性意象。语言和意象必然是相互依赖地发展,在彼此适应中不断完善。

帕尔默指出,尽管意象是与语言相适应的,但同时也具有抽象的、隐喻的、部分的、想象的、及变幻无常的表现。比如许多美洲印第安人的故事都讲述了猎人同鹿、水牛结婚的故事。这样的幻想怎样适应?把人们吸引到充满戏剧色彩并令人愉悦的故事中可能是它的唯一的功能，但也可能通过这种幻想获得认知的补偿。在这样的转换中，如果集体行猎的世界被仿效，只可能在一个社会的抽象层面，因而一个求婚者被比喻成猎手，他注意的目标成为被猎取的动物。但是，通过很细微地叙述唤起行猎和配偶的场面，这样的故事可以诱导观众在两个场域中再现这种场面，记住他们的特征，并用彼此进行比较，以至于来自两个场域的场景变得更加突出，更加容易获得推理。

总之，意象是帕尔默文化语言学中的核心概念，通过对意象的综合性、生成性、适应性的论述，用它贯穿起了认知模型、符号、意象图示、原型、基本范畴、复杂范畴、隐喻、转喻及社会场景等概念，从而建立一个完整而复杂的分析系统。

三 小 结

作为人类文化的重要组成部分，语言不仅是我们现实生活中必不可少的交流工具，同时，它也是一种文化形态，在人类千百年的历史沉浮中，我们总是把对世界的认识，以及对世界的思考方式，以语言的形式固化下来。毋庸讳言，详细描写和记录一种语言的确很有必要，但如果我们不能透过语言表象把握说话者深层的文化心理，语言研究的功绩就会受到限制。我国是文化语言学的发祥地之一，文化语言学是一个继往开来的学科。我们的古人很早就已经关注到语言在不同文化中的重要差异，如《颜氏家训·音辞篇》中说："夫九州之人，言语不同，生民以来，固常然矣。""古今言语，时俗不同；著述之人，楚夏各异。"古人认为，这种语言之间的不同，不仅仅体现于语言的结构方面，还体现在文化差异所造成的对同一语言的不同的语义理解方面，这是很有见地的。时至20世纪年50年代，罗常培《语言与文化》开了文化语言学研究的先河，至80年代中叶，在中国语言学界掀起了文化语言学的研究高潮，众多学者著书立说，其最大的特色就是探讨语言的各个要素与文化背景关系，对语言与文化互构关系的深层的心理机制则涉之甚少。

而帕尔默的文化语言学的研究，由于学科的背景及传统的学术影响的迥异，他对语言与文化关系的探讨有独特的视角。欧洲传统的三大人类语言学研究是他理论的基础，而认知语言学的出现无疑为捏合这四种理论创造了得天独厚的条件。事实上，四门学科共有的研究旨趣是这种理论的产生的必然契机，而欧洲三大理论的不可避免的缺陷要求不断完善使这种高度融合的理论的诞生成为可能。当然，我们知道，每一种理论都存在一定的局限性，帕尔默的文化语言学也并不例外，他在注重语言的文化心理的同时，忽略了语言客观存在的一面，对认知语言学概念的生搬硬套，在一些语言文化现象解释上还不够独到。但这种文化语言学观的提出具有一定的学术价值，一方面，在欧洲语言学界，文化语言学学科术语的提出，有首创之功。同时，该理论除了在语音、词汇、语法、话语分析等领域提供更多的分析方法之外，在我国，还可以根据社会的发展，跨文化交流的密集，在对外汉语教学方面提供相应的理论指导；另一方面，人类的心智是极其复杂的系统，通过对大量语言文化的分析，有利于我们掌握语言中所蕴含的认知心理和思维体系，更清楚地认识语言与文化的本质。

研究与应用篇

研究己血用篇

傣语双声型摹状词元音交替规律探索
——基于浑沌学和生成音系学角度的阐释

戴红亮

傣语有西双版纳和德宏两种主要方言，两种方言中都有大量的摹状词。摹状词是相对于拟声词说的，它是指描述事物形状或模拟事物动作的一类词，如 jo^{7}ja^7（将要塌陷的样子）、ʔum^{5}sum^5（形容丰满艳丽）、xɔk^{8}xɛk^8（崎岖貌）、nɔk^{7}nɔk^7（隐隐约约状）等。字典中常用"……样子""……状""……貌""形容……"来进行注释。根据语音形式的不同，这些摹状词主要有双声叠韵型，双声非叠韵型、叠韵非双声型、非双声非叠韵型四种形式。其中双声非叠韵型的摹状词前后音节元音呈现出明显的规律性。文章以西双版纳方言为例，分析双声非叠韵型的元音交替规律，并利用元音交替规律解释了傣语四音格中一些疑难词义和词源问题。

一、西双版纳傣语摹状词

西双版纳傣语摹状词依据声韵母的不同，可以分为如下四种形式：

1. 双声叠韵型，如：

ʔeŋ¹ʔeŋ¹：白貌，xaau¹ʔeŋ¹ʔeŋ¹，白生生的①
ŋam³ŋam³：猛吃貌，kin¹xau³ju⁵ŋam³ŋam³，狼吞虎咽地
lut⁸lut⁸：形容很滑，muɯn⁸lut⁸lut⁸，滑溜溜地
2. 双声非叠韵型，简称双声型，如：
jɔŋ⁵jɛŋ⁵：悄悄的样子，jɔŋ⁵jɛŋ⁵pai¹nə²，悄悄地去吧
fut⁸fit⁸：哭貌，hai³fut⁸fit⁸，哭稀稀地，抽噎
voŋ⁴vaŋ⁴：胡乱的样子，xit voŋ⁴vaŋ⁴，乱划
3. 叠韵非双声型，简称叠韵型，如：
ləŋ²pəŋ²：水淹貌，nam⁴thom³ləŋ²pəŋ²，水淹成汪洋一片
ləŋ⁴kəŋ⁴⁴：蜷缩状，nɔn²ləŋ⁴kəŋ⁴，蜷缩着睡
loi⁶ŋoi⁶：倒下貌，tok⁷pai¹loi⁶ŋoi⁶，倒下去的样子
4. 非双声非叠韵型，如：
ʔeŋ⁵lɛ²：仰貌，nɔn²ʔeŋ⁵lɛ²，仰着睡

这些摹状词大多由两个音节构成（少数由四个音节构成），每个字只表音不表义，两个字构成的总体单位才呈现意义，具有语素的资格。它们本身一般不能独立充当句子的成分，只有与前面或后面的动词、形容词一起才能充当句子的定语、状语或谓语。

二、双声型摹状词元音交替规律

双声非叠韵型摹状词在西双版纳傣语数量为数不少，仅我们收集到的就有70多例。这些双声非叠韵的摹状词的前后音节的

---

① 本文例句的义项解释大多取自于喻翠容、罗美珍的《傣仂汉词典》和西双版纳傣族自治州人民政府编写的《傣汉词典》。喻、罗本采用的是新傣文，西双版纳傣族自治州人民政府本老傣文，文中一律改写为国际音标。

元音不是杂乱无章的，而是呈现出明显的规律性，依据元音交替规律性的强弱依次如下：

1. 如果前一音节的元音为 [o]，后一音节的元音必为 [a]，在我们收集到的二十多个词中没有发现反例。如：

do⁷da⁷：掉落状，tok⁷ do⁷ da⁷，掉下

loi³ lai³：滑貌，mɯn⁸ loi³ lai³，滑溜溜地

soŋ⁶ saŋ⁶：细高的样子，suŋ¹ soŋ⁶ saŋ⁶，个子细高的

ŋoŋ³ ŋaŋ³：弯曲貌，kot⁸ ŋoŋ³ ŋaŋ³，弯弯曲曲地

hoi² hai²：热乎乎的样子，ʔun⁵ hoi² hai²，热乎乎地

2. 如果前一音节为 [ɔ] 时，且为单元音时，后一音节必为 [ɛ]，在我们收集的近三十个词中也没有发现反例。如：

dɔ⁷ dɛ⁷：走路状，teu² pai¹，走路的样子

mɔp⁹ mɛp⁹：小小的样子，top⁸ mɔp⁹ mɛp⁹，折得小小地

mɔt⁷ mɛt⁷：形容稀疏的样子，fun¹ tok⁷ mɔt⁷ mɛt⁷，下着稀疏的雨点

tɔp⁸ tɛp⁸：无力的样子，ʔon³ tɔp⁸ tɛp⁸，软弱无力

但在复元音中，由于傣语只有 [ɔi] 韵母，没有 [ɛi] 韵母，此时 [ɔi] 无法变成 [ɛi]。在这种情况下，只有采取双声叠韵型，如：

mɔi⁴ mɔi⁴：光滑貌，keŋ³ mɔi⁴ mɔi⁴，光溜溜地

dɔi¹ dɔi¹：颤抖貌，sɛn⁵ dɔi¹ dɔi¹，颤颤悠悠地

3. 如果前一音节为 [ə] 和 [ɯ] 时，也变为 [a]，在我们收集的近十例中，也没有发现反例。如：

sə⁸ sa⁸：摇晃貌，jaaŋ⁶ sə⁸ sa⁸，摇摇晃晃地走

nəŋ⁶ naaŋ⁶：摇摆状，teu² taaŋ² nəŋ⁶ naaŋ⁶，摇摇摆摆地走路

jən⁴ jaan⁴ kən⁴ kaan⁴：勉勉强强的样子：het⁸ jən⁴ jaan⁴ kən⁴ kaan⁴，能勉勉强强做

jɯk⁷ jak⁷：（湿物）将干状，xaan⁵ jɯk⁷ jak⁷，将干的样子

nɯk⁷ nak⁷：半干半湿状；xaan⁵ nɯk⁷ nak⁷，（衣服）快要干的样子

pɯ¹ vɯ¹ pa¹ va¹：鼓起的样子，pin¹ pɯ¹ vɯ¹ pa¹ va¹ vai¹，鼓鼓囊囊地

4. 如果前一音节为 [u] 时，韵尾为元音韵尾或鼻音韵尾时，一般变为 [a]，韵尾为塞音韵尾时，一般变为 [i]，偶尔也变为 [a]。如：

ʔŋ¹ ʔaŋ⁵：摇晃貌，vai¹ ʔuŋ¹ ʔaŋ⁵，摇摇晃晃地

sun¹ san¹：稀松貌，haŋ⁵ sun¹ san¹，稀松地

tsum⁴ tsam⁴：形容湿的样子，pe¹ tsum⁴ tsam⁴，潮湿的

juŋ⁶ jaŋ⁶：纷纷，het⁸ juŋ⁶ jaŋ⁶，七手八脚地干

phut⁹ phaat⁹ 形容迅速站起来；luk⁸ maa²，迅速站起来

fut⁸ fit⁸：哭貌，hai³ fut⁸ fit⁸，哭稀稀地，抽噎

nɯk⁷ nik⁷：悄悄，nɯk⁷ nik⁷ ʔɔk⁷ ʔaai¹，悄悄地出气

5. 如果前一音节为 [a] [i] [ɛ] [e] 时，除了 [a] 有时候变为 [i] 外，后一音节一般不变，所以如果前一音节为上列四个元音时，一般只能采用双声叠韵型或叠韵型构成摹状词。如：

xwa² xwi²：两手探摸的动作，pai¹ xwa² xwi² haa¹ dɔ²，去摸索着找吧

da¹ di¹：跳动的姿态，jot⁹ da¹ di¹，向上跳的样子

jau⁴ jiu⁴：突然间，lɛn⁶ jau⁴ jiu⁴：他突然间就跑了

sin¹ sin¹：水喷状，nam⁴ puŋ⁶ ʔɔk⁹ sin¹ sin¹，水喷出来的样子

kvɛu² kvɛu²：亮貌，sɔŋ⁵ kvɛu² kvɛu²，亮晶晶

lɛu⁶ lɛu⁶：清淡貌，nam⁴ xɛ² vɛu¹ lɛu⁶ lɛu⁶，清汤寡水（汤很清淡状）

sat⁸ lat⁸：细长貌，lɛm¹ sat⁸ lat⁸，细而尖地

the¹ le¹：薄貌，baaŋ¹ the¹ le¹，薄薄的样子

综上所述，我们可以用一个表将双声型的元音交替规律详列

如下：

前一音节元音	后一音节元音	是否采用双声叠韵型或叠韵型作为变化形式
a	i	多数时必须
i	i	必须
u	鼻音韵尾时为 a，塞音韵尾有时为 i，偶尔为 a	可以
e	e	必须
ɛ	e	必须
o	a	很少使用
ɔ	ɛ	很少使用
ɯ	a	可以
ə	a	可以

从上面的分析和归纳中，我们可以得到元音交替的两个规律：第一，元音交替都是舌位靠后的元音向舌位靠前的元音滑动，包括 [a] 向 [i] 的滑动也是如此，[a] 和 [i] 虽都是前元音，但是 [i] 较之 [a] 舌位更靠前，所以 [a] 可以向 [i] 滑动，这种滑动是单向的，且具有普遍强制性，我们不妨称这种元音交替现象为"元音前滑"现象；第二，元音交替都是圆唇元音向不圆唇元音方向滑动，而不圆唇元音不能向圆唇元音滑动，这种过程也是单向性的，在±圆唇分布特征上具有严格强制性。

三、傣语"元音前滑"现象与傣语元音格局

西双版纳傣语韵母系统比较复杂，共有 91 个韵母，列表如下：

	a	aa	i(ii)	u(uu)	e(ee)	ɛ(ɛɛ)	o(oo)	ɔ(ɔɔ)	ɯ(ɯɯ)	ɣ(ɣɣ)
—i	ai	aai		ui			oi	ɔi	ɯi	ɣi
—u	au	aau	iu		eu	ɛu				ɣu
—ŋ	aŋ	aaŋ	iŋ	uŋ	eŋ	ɛŋ	oŋ	ɔŋ	ɯŋ	ɣŋ
—m	am	aam	im	um	em	ɛm	om	ɔm	ɯm	ɣm
—n	an	aan	in	un	en	ɛn	on	ɔn	ɯn	ɣn
—k	ak	aak	ik	uk	ek	ɛk	ok	ɔk	ɯk	ɣk
—t	at	aat	it	ut	et	ɛt	ot	ɔt	ɯt	ɣt
—p	ap	aap	ip	up	ep	ɛp	op	ɔp	ɯp	ɣp

*注：在复韵母中的元音实际上都是短元音，但在标注时一般写为长元音。

从上表可以看到，西双版纳傣语整个语音格局是比较整齐的，只有两处存在着平衡破缺。从纵向看，在复合元音中，只有 a 存在着长短之分，其他元音长短没有对立价值（傣语本来是存在很严整的长短元音对立的，只是在现代傣语中长短元音对立功能正逐渐失去其区别意义的功能，其平衡破缺现象产生不久，引发的后果尚不清楚）；从横向看，元音韵尾在与单元音组合时，有些复合元音缺失。如西双版纳傣语中没有 ei、ɛi、ou、ɔu[①] 这样的复合元音，即前元音 e、ɛ 与前元音韵尾 i、后元音 u 与后元音 o 这样的音节形式在西双版纳傣语中是被限制的组合形式。不仅西双版纳傣语中没有这样的组合形式，德宏等其他傣语方言中也没有这样的组合形式。我们进一步扩大了考察范围，在壮傣语支中，这样的组合形式也是很少的。这说明这种平衡破缺是傣语的原生形式。

生成音系学是非线性音系学重要流派，生成音系学认为：一

[①] 西双版纳傣语虽没有 ɯu，但在傣语中它是合格的音节形式，德宏傣语中就有此音节。

个音系的格局不仅表现在组合上有一定的模式，而且表现在交替上也有一定的模式，两种模式在深层形式上具有关联。傣语中元音交替一般是圆唇元音向非圆唇元音滑动，而不是圆唇元音之间或非圆唇元音之间的滑动，可能与傣语的元音组合在音节限制上有关，傣语一般不允许圆唇元音和圆唇韵尾之间的组合，所以抑制了元音交替中圆唇元音之间的滑动，而采取圆唇元音向非圆唇元音滑动的方式。同样道理，傣语中也不允许前不圆唇元音之间的滑动。

现在有一个问题，前不圆唇元音为什么不能向后圆唇元音滑动呢？生成音系学同时认为，当一个音系中包括若干条规则时，先用哪一条规则不是随意的，次序不同，生成的结果也就不相同。从对傣语元音交替的分析来看，后元音向前元音滑动是一条普遍强制性规律，它的适用范围比圆唇元音向不圆唇元音滑动范围要广，次序也在先，即元音前滑是一条普遍强制性规律，而圆唇元音向不圆唇元音滑动是一条在±圆唇范围内的强制性规律，它需要优先遵循元音前滑规律。傣语音系格局限制了傣语前不圆唇元音之间的滑动，而元音前滑又限制了它向后滑动的可能性，这就限制了傣语前不圆唇元音发生元音交替的可能性。所以我们看到除了［ai］外，前不圆唇元音一般只采用双声叠韵型或叠韵型构成摹状词。

从傣语的摹状词，我们自然联想到汉语的联绵词。汉语联绵词从成词模块上说，也主要有双声、叠韵、既双声又叠韵和非双声非叠韵四种。前三种形式相同成分在相同位置上都具有超乎寻常的复现率和特殊的回旋韵律。近年来，这种现象引起了生成音系学研究者的重视，他们认为这种超乎寻常的复现率和特殊的回旋韵律并不是杂乱无章的，而是具有一定的组织原则，如双声型的联绵词，第二个音节声母的音响度总是等于或高于第一个音节；叠韵型的联绵词，第一个音节的音核一般是前、高元音，第二个音节一般是后、低元音，形成了一个前暗后亮的抑扬格音步。将傣语摹状词与汉语联绵词相比较，我们看到他们既有相似的一面，也有不同的地方。傣语元音交替除了 [u] 向 [i]，[ɔ] 向 [ɛ]，[a] 向 [i]、① 滑动外，其他都是向 [a] 滑动，所以大多数摹状词是遵循了前暗后亮的抑扬格音步，[ɔ] 向 [ɛ] 的滑动也是舌位基本相同的元音之间的滑动，也可以说遵循了音响度等于或高于前一元音的原则。但是傣语元音交替不是前元音向后元音的滑动，而是后元音向前元音滑动。这是汉语联绵词和傣语摹状词不同的地方。另外我们还看到，[a] 可以向舌位比它高的 [i]、滑动，形成前亮后暗的扬抑格音步。张公瑾先生的报告也证实了这一点，德宏傣语动词、形容词的后附音节发生元音交替时，主要也是其他音节向 [a] 滑动，[a] 向 [i] 滑动②。这说明前暗后亮的抑扬格音步只是摹状词的优选音步，而不是唯一音步形式，线性中呈现非线性现象。

四、傣语四音格中的元音交替现象

西双版纳傣语中有大量的四音格形式，仅《傣仂汉词典》明确标注为四音格形式的就有好几百个。其中部分四音格形式中也存在着元音交替的构词现象。如：和 het⁸kok⁹het⁸kak⁹（粗制滥造）中的 kok⁹ 和 kak⁹，hu⁴mɔŋ⁶hu⁴maŋ⁶（一知半解）中的 mɔŋ⁶ 和 maŋ⁶，lɔk⁷ʔɔk⁷lek⁷ʔek⁷（坑坑洼洼）中的 lɔk⁷ʔɔk⁷ 和 lek⁷ʔek⁷，

---

① [u] 向 [i]，[a] 向 [i] 形成的摹状词数量都不多。
② 当动词的主要元音是 i、ɛ、o、u、ə、ɯ 及带介音的 ia 时，后附音节只能是 a 或 aa；当动词的主要元音是 a 或 aa 时，后附音节一般只能是 i。详见《傣语德宏方言中动词和形容词的后附音节》文。

ʔɔk⁷tsɔk⁷ʔek⁷tsek⁷（角落，旮旯儿）中的 ʔɔk⁷tsɔk⁷ 和 ʔek⁷tsek⁷，fun¹tok⁷fun¹tak⁷（下雨）中 tok⁷ 和 tak⁷，soi⁶muɯ²soi⁶maa²（洗手）中的 muɯ² 和 maa²，tsən⁷lən⁷tsen⁷len⁷（动作灵敏）中 tsən⁷lən⁷ 和 tsen⁷len⁷，像这样的四音格形式傣语中还有很多，如 mɔk⁷mɔk⁷mek⁷mek⁷（斑斑点点的）、ŋkot⁶ŋɔŋ³kot⁶ŋaŋ³（弯弯曲曲的）、puɯ⁷vuɯ¹pa¹va¹（鼓鼓囊囊的）、ʔɔk⁷tsɔk⁸ʔek⁷tsek⁸（旮旮旯旯）等①。这些词语中发生元音交替现象的前一音节有两种情况：一是前一音节有意义，如 kok⁹ 为"粗糙"义，tok⁷ 为"掉落"义，muɯ² 为"手"义等，而后一音节要么没有意义，要么意义跟前一音节意义相差甚远，如 soi⁶（洗）muɯ²（手）soi⁶（洗）ma²（来）的后一音节 ma² 在傣语中虽有"来"义，但与 muɯ² 无论在词性还是在结构上都不相配，所以在这里肯定不能解释为"来"义，再如 fun¹（雨）tok⁷（掉落）fun¹（雨）tak⁷（盛、舀、挑）的后一音节 tak⁷ 虽有"盛、舀、挑"义，结构上虽与 tok⁷ 匹配，但在意义上相差甚远，所以也不能看作意义相近的并列结构。另一种情况是被分开的两个音节在组成四音格前本身就是摹状词，如：hu⁴mɔŋ⁶hu⁴maŋ⁶ 中的 mɔŋ⁶maŋ⁶、kot⁶ŋɔŋ³kot⁶ŋaŋ³ 中的 ŋɔŋ³ŋaŋ³。这些四音格形式中发生音变的词源和意义一直得不到解释，人们把它当成固定结构加以理解。我们从摹状词的分析中得到启示：认为前一音节有意义的四音格中的元音变化也是元音交替规律所致，它应该是一种类推和扩散的结果。元音交替一开始可能只发生在摹状词中，但由于这种构词具有很强的规律性，而且很适合于描写性（摹状性）的四音格形式。上述诸例发生元音交替的四音格除了一般的理性意义外，都有很强的描写功能。如 fun¹tok⁷fun¹tak⁷ 不是单纯地表示"下雨"，而是强调"一直不停地下"义，soi⁶muɯ²soi⁶ma² 也不是单

---

① 有些四音格也涉及到辅音交替规律，我们另文详述。

纯地表示"洗手"义，而是强调"反反复复洗手的动作"。有一个证据能够直接说明我们的观点，在摹状词中，[o]、[a]和[ɔ]、[ɛ]元音交替规律最为严格，摹状词数量相对比较多，而在四音格中，[o]、[a]和[ɔ]、[ɛ]元音交替的四音格词也最多，两者存在着很强的对应性，应该不是偶然。

五、结　语

以上我们分析了西双版纳傣语双声型摹状词的前后音节元音交替规律，从分析中我们看到，傣语的元音交替一般都是舌位靠后的元音向舌位靠前的元音滑动，后圆唇元音向前不圆唇元音滑动，而前不圆唇元音基本上不能发生元音交替，形成这种交替规律既有元音前滑的普遍强制性规律的限制，也有傣语整个元音格局的制约。这种元音交替规律通过类推方式也扩散到了部分前一音节有意义的傣语四音格形式中。这一规律的揭示不仅可以直接帮助我们充分认识傣语四音格的类型，解决部分四音格词义和来源不清的问题，而且还有助于我们深入了解傣语摹状词形成动因和演变规律。从傣语摹状词的分析中我们也可以看到。表面的强制性却是由平衡破缺引起的，线性现象和非现象相互交织，有时又互为因果。我们要加强线性和非线性的综合研究和因果关系研究，深入探究线性现象后面的非线性和非线性现象后面的线性规律，提高浑沌学的解释力。

蒙古语二元对立文化语义语音选择

曹道巴特尔

一、蒙古语语音具有文化语义功能

蒙古语对词中的某些语音赋予了文化语义功能,而且这种现象往往与古代蒙古人朴素的二元对立思维方式有关。蒙古语二元对立文化语义语音选择涉及辅音和元音,并且发展成相互具有某种层次对立或搭配关系的潜在规则性极强的语义标记体系。

运用浑沌学理论,能够有效地解释蒙古语二元对立文化语义语音选择。早期蒙古人首先把人类性别分别称作 er-e(男性)和 em-e(女性)基本的两类,这是后来一系列相关概念产生的初始条件,人们根据客观事物的自相似性特征来进行类推思维,大自然和人类社会中的一切具有某种共同点或者类似性质的事物普遍被归为相同范畴,形成庞大的语义丛。以古老性别词汇 er-e(男性)和 em-e(女性)为基础,产生了蒙古语阳性概念语音 r 和阴性概念语音 m 的二元对立。随着抽象思维的发展,人们依靠联想和类推进一步扩大了范围,增加了不少的本质上不太相近的事物和行为词语都添加到了该范畴范围,从而导致了系统的复杂难辨情形。围绕着阳性概念语音 r 和阴性概念语音 m 的二元对立,蒙古语创造出了相当丰富的具有某种共同特征的词语。实质上事物的确定性质和不确定性质以及人类思维的动态非线性发展都在这一进程中发挥着各自的作用,最后形成我们所看到的语言现存状态。目前的一切现象是过去某一微小起点（即微小起点、微小扰动、分叉、初始）在长期过程中不断壮大而产生的结果，并且目前现状中的某一项也许正在酝酿着未来的巨大变化。在蒙古语中，第二音节带有辅音 r 和辅音 m 的词语几乎都与性别词汇 er-e（男性）和 em-e（女性）有着起源上的联系。正由于人类思维方式常常受到某种已形成观念的限制（制约、束缚），当新的思维产生并逐渐替代旧的观念（认识）之前，在相当一段时期仍然保持这种思维方式来认识客观世界。这时期的世界图景牢牢限定在初始条件所辐射的范围之内，即使有了一些偏差不出现明显的偏离，整个的世界图景都在围绕着初始框架之内被选择和被设计。这就是思维方式对初始条件的敏感依赖性，它虽然能够创造出无限的联想，但同时也限定了思维空间。

二、蒙古语二元对立文化语义辅音选择

（一）雄性标记 r 与雌性标记 m 的对立

蒙古语 er-e 和 em-e 是基本性别词汇。er-e 表示"男性、丈夫、汉子、雄性、阳性…"等语义，em-e 表示"女性、妻子、雌性、阴性…"等语义。可以分别用公式 VrV 和 VmV 表示，[①]er-e 和 em-e 二者之间的文化语义区别在于 r 与 m 的对立上。

现代蒙古语雄性性别词 er-e 可构成很多的派生词汇。《蒙汉词典》（1999）[②] 收集了螺丝（erhi）、瞪眼（erei-)、下巴（ereü）、拇指（erehei）、客气（erege）、扳子（eregedesü）、摞

---

① V 代表元音，C 代表辅音，其他符号代表各自具体的读音。
② 内蒙古大学：《蒙汉词典》，原内蒙古人民出版社 1976 年版和内蒙古大学出版社 1999 年增订版。

绳（eregesü）、刑（eregüü）、健康（eregül）、男性（eregtei）、雄的（eregčin）、强悍（eremehei、eredegüü）、类似雄性的（eremeg）、残缺（eremdeg）、自负（eremsi-）、勇敢（erelheg）、希望（eremeljel）、依恋（eremečel）、条理（erembe）、正值（eres）、果断（ereslehü）、寻求（eri-）、斑纹（eriyen）、天窗（erühe）、户口（erühe）、挖掘（erühü）、丫叉（erbei-）、蝴蝶（erbehei）、嶙峋（erbeng serbeng、erbeger）、轻飘（erbelje-）、权利（erehe）、骄养（erhele-）、控制（erhesiye-）、器官（erheten）、尊贵（erhim）、杀痛（erhi-）、岸崖（ergi）、碗架（ergineg）、转动（ergi-）、举（ergü-）、阎罗（erlig）、杂种（ersü、erlije）、早晨（erte）、古代（erte）、翘起（erteihü）、能力（erdem）、劲儿（erči）等等以 er-打头的蒙古语词汇。其中，大部分词在起源上与雄性性别词 er-e 有关。

雌性性别词 em-e 也可构成能够表示母的（emegčin）、螺母（erhi）、娘（emee）、祖母（emege）、老妪（emegen）、马鞍（emegel）、恐惧（emiye-）、前方（emün-e）、穿戴（emüs-）、秩序（emhi）、口［量］（emhü）、悲哀（emgeni-）、疾病（emheg、emjeg）、豁口（emteger）、医生（emči）、药（em）、痛处（emjeg）等语义的诸多派生词。

古老的 er-e 和 em-e 二词反映了早期蒙古人对性别差异的认识。蒙古族先民，由对雄性与雌性之间的性生理差别的朴素认识，发展了性别词汇思想。古代蒙古人以生殖器为主要区别特征，首先把那个突出在外面的、棍状的、能够翘起的、能进入的、攻击性的器官命名为 er-e，同时把那个隐藏的、软性的、圆形的、袋状的、容纳的另一个器官命名为 em-e，从而引申出几乎无止境的联想。在后来的词汇发展中，以雄性标记 r 和雌性标记 m 为两条轨迹，创造出了囊括众多词汇的两道平行的词汇丛。几乎蒙古语第一音节有辅音 r 的所有词汇基本表现出男性、阳刚、坚硬等属性和与之相关的语义。相反，第一音节有辅音 m 或 l 的所有词汇基本表现出女性、阴柔、润滑等属性和与之相关的语义。

1　雄性语义标记辅音 r

首先我们看看第一音节有辅音 r 的一些形容词。实际上对我们研究直接关系的并不是这些形容词本身，而是作为其词根的动词，或者说我们的对象并不限定某一种特定词类，而是任何具有实际语义词类都可以观察。我们在此之所以选择形容词只不过是为了使样本特征更加集中，以可观的音素环境来更有力地表现出第一音节辅音 r 所包含的雄性语义特性或者雄性语义标记功能。《蒙汉词典》(1976，1999) 所选凡 arbaγar（参差不齐的、桠杈的）、arjaγar（参差错落的）、erbeger（枝枝杈杈的）、erteger（翘起的、撅起的）、orsoγor（龅牙的）、urbaγar（外翻的）、örbeger（蓬松的）、barbaγar（粗糙的）、barčiγar（凹凸不平的）、barjaγar-（疙里疙瘩的）、sarbaγar（参差不齐的、桠杈的）、serbeger（嶙峋的）、darbaγar（咧开的）、dardaγar（硬的、干硬的）、dorboγor（噘起的）、dorsoγor（突出的）、derbeger（翘起的）、derdeger（硬邦邦的）、čorboγor（尖嘴的）等词汇中，所包含的最基本语义只落在第一音节的辅音 r 上。这些形容词词汇的基本特点充满着雄性味道，而且，其根源只在于第一音节的辅音 r，辅音 r 就是雄性特征的标记，它和古老的词根 er-e（雄性）具有密切的联系。

虽然这些词的词首分别出现了不同的元音和辅音，或者词中的音节出现各不相同的元音和辅音，但它们丝毫没有改变该词所包含的雄性本色和辅音 r 在其中的绝对支配地位。比如，arbaγar（参差不齐的、桠杈的）和 erbeger（枝枝杈杈的）二词的基本语义是一致的，都在表示同一个"翘起的状态"。但它们之间还有二级区别，其主要表现首先在于词首的元音 a 与 e 的阴阳对立。这种细微的差别，在蒙古人脑海里马上产生两个相近但有区别的图景，即程度不同的"参差不齐或者翘起的状态"。这些词的词根毫无疑问是雄性名词（或形容词）er-e（男性、雄的），由此引发出动词性词干 erbei-（参差、桠杈），以表示若干个某种细棍状硬质物体从同一处向外不同方向蓬松、弯曲地伸展出的状态，比如，头发可以形容为 erbeger（枝枝杈杈的、蓬乱的）。这是在雄性名词（或形容词）er-e（男性、雄的）基础上的一级层面延伸。二级延伸在于元音 a 与 e 的阴阳对立，动词性词干 arbai-（参差不齐的、桠杈的）和 erbei-（枝枝杈杈的）之间的差异由元音 a 与 e 的阴阳对立承担，如果说动词性词干 erbei-（参差、桠杈）能够更恰当地表示头发、枯草的杂乱无章的状态，那么，动词性词干 arbai-（参差不齐的、桠杈的）更适合表示铁丝、枯树、十指等硬质特性更强物质的状态。同样，arbaγar（参差不齐的、桠杈的）和 arjaγar（参差错落的）的区别也是如此，那个细微的二级差异体现在辅音 b 和 j 的对立上。也就说，其"硬质的、翘起的"等基本语义是只通过辅音 r 体现出来的。

这么一来，我们已经发现除了最基本的 r 辅音以外，出现于同一个词汇里的不同元音和不同辅音也在起到作用。上述例子中的那些词首音节元音 o、u、ö、ü 以及词首音节辅音 b、t、d、s、č 等，还有词中音节的辅音 b、j、s、d、t、č 等，都是为了表达这些细微差异而被选用的，它们是为了表达二级语义而出现，它们不影响词汇的基本语义"硬质棍状而翘起物体的参差不齐状态"，但它们的作用很重要，它们能够表达更为准确的细微差异，是蒙古语词汇语义丰富、准确的主要手段之一。至于构成形容词的后缀形式-γar、-ger、-γor、-gür，我们自然知道它们是同一个构词形态的元音和谐变体而已，它们只有词法形态功能，而无语义功能，它能够扎扎实实地确定这些词汇是形容词，但不涉及语义范围。

　　如果我们在上述词汇中把所有的语法标记性质的添加东西——去掉，那么，剩下的只有一个 r，它是蒙古语中的雄性语义标记，来源于性别词汇 er-e 中的辅音 r。但我们必须要知道辅音 r 并不是唯一的雄性标记，它只是最具代表性的，最根本的标记。和 r 一样，能够表示雄性语义的语音还很多，根据每一个环境我们都可以找到这些语音。比如，蒙古语辅音中的 t、č 等送气音就充满着阳刚之气。

　　反过来讲，r 也并不是只有一个雄性标记功能。一种语音的任何功能都是相对的，我们所强调的只能是语音在特殊环境中所表现出的比较突出的表象而已。我们举的是形容词形式，而且，只不过是 -γar（-ger、-γor）结尾词而已。雄性标记辅音 r，还可以构成名词、动词等众多可变词类，其雄性标记特性在名词和动词层面同样表现得十分出色。这一点我们可以从本文开头所列《蒙汉词典》部分词汇看得十分清楚。

　　为了进一步说明辅音 r 的文化功能，我们现在要讨论游牧民族古老的住所 *erüke（洞穴、穴屋）及其后来的演化以及与之相关词汇。

　　据我们所知，所有的洞穴有天然的和挖掘出的两种。蒙古语动词 oru-（进入）、ire-（来）；古列延名称词 küriyen①、碗橱名称词 erginek、立柜名称词 qorγo、抽屉名称词 sirγuγul 等的词根，应该与 erüke（洞穴、穴屋）有共同的来源。其中，辅音 r 的作用是巨大的。我们已经知道 r（雄性标记）所代表的是什么。oru-（进入）、ordon（宫殿、帐幕）、oro（床铺、座位、皇位）、oruča（房子）、ire-（来）等都有"进入"之基本含义，它

---

① 古列延，即 küriyen 是古代蒙古人以部落为中心圈形驻扎的营地，具有防御功能。

们都是以"雄性标记 r 进入雌性标记 m 之内的"这样的联想为基础而被创造出来的产物,其后面存在着十分微妙的隐喻思维。

(1) 一个驻扎好的大古列延(küriyen,蒙古语"圈营、环形阵容"之意),其视觉形象宛如图形⊙的形状,这是她整体的鸟瞰图景,是 er-e 和 em-e 的绝对完美结合。古列延的布置是以部落首领的帐幕为中心的。在其⊙形状鸟瞰图景中,那个位于正中间的黑点便是首领的帐幕(ordon),就是雄性标记 r。外圈是部落成员的房屋和车马牛羊,是对首领帐幕的保护设施,是雌性标记 m。因此,古列延(küriyen)具有性象征意义。küriyen 的本来语义是圆圈,古列延(küriyen)的具体语义是由众人及其车马构成的圆圈形群居据点。古列延(küriyen)与首领的帐幕(ordon)的关系如同雄性器官和雌性器官之间的"进入"和"容纳"的关系。现在具有政府、皇宫、纪念堂、博物馆、剧场、文化宫等众多语义的词汇 ordon(宫殿、大帐)还有另一个重要的语义,它也指称窟窿、洞穴、矿藏等。

(2) 蒙古语动词词根 oru-(进入)对应突厥语族哈萨克、楚瓦什、巴什基尔等语言中的 ara-、ari-、oru 等。突厥语族的这些词干具有"窟窿、沟壑、痕迹、遗址"等语义。[①] 因此,很显然 oro-~oru 来源于古代的"洼地、窟窿、洞穴",oru-(进入)是进入"洼地、窟窿、洞穴"的行为。蒙古语家具名称词 erginek(碗橱)、qorγo(立柜)、širγuγul(抽屉)等都具有"容纳、装进"内涵,同时更具"放入"的内涵,都具有 oru-(进入)和洞穴、窟窿、容器的语义。

(3) 满-通古斯语族语言中,把挖掘行为说为 örö- ~örü-。她们的房屋名称词 erük 具有挖掘而成东西之意。在蒙古语里,

---

[①] [蒙古]达·迈达尔、拉·达力苏荣:《蒙古包》(蒙文版),第 424 页,内蒙古文化出版社,1987 年。

erüke 一词具有三层语义，一为蒙古包天窗；二为居民户口；三为自然形成的深坑。erüke（洞穴、穴屋）在一方面是指天然的深坑，在另一方面也指挖掘出的土坑之类，即经过挖掘行为 erü- 来完成的洞穴。这种用形同雄性器官的工具（凛冽的狂风、暴雨、动物的爪子、人类的双手和石块、木棍等早期工具以及后来的锹、铲等）对形同雌性器官（洞穴、窟窿）进行的行为，完全相似雄性器官对雌性器官的行为（交媾）。因此，erü-（挖掘）和 erüke（洞穴、穴屋）的关系是密切的。更有趣的是蒙古语言还有 uqu-（挖掘）和 oqo-（交媾、男性对女性的性行为）这样的词语。就这样，在蒙古语里以 r（雄性标记）辅音和 m（雌性标记）辅音为代表的性语义文化语音现象是客观存在的。

(4) 蒙古语的 ger（房屋）是游牧人结束穴居生活，开始享受创造性劳动结果之后的新型住所名称。蒙古人有了 ger（房屋）之后，原来居所 erüke（洞穴、穴屋）的名称变成了专指天窗（erüke）的名称。ger 除了房屋以外也有囊套、盒子之类的语义。①

至此，我们可以发现源于 er-e（雄性性别）一词的辅音 r 也表示雌性性质。比如，以上的例子几乎都是如此。实际上，这就是蒙古人思维特点，也是思维创造能力的表现，更是早期人类对二元对立辩证关系的神秘认识的结果。因为在雄性标记 r 的挖掘作用下，产生具有雌性标记 m 之容纳性质的洞穴或窟窿 erüke，因此，erüke 用上了雄性标记 r，它没有改变 r 的雄性标记性质。

我们的研究对象性别语音等是古老时期的产物。我们关注的重点必须放在词根上面（派生词的词干），后缀虽然其源头应该是独立的词，但一般都变得面目全非，很难保存古老时期的文化含义。

---

① 蒙古语把病灶中包在脓包外面的囊皮叫作 ger，有的地方把眼镜盒叫作 ger。

2 雌性语义辅音 m

蒙古语的辅音 m 在文化语义作用方面更多地表现出，表示类似于嘴唇、阴唇等具有软性性质容器以及与此相关的语义。我们还是摘录一些形容词看看①。因为辅音 n 与 m 表现得如同姊妹，我们可以把二者连在一起来考察。《蒙汉词典》（1976，1999）aniγar（眯缝眼的）、angγaγar（张开的）、angsaγar（惯于张嘴的）、emseger（豁牙的）、emšiger（瘪嘴的）、emteger（破口的）、oniγar（小而窄口状）、umaγar（嘬口的）、umbaγar（鼓唇的）、ömöger（嘬口的）、bambaγar（厚软的）、bomboγor（圆鼓鼓的）、qumiγar（蜷缩的）、kömöger（内弯的）、dumbaγar（圆鼓鼓的）、čenteger（鼓状的）、čembeger（整洁的）、jambiγar（薄嘴唇的）、jimiger（抿嘴的）、jumaγar（抿嘴的）、šomoγor（干瘪的）等词汇当中的 m 和 n 已经告诉我们它们的来源。这些词有它们的动词形式和动词的各种形态变异以及名词形式。例如，ama（口、嘴巴）、amsar（瓶口、洞口、锅口…）、ang（裂缝）、angγaiqu（张开［动］）、aniqu（闭眼）、emee（母亲）、emege（祖母）、emegen（老妪）、emči（医生）②、emegtei（女性）③、im（耳记、印记、烙印、睾丸）、omoiqu（收拢）、omoγor（收口的、窄口的）、umai（女性（雌

---

① 达·巴特尔：《蒙古语派生词倒序辞典》（蒙文版），内蒙古教育出版社，1988 年。

② 我们知道在古代萨满和医生是同一的，也就是巫医，蒙古语有 odačl（巫医）的名称，因为蒙古人对女萨满的称呼是 uduγan（来源于古代地母名称词 edügen→idügen→uduγan），udačl～odačl（巫医）与 uduγan（女巫）的词根相同，蒙古人把药称为 em，因为 uduγan（女巫）是女性（em-e）人，因此她治病用的神秘药品也被称为 em-e（即 em，药）。所以，医生名称也变为 emči，是由 em（药）+či（名词构词后缀，表示从事某种职业的人）构成的。

③ emegtei（女性）是性别词，专指女性，其来源应该是 em-e ekitei，ekitei 是 "有着××源头者"。男性叫做 eregtei，同样应该是来源于 er-e ekitei。

性)生殖器,阴道)①、umadaɣ(阴阜)、umuiqu(噘口[动],表示女性生殖器以及老年人或孩子无牙齿嘴唇的基本动作状态等)……。因此,蒙古语的一大堆词来源于这个雌性语义辅音 m,也就是来源于雌性指称词 em-e(女性、妻子、雌性、阴性……)。

(二)与雄性标记 r 辅音对立的另一个雌性语义辅音 l

辅音 l 的表现一点不亚于辅音 m。辅音 l 一般表示那些充满雌性特征的柔软、圆滑、松弛等语义,柔、圆、松是辅音 l 所包含的基本语义。可以列举的有 ilbaɣar(软软颤颤的)、ulingɣar(松软的)、ulbuɣar(绵软的)、ulquɣar(绵软的)、ulčaɣar(松软耷拉的)、ülbeger(松软的)、ülküger(松弛的)、nalaɣar(缓慢)、nalqaɣar(迟缓的)、nalmaɣar(肥大的)、nalmlɣar(虚弱的)、naldaɣar(短而松软的)、nalčiɣar(软塌的)、nelüger(辽阔的)、nelbeger(宽大的)、nelkeger(肥大的)、nelmeger(肥大的)、nilaɣar(黏糊糊的)、nilčaɣar(粘软的)、nolčiɣar(驯良的、薄弱的)、balbaɣar(肥硕的)、balqaɣar～palqaɣar(矮胖的)、baltaɣar～paltaɣar(胖乎乎的)、balčaɣar(胖乎乎的)、belkeger(大肚皮)、belčeger(有泡的)、bilqaɣar(胖墩墩的)、biltaɣar(扁平的)、bilčaɣar(粘软的)、bolbaɣar(幼嫩的)、bolqoɣar(柔软而圆滑的)、bultaɣar(突出的)、bolčaɣar(圆鼓鼓的)、bölögen(脆弱的)、bölčöger(膨起的)、bölköger(圆凸的)、böltöger(凸出的)、piltaɣar(扁塌的)、kelkeger(肥大的)、qulčiɣar(胆怯的)、külküger(肥大宽松)、ɣaljaɣar(弯曲的)、ɣilaɣar(光亮的)、ɣiltaɣar(闪光的)、

---

① umal(阴道)名称就是 em-e(雌性)的最具象征性器官名称,em-e(雌性)变成普遍的雌性指称,umal(阴道)替代 em-e(雌性)专指雌性生殖器,umal 是雌性生殖器。

γulbiγar（光滑细润）、γulduγar（舒展伸直的）、γuljaγar（弯曲的）、göliger（滑溜的）、göldeger（光滑润泽）、maliγar（丰腴的）、melteger（满盈盈的）、milaγar（宽平的）、miltaγar（扁平的）、möliger（光滑的）、salbaγar（肥大的）、salqaγar（宽松的）、sulbaγar（瘫软的）、suldaγar（懒洋洋的）、šalaγar（松垂的）、šolboγar（软绵绵的）、šoldoγar（瘦弱的）、šolčiγar（软而松垂的）、dalbaγar（宽大而向外翻张的）、delbeger（宽大的）、čalaγar（摊开的）、čeleger（辽阔）、čelčeger（肥软的）、čolčiγar（圆鼓鼓的）、čulqoγar（鼓鼓囊囊的）、čülküger（软而隆起的）、jalbiγar（扁平的）、jolčlγar（松软的）…等很多。

列举的例子似乎多了一些。如此之多的形容词，都围绕着区别不大的几个语义展开的。这些形容词或者表示人体等的柔软、圆滑、松弛表现，或表示衣服、房屋等的宽敞、肥大。凡不管所有词的词首音节有无冠以辅音，即是否 CV、V 结构，它们所反映的"柔软、圆滑、松弛、鼓鼓囊囊、软而隆起、扁平、丰腴、柔软而圆滑、弯曲、幼嫩、软绵绵…"等语义都集中在同一个辅音 l 上面。我们看看辅音 r（刚、棱、紧）和辅音 l（柔、圆、松）对立的例子。derbeger（翘起的）和 delbeger（宽大的）是一对极好的对立，二者之间除了 r 和 l 有区别外，其他音素完全一致。《蒙汉辞典》解释 derbeger（翘起的）一词说："[形]，①翘起的，直挺挺的②摊边儿的：如摊边的盘子"，该辞典所选 der-词根词有 derbeikü（变硬、变干硬，变紧，翘起、耸立、竖起）、derbeljekü（硬、干硬、紧，翘起、耸立、竖起的东西频频动弹）、derbekü（拍翅、扑拉）等 20 余个。[①] 而《蒙汉词典》对 delbeger（宽大的）一词的解释则是"[形]，①宽大的，肥大

[①] 内蒙古大学：《蒙汉辞典》，第 1161—1163 页，内蒙古人民出版社，1976 年。

的。"也有很多词汇①。蒙古语的辅音 m，以圆润、宁静、安稳为特征；辅音 l 则以湿润为特征；它们在阴柔、柔软语义方面是一致的，圆润与湿润之别是阴柔基础上的进一步细分。

（三）在雄性标记 r 与雌性标记 m 对立基础上的其他辅音的组织方式

源于性别对立的辅音 r 与辅音 m 的对立也影响了词中其他辅音的搭配关系。从出现频率，我们可以对他们进行大致的分类描述。

蒙古语的辅音č也具有较强的雄性标记性质，并且具有明显的挑战性格，善于表达分离、离心、辐射等扩张性内容。可以说辅音č是除了辅音 r 之后又一个与辅音 m 向对立的雄性气势很强的语音。就拿蒙古语格范畴的从格语法形态 ača～eče 讲，它所表达的"从～、由～、比～"等就是分离、离心、辐射等扩张性概念。② 与此同根词 ača（分岔、分支）一词表达分枝、树杈、农具叉子（如木叉、二叉子、三叉子）、岔开的形状等等语义。格范畴的从格语法形态 ača～eče 就来源于此词。词根 ača-可构成 ačala-（长出枝叶）、ačada-（用叉子叉）等动词。辅音č的分离之意比较活跃。比如čaču-（泼洒）、sačura-（辐射）、blčara-（碎裂）等词语的"分散、辐射"等语义都仅在一个辅音č上获得成立。蒙古语称谓词 ači（孙子、结果）所表达的是从某一人分离出的第三代或者由某一事物引发的结果，凡子孙后代、功劳、恩德、后果、报酬、功效等语义都要用 ači 一词同其他词的复合来表达。连蒙古元音字母中的长短牙 ačuγ šidü（字牙，笔画）

---

① 内蒙古大学：《蒙汉辞典》，第 1161—1158 页，内蒙古人民出版社，1976年。

② 清格尔泰：《蒙古语语法》，第 154 页，内蒙古人民出版社，1991 年。

名称也和这个根词 ača（分岔、分支）有关，表示着字牙从字干伸展出的结果。eči-（去）一词表达的是"要离开某一出发点"。具有同一个词根的 ečige（父亲、父辈）一词用其中的辅音 č 来强调了"我是父亲那里分离出来的"。与之相同，oči（火花）一词所表达的是"火花炸开的状态"。niča-（粉碎）更是四分五裂的状态。在这些词里面，虽然有着不同语音的存在，但是辅音 č 总是起到关键作用，掌握着这些词的总的语义趋向，即分离、辐射等含义。

而辅音 m 的作用恰恰与辅音 č 完全相反，它代表内趋、向心倾向。与亲属称谓词 ečige（父亲、父辈）相比较，emege（奶奶）、mömö（母亲）等女性长辈称谓词显得十分明显的内趋语义。以辅音 m 为主要语义标记的 emegtei（女性）、umai（女性生殖器）①、umuiqu（嘬口，表示女性生殖器以及老年人或孩子无牙齿嘴唇的往内收缩动作状态）等词汇都在表达着某种内趋、向心倾向。所以在这个层面上，辅音 m 与辅音 č 之间形成了相互对立的阵容。

我们再看看辅音 k 和辅音 d 的文化语义标记性质。在古代，edügen 一词代表祖先，按道理它是女性祖先称谓词，后来变为土地母神（地母）的专称。古代蒙古人常说 eke edügen（母亲＋女性祖先），现在也说 eke oron（母亲＋故土＝祖国）、eke γajar ～eke delekei（母亲＋土地＝大地）。因此，在蒙古人看来，母亲和大地是连着的概念。eke 和 edügen 的词源＊ek-和＊ed-都具有"根源、源头、引发、挑起、发端、产生、缘由…"等语义。比如 eki-（源头、首、脑袋）、ekile-（开始）、eke（母体）、

---

① umai（阴道）名称就是 em-e（雌性）的最后定型名称，em-e（雌性）变成普遍的雌性指称，umai（阴道）替代 em-e（雌性）专指雌性生殖器，umai 是 em-e 的变音形式。

egüd-（开创）、egüs-（发生）等词汇都来源于词源＊ek-。而词汇 edü-（肇始）、ödögekü（挑起）、ödögü（古老）、ödög（女阴）、ojoγ（男阴）、qujaγur～qujuγur～ujuγur（根源）、ečige（父亲）、iduγan（女巫、接生婆）、udurid-（引领）、adaγ（结尾）、udum（宗族、家族）等则来源于词源＊ed-。词源＊ed-在母系社会时期，上述词汇中的辅音＊k 和＊d-～＊t-所表示的并不是雄性，而是至高无上的母性，它表达着"我们之所以产生的神秘根源-母体"。到了母系社会末期，父亲名称词 ečige 才逐渐从母亲或者女巫名称词 edügen 那里分离出来，变成专指生育我男性长辈的称呼。其形成过程应该是＊edüken→edügen→edigen→edige→ečige。但在另一方面，＊edüken 还是保留了其本来的语义，其中另一支 edügen 一词变成女巫专称，并进一步发展成为当今的 iduγan（女巫、接生婆）①，仍然护守着母性阵营。如果说父亲称呼词 ečige 由具有浓厚雌性语义的＊edüken 分离出来，以使＊d 演变为＊č的方式达到了实现雄性语义目的，那么发源于词源＊ek-的 eke 一词毫无动摇地表示着母亲称呼。也就说当父亲名称 ečige 和母亲名称 eke 分离之后，辅音č实现了自己雄性标记特性，而辅音 k 和辅音 d 则相对地代表了雌性特征。然而在文化语义选择上解决了父亲和母亲差别之后，人们面临了如何命名更高一级亲属的问题，祖父称谓词 ebüge 和祖母称谓词 emege 就是这样产生的。从此便进入了辅音 b 和辅音 m 的另一对二元对立语音层次，在这一层面雄性标记辅音 b 承担了与雌性标记辅音 m 向对立的角色。

辅音 b 虽然相对于辅音 r 多一些雌性性质，但它也是辅音 r 的主要补充，其作用类似于辅音 l 对辅音 m 的作用。在文化语义

---

① uduγan，古代读法也有 niduγan，所以＊edüken 一词远古读法很可能是＊nedüken。

语音选择方面，辅音 b 和辅音 m 可以对立，上述祖父（ebüge）和祖母（emege）是这种对立的极好的例子。词根﹡eb-构成的词汇有 obui-（凸起、突起、隆起）、obuqai（古代圆顶住所、窝棚）、obuγ（氏族、姓氏）、obuγ-a（石碓、土堆、敖包）、ebüge（祖父、祖辈）、ebügen（老人、长老）、dobu（小丘）、tobu（窝棚）、tuburau（泡丁…）等。在古代﹡eb-与﹡ek-有可能是同源。词根﹡eb-所构成的"圆滑而凸起的形状"内涵，很有雄性性象征语义。反过来辅音 m 则代表雌性特征，祖母名称 emege 就是因此而来，em-e（雌性、女的）和 umai（女阴）、umui-～ömöi-（内缩）等以 m 为主要标记的词都可以与 b 的"圆滑而凸起的形状"特征相对立。

三、蒙古语二元对立文化语义元音选择

关于二元对立文化语义元音选择，暂时尚未找到现代的例证，但古代蒙古语曾用不同的元音韵尾来表示男性和女性以及相关词语标记的情况。中古文献为我们提供了相当可观的文献依据。例如，我们可以从古蒙古语形容词词尾、动词词尾，很容易判断论题主人公或者语句人物的性别。古代蒙古语的这种区别表达法现在似乎早已不存在。关于二元对立文化语义元音选择，我们还是以 13 世纪蒙古最具代表性的经典文献《蒙古秘史》为蓝本，进行一些介绍。[①] 中世纪蒙古人语言中的二元对立文化语义元音选择的情况大致如下：

---

① 关于这种标记，额尔登泰等国内学者和小泽重男等国外学者都有论述。本文探讨的是其文化语义，因此我们要关注的并非这些元音韵尾的音位特征或者形态功能，我们谈论的只是这个语音所表示的文化语义。

(1) 动词过去时后缀-ba～-be 用于男性、-bi 用于女性。
(2) 数范畴韵尾-a、-u 用于男性单数、-i 用于女性单数，-n 用于复数。
(3) 判断词 ajuɣu（是）和 ajiɣai（是）也如此。-u 用于男性，如 ajuɣu；-i 用于女性，如 ajiɣai。
(4) 形容词构词后缀-tu～tü 用于男性，tai～tei 用于女性，tan 用于复数。
(5) 称呼词 degüü（弟弟）和 degüi（妹妹）的情况也一样。-u 用于男性，如 degüü（弟弟）；-i 用于女性，如 degüi（妹妹）。

我们根据以上的情况，可以认为元音 a、e、u、ü 等多表示男性，而元音-i 完全是表示女性。据说日本学者莲见治雄在东京外国语大学对其学生讲述蒙古语时谈到蒙古语词汇常常依靠7个元音的巧妙交替来表示不同语义，蒙古人语言思维充满创造性光芒。我们相信莲见治雄先生的话有着深刻的语言学依据，希望我们在今后的研究中更多地发现蒙古语元音的文化语义功能。

四、结　　语

谈到这里，我们似乎说明了一些问题。但我们必须承认，我们的论述无可回避地存在种种漏洞。这种漏洞首先源于我们研究的不透彻，还有语言文化自身的不确定性以及多源头、多层次、渐进发展性质。我们可以想象，蒙古语在最初表示某种不同性质事物和现象时的语音选择应该是任意的。但我们不能说一旦分别用不同的语音代表不同性质的事物和现象之后，对语音的选择还在任意状态。因为，任何任意的选择会违背约定俗成语言规则，越出语言代码的内部传达，从而达不到交流目的。另外，就像我们在本文起头交待的那样，蒙古人这种二元对立思维方式是起源于早期蒙古人以性别差异为基础的朴素认识。当初，蒙古人首先以人类自身和动物的性别差异为基础，对世界万物及其现象进行二元对立的分类，并且逐渐形成了对包括自身在内的客观存在的相当规律的认识和表达方式。并且，蒙古语文化语义二元对立语音选择并不是单一平面上的对立，而是不同层级、不同方位、不同视角的具有差异性、层次性的二元对立体系。就具体情况而言，上面谈论的蒙古语的辅音 r 在第一层面与辅音 m 和 l 是对立面；而在另一个层面上，m 和 l 二者也会构成新一层次的雌雄二元对立。蒙古语这种文化语义二元对立辅音选择在元音方面也具有同样的价值。比如，我们探讨过的古代蒙古语元音 a、u 表示男性和 -i 表示女性的情况就是如此。

中国京语与越南语西贡音
辅音和声调的异同

何思源

一、论题的源起

16世纪开始,越族人陆续迁入中国广西钦州府的沿海岛屿(即后来的防城各族自治县、防城港市),形成了今天的中国京族;从16世纪开始,由于战乱等原因,越族流民涌入真腊国的下柬埔寨。17世纪,越南的后黎王朝吞并了下柬埔寨湄公河三角洲一带,设置了嘉定府(即后来的西贡、胡志明市)。从历史渊源上看,京语(如无特别注明,本文的京语指中国境内的京语)和越南语西贡音(本文沿用历史专名而不使用"胡志明市音"这一名称)都有大致相同的初始状态:发源于越北红河或河内东京湾地区的近古越南语。

无论是今天的北部越南语、越南语西贡音还是中国的京语,都发生了变化,哪一个都没有完全保留当初的面貌。正如我们永远不能精确地测量系统的初始状态,我们也无法精确地描述近古越南语的情况。然而,也是从16世纪左右开始,西方传教士来到了越南,留下了一些用罗马字母来记录越南语的书面材料,使我们通过文献考察语音的演变成为可能。

越南罗马字的发展并不是由一人于一天之内发明出来的,而是在一段不短的时间内、由一群人共同累积经验而"约定俗成"

起来的①。1651年，法国传教士亚历山-德-罗（Alexandre de Rhodes）在前人基础上，整合编纂而成了《越南语-拉丁语-葡萄牙语辞典》，这标志着越南语罗马字记音系统修改整合的阶段性成功以及越南"国语字"的诞生，这套文字与现今的越南文很近似。1783年，意大利传教士菲立西亚奴-亚隆梭编了一部《拉丁-越语字典》，现保存在罗马传教部的图书馆里。此外，在巴黎的外国传教会的博物馆里还保存着一些词典，如《越-西班牙词典》、《越-拉丁词典》。1820—1833年，法国牧师达贝编写了一部《越语-拉丁、拉丁-越语字典》，并附有喃字，于1838年在苏伦坡出版，所采用的字母与现今的越南文基本相同。罗马字拼字系统在历经不同时期的稍微修改后，成为当今越南人普遍使用的"国语字"。结合辞典，我们可以对中国京语和越南语西贡音演变的异同进行分析。

二、辅音演变的异同

（一）辞典记载的语音的演变

由于传教士们的语言学知识有限，无法完整地分析越南语的音韵系统，因此，我们很难从辞典的用字归纳出当时的音系。但我们仍可以从辞典采用的字母和现代"国语字"不尽相同之处，看到语音的演变：

当时有区别的语音，经过历史演变到现在可能已经不区分了。如 d 和 gi 这两组符号在17世纪时可能是分别记/d/和/kj/这两个古音，这两个古音在现代越南标准语都已变成/z/了，但他

---

① 蒋为文：《越南罗马字和台湾白话字的文字方案比较》，载《台湾罗马字教学与研究国际学术研讨会论文集》，2004年。

们仍反映在文字的书写上[①];

当初没有分别的音,如今发生了分化,如17世纪都用字母b-来拼写的字,发展到现在则分化成了用b-、v-来拼写;17世纪用v-,b和u这三个字母来记录越南语的唇音,到了18世纪,u消失,只剩下b和v-,这两个字母一直沿用至今;

17世纪的一些语音特征基本消失,所以在"国语字"里被新的字母所取代。如当时的复辅音bl-、tl-、ml-被现今的tr-、gi-、l-和nh-[②]所代替。

由于越南语的韵母相对比较繁杂,而且在各个词典中写法不一,变动较大,本文只比较京语和越南语西贡音辅音和声调的异同。

(二)两地辅音系统的演变及其异同

不同学者根据不同的划分标准,对辅音系统有不同的见解。根据越南语言学家黄氏珠的分析,京语辅音系统如下[③]:

p	ph	b	m	f	v
t	th	d	n	l	ɫ
ts	tsh			s	
ɲ				j	
k	kh	ŋ	ɣ		
ʔ				h	

为了便于比较,我们把前喉塞音ʔ省略不计。而辅音p、

---

　① Đoàn Thiện Thuật: Ngữ âm Tiếng Việt《越南语语音》.第163—164页,越南国家大学出版社,1999年。

　② Đoàn Thiện Thuật: The Replacement Of Han Characters With Romanization In Vietnam,载《台湾罗马字国际研讨会论文集》,21B-1—21B-8页,2004年。

　③ Hoàng Thị Châu: How is a Ianguage Formed?所载刊物不详,见网址 http://sealang.net/sala/archives/pdf4/chau1996how.pdf.

ph、tsh、ɖ 只出现在汉语粤方言借词中。

按照同样的划分标准，越南语西贡音的辅音系统和声调如下（与音标不一致的"国语字"写法则写在括号内）：

   b   m   f(ph)   v
   t   th   d(đ)   n   l
   ts(ch)   s(x)
   tʂ(tr)   ʂ(s)   z(r)
   ɲ(nh)   j(d, gi)
   k(c, q) ŋ(ng) kχ(kh) ɣ(g)
            h

我们可以看到，两地辅音系统呈现的格局有一定的差异。京语 kh 的发音有别于越南标准语和西贡音的 kχ，和越南北部的一些方言则相同。京语的 kh 和 h 有相混的趋势，这也和越南语大不一样，与京族聚居区附近的上思、宁明、凭祥等县市壮语中汉语借词 kh、h 混读的现象则极为相似。这是同一个地区内由于接触频繁而形成的地区性语言特征。京语从当地汉语方言借进了几个辅音，这是越南语西贡音乃至各地方音都没有的。这表明了社会环境对语言使用的巨大影响力。京族迁入现今居住地之初，极力掩饰自己的"安南人"背景，掌握当地主体民族的粤方言成了一种生存策略。民族压迫民族歧视消逝后，由于当地的通用语是粤方言，人们在日常生活、生产和商业交往中使用粤方言进行交流，学校教育中也部分使用粤方言。使用功能相对强势决定了京族人必须掌握粤方言。两种语言的频繁接触使得京语的粤方言借词大量增加。当借用某个词时，起先总是拒绝外来的、本族语中没有的语音，而用本族语中近似的音来替代。当借词大量增多，兼用第二语言的人数也增多并且操第二语言的熟练程度不断加深时，语音系统达到了一个临界点，产生了分叉。当分叉点上存在不止一个新的稳定分支解时，系统有两种选择方式：诱导破缺方式和自发破缺方式。正是由于外在语言环境的压力，系统出现了诱导破缺，于是，新的语音单位"涌现"了。作为复杂系统的语言单位的整体生成过程，任何一个语言单位、语言现象都是不同程度"涌现"的结果，"涌现"出来的整体具有其组成部分所不具有的而且是不可预测的性质。新增加的四个辅音使京语的辅音系统又进入了一个新的平衡状态。

17 世纪的复辅音 bl-、tl-、ml-在现今越南中部的一些方言土语里还可看到，在其他地方均已消失。我们知道，某些复辅音是古代前加成分的痕迹。越南语的其他亲属语言，如高棉语，也还有复辅音。越南语在汉语强劲而持续的影响下，吸收了大量单音节词，不再像高棉语一样通过发达的附加成分（前加成分和中加成分）而是通过词序来表达语法意义。这种趋势（或可称为奇异吸引子）导致了越南语对单辅音的选择性、亲附性，对复辅音的摈弃。这股力量变化引起系统定性性质的变化，使系统在某些临界点上发生了分叉。分叉意味着获取新质的不确定性，至于走向与路径，则有很大的偶然性。京语和越南西贡音里复辅音都不复存在了，这是两地语言演变的一个共同之处。说明共同原始语曾经达到了一个临界点，产生了分叉。至于选择哪个分叉路径，则有很大的偶然性。再进一步比较，我们还可以看到，两地语言复辅音的演变同中有异，其演变路径不完全相同：

17 世纪《越南语-拉丁语-葡萄牙语辞典》记录的blöi（天）、tlong（在……里面）、mlâm（混淆、差误）在今天的"国语字"里分别写成tröi或giöi（西贡音读为 tʂəːi² 或 jːəi²）、trong（西贡音读为 tʂɔŋ¹）、lâm或nhâm（西贡音读为 ləm² 或 ɲəm²）[①]。也就是

[①] Đoàn Thiện Thuật: The Replacement Of Han Characters With Romanization In Vietnam, 载《台湾罗马字国际研讨会论文集》, 21B-1 页, 2004 年。原文无国际音标注释，此为本文作者所加。

说，bl->tʂ-或 j-，tl->tʂ-，ml->l-或 ɲ-。

"天"、"在……里面"、"混淆、差错"在京语里则分别为 jːəi², tɔŋ¹、ɲəm²。

由此，我们可以看到这几个复辅音在两地演变的路径：

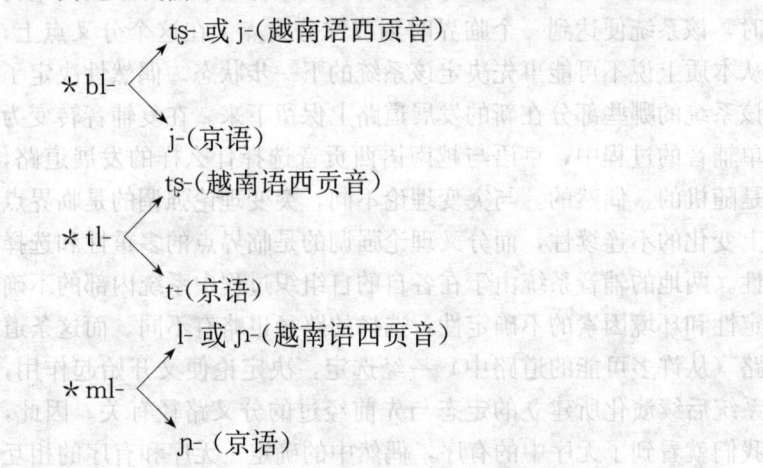

```
          tʂ- 或 j-(越南语西贡音)
      ↗
*bl-
      ↘
          j-(京语)

          tʂ-(越南语西贡音)
      ↗
*tl-
      ↘
          t-(京语)

          l- 或 ɲ-(越南语西贡音)
      ↗
*ml-
      ↘
          ɲ-(京语)
```

此外，越南语西贡音中的 tʂ-和 ʂ-分别对应京语的 t-和 th-，如表1、表2所示：

表1 辅音 tʂ 和 t 的对应

方言＼词义	水牛	鸡蛋	百	看	前	在…上	年轻
西贡音	tʂəu¹	tʂɯŋ⁵	tʂam¹	tʂɔŋ¹	tʂuk⁷	tʂen¹	tʂɛ³
京语	təu¹	tɯŋ⁵	tam¹	tɔŋ¹	tuk⁷	ten¹	tɛ³

表2 辅音 ʂ 和 th 的对应

方言＼词义	江河	雷电	星星	早晨	铁	后	六
西贡音	ʂɔŋ¹	ʂəm⁵	ʂaːu¹	ʂaːŋ⁵	ʂat⁷	ʂau¹	ʂau⁵
京语	thɔŋ¹	thəm⁵	thaːu¹	thaːŋ⁵	that⁷	thau¹	thau⁵

从这些整齐的对应我们可以推断,这两组词分别源于共同的复辅音。具体是哪两个复辅音在辞典里没有记载,似乎说明它们在17世纪前已经发生分化了。按照在耗散结构概念中的变化理论,当涨落迫使一个现存系统进入远离平衡的状态并威胁其结构时,该系统便达到一个临界时刻或称分叉点。在这个分叉点上,从本质上说不可能事先决定该系统的下一步状态。偶然性决定了该系统的哪些部分在新的发展道路上保留下来。在复辅音转变为单辅音的过程中,京语与越南语西贡音选择什么样的发展道路,是随机的、偶然的。与突变理论不同,突变理论强调的是临界点上变化的不连续性,而分叉理论强调的是临界点的多重性和选择性。两地的辅音系统由于在各自的自组织过程中系统内部的不确定性和环境因素的不确定性,选择的路径也略有不同。而这条道路(从许多可能的道路中)一经选定,决定论便又开始起作用,系统后续演化所建立的定态与先前经过的分叉路径有关。因此,我们就看到了无序中的有序,偶然中的确定。无序和有序的相互转化,确定性和随机性的统一,稳定性和不稳定性的结合,说明了语言自组织过程的复杂性。

三、声调演变的异同

和标准越南语进行对照,可知京语和越南语西贡音原有6个舒声调,2个促声调。越南语有一套中古汉语借词读音,中古汉语的阴平、阳平、阴上、阳上、阴去、阳去、阴入、阳入依次和这8个声调对应。京语有5个舒声调:33、21、214、45、11(分别对应中古汉语的阴平、阳平、上声、阴去、阳去)和3个促声调:45、33、11,促声的33调只出现在粤方言借词中。越南语西贡音也有5个舒声调,调值与中国京语的大致相同,但促声调只有 2 个：45、11。

　　舒声调方面，京语和西贡音的演变都是相同的，即原来的第 3 调（相当于越南语的"问声"）与第 4 调（相当于越南语的"跌声"）都合并为一个调。欧阳觉亚对京语声调考察后认为这可能是近现代才发生的，是不是由于粤方言的影响而产生，他没有进一步说明①。现今越南北中部和南部及南中部这些方言中，也是第 3 调和第 4 调合并，只有 5 个舒声调。这些地区和粤方言接触甚少，这就排除了粤方言影响的可能。从调形上看，这两个调都是升降升，合并起来，符合省力、经济原则。由此可见，越南语西贡音和京语第 3、4 调的合并是语言自身发展的结果。无独有偶，汉语闽方言、吴方言的第 3 调、第 4 调也遵循相同的发展道路。它们的音变规律如此相似，如果把偶合因素排除，只存在一种可能：两种语言（汉语和越南语）的声类有很大的同构性。越南语言学家阮有琼认为，越南语到 6 世纪才出现 3 个声调，到 7 世纪才具备传至今日的 6 个声调②。越南语的声调产生于接受汉语广泛影响之后，这是一个不争的史实。越南语与中古汉语有着密切的联系，因此二者音变规律的趋同，也就不难解释了。

　　促声调方面，京语比越南语多了一个声调。这是因为京族所在地区的强势方言——汉语粤方言的入声分阴入阳入和中入，调值分别为 55、22、33。京语原有 2 个促声调：45、11，可用来读粤方言借词的阴入和阳入。为了读粤方言中入调的借词，京语新增了一个促声调 33。例词有："铁（砧）thit^{33}"、"框" khwa:k^{33}、"驳壳（枪）" pɔ:k^{33} hɔ:k^{33} 等等。这是典型的由语言接触引发的声调的"涌现"，是一种诱导破缺现象。京语的声调系

---

①　欧阳觉亚、程方、喻翠容：《京语简志》，第 33 页，民族出版社，1984 年。
②　阮有琼：《现代越语》，越南百科全书出版社，1994 年。转引自武氏春蓉：《略论汉语对越南语的影响》，载《济南大学学报》，2001 年第 5 期。

统,舒声调减少的同时增加了一个促声调,达到了一个新的平衡。

四、两地语言环境的异同

京语和越南语西贡音目前呈现出语音面貌的异同,除了语言自身的内生机制的作用,两地语言环境的差异所起的作用不可忽视。从以上的分析中我们已经看出,京语受到了当地强势语言——汉语粤方言的渗透和影响,"涌现"出了新的语言单位,这是越南语西贡音所没有的。诚然,华人对越南西贡的开发,几乎与越族人进入西贡是同步的,而且,这部分华人所操的语言,大部分亦为粤方言,但粤方言并没影响到越南语西贡音,这可以诉诸社会语言学的解释:海外华人多聚众而居,语言社区保持相对的独立性。而且,由于历史的、政治的原因,华侨、华人的经济地位虽然比较高,但在政治地位上受到了一定限制,因此粤方言在西贡不是强势语言。所有这些,使得粤方言对当地越南语的影响非常有限。

文字书写体系也会对语音的发展有一定的影响。京族一直使用汉字,间或夹杂一些"喃字",总的来说,仍属于汉字文化圈。越南南方在沦为法国殖民地之前使用汉字。19世纪60年代,拉丁罗马字还主要在天主教内部使用,法国人把它当作"文明化"的象征极力普及。法国人入侵越南南方后,觉得拉丁罗马字对殖民统治是一个非常有利的工具。1865年,第一张用拉丁罗马字写成的报纸——《嘉定报》出版,这是法国政府在南越的公报。1878年,南越总督签署了一项决定,准备并创造条件,把拉丁罗马字作为越南的正式文字。特别鼓励府、县、乡、里的官员学习"国语字",如不会"国语字"者不能升级。同时,"国语字"

还用于学校教育。1882年，南圻总督又签署一项决定，命令在各种公文中使用"国语字"。整个越南，西贡使用"国语字"的时间较早，推广较好。文字是记录语言的工具，与语言的发展相比具有一定的滞后性。在一些情况下，文字还会对语音的演变产生反作用。越南语西贡音的辅音，几乎与"国语字"的辅音是一一对应的，这多少"延缓"了语音变化的程度。而京语的辅音与越南语西贡音相比，有简化的倾向，缺乏记录语音的书写体系，是原因之一。

五、结 语

语言是一个开放复杂的巨系统，它有自身的内生机制，同时又不断与外界进行能量交换。语言巨系统可大略分为三个层次：(1) 语言自身的系统规律；(2) 语言是在社会中使用的，社会也是一个系统，其中的一些重要因素会对语言系统、语言结构、语言表达产生影响；(3) 语言运用的主体是人，人的认知过程、认知能力、认知特点等，也会对语言系统、语言结构、语言表达产生重大影响。换句话讲，语言系统、社会系统、认知系统，都会对语言运用产生影响，是"多层次"的。语言巨系统的复杂性、多层次性决定了其比一般系统具有更强的整体凸现性，这一性质是与叠加性背道而驰的，它在本质上是非线性的。其中的一个表现，巨系统（或称"浑沌系统"）的输出响应特性不满足叠加原理，具有确定性机制类随机性的浑沌特点。由于非线性机制，浑沌系统对初值高度敏感（亦称"蝴蝶效应"），它像一个放大装置，可以将初始条件带进的差异迅速放大，最终将真实状态掩盖，从而导致长期演变轨道的不可预测性。京语和越南语西贡音有共同的来源，有大致相同的初始状态，然而，时间上几百年的分隔，空间上几千里的距离，使它们分属于不同的独立系统，输入条件的细微差别，使得它们在演变过程中选择了略不相同的发展道路，表现在响应结果上略有差异。另一方面，由于浑沌是确定性系统产生的，浑沌区在控制空间中的位置是确定的，奇异吸引子的存在以及吸引域的范围也是确定的，因此浑沌系统的短期行为又是可以预测的。京语和越南语的西贡音的差别，并没有达到互不相通的地步，一些演变特征更是具有趋同性。这只能解释为同一种语言系统内部的力量或吸引子，使得它在一个大致平衡的范围内波动。浑沌的时间概念是时间具有不可逆性。系统的演化具有累进特征（积累效应），时间之矢是永远向上的。随着时间的演进，系统总是不断地具有新的性态。当内外压力没有使系统达到另一个临界点之前，它们的发展道路仍是可以预见的。

非平衡浑沌系统具有奇异吸引子，浑沌系统存在奇异吸引子的根源是系统本身强烈的非线性。奇异吸引子的运动是一种定态行为，奇异吸引子的运动具有不严格的回归性，是一种极不"安定"又极力保持的稳态。吸引子是使"无规"的运作整体保持稳态的根本原因。非线性动力系统具有不稳、发散的过程，但系统在相空间总是收敛于一定的吸引子，浑沌区包含极为丰富的动力学规律：浑沌区周期倍化的倒分叉序列与周期区的正分叉序列相对应并收敛到同一参数值。浑沌区内存在许多长度有限的周期窗口，当控制参数在浑沌区内变化时，系统作浑沌与周期两种运动。长期以来，越南语的谱系归属一直难以确定，有人将其划入汉藏语系，也有人将其划为与南亚语系孟高棉语族相近似的语言，原因是越南语中含有大量的孟高棉语成分，同时又和汉语一样是孤立语（语词没有词性或语法上的衍生变化），具有声调、单音节化等特征。这个困惑用浑沌理论来解释即可迎刃而解。浑沌语言学并不排除理性因素，只是那种完全理性的假设是不现实的，只有将理性因素和非理性因素（或者说是有序与无序、偶然与必然）综合起来考虑才更符合现实。原始越南语发展到近代的越南语，经过了浑沌与周期运动的交替。与汉语长期、持续、频繁的接触使其达到了一个临界点，开始了分叉，使它与亲属语的关系越来越远，而向汉语靠拢。如果说这是第一个分叉的话，京语与越南语西贡音的演变，则又是另一个分叉。分叉是系统演化过程中一种普遍存在的动力学机制。逐级分叉、不断分叉导致系统的多样性和复杂性不断增加，因此呈现出了京语和越南语西贡音同中有异的面貌，我们从中看到了语言演变过程中随机性与确定性相统一、复杂的、高级的有序。

"山寨"现象的浑沌学观察

杨大方

在语言的各要素中，活跃程度最高、发展变化最快的莫过于词汇。"山寨"一词在2008年的流行火爆和方兴未艾，无疑再一次证明了这一结论的正确性。但如果仅仅停留在例证上述定论的层面上，那么例子再经典，本质上也只是增加了一个例子罢了，言说的意义不大。本文不想局限于这种意义，而是想运用浑沌学理论和方法，通过对"山寨"一词流行的社会文化乃至技术背景，以及它复杂的语义体系的观察分析，进一步探讨语言变化发展的深层次规律。

需要指出的是，文章标题之所以没有特意表明文章的语言学词汇学性质，是因为想通过这样一个标题来暗示这样一种观点："山寨"一词的流行，不仅仅只是一种单纯的语言现象，更是一种复杂的文化现象。

一、"山寨"潮：一种充满浑沌的语言文化现象

长期以来，"山寨"这个词一直几乎被淡出于权威的视野之外。在1915年版的《辞源》中，"山寨"未立词条，只是作为"山砦"的别称出现；而1989年的《辞海》则干脆连"山砦"也没有了；直到《现代汉语词典》，"山寨"才以正条的身份出现。但风云际会，在2008年，"山寨"突然间爆发了。

山寨机、山寨游戏机、山寨鼠标、山寨（版）春晚、山寨（版）张柏芝、山寨 QQ、山寨娱乐、山寨笔记本、山寨明星、山寨明星代言人、山寨人大代表、山寨新闻、山寨剧、山寨歌曲、山寨网、山寨风、山寨电影、山寨国奥、山寨鸟巢、山寨白宫、山寨五角大楼、山寨诺贝尔奖、山寨一条街（南京文安街：其中屈臣氏、必胜客、麦当劳、李宁、星巴克、哈根达斯等分别被克隆成曲同氏、必胜糊、李明、巴克星、哈根波斯等）、山寨车、山寨车模、山寨纽约时报、山寨派出所（山东省济宁市梁山县）、山寨版"奥运圣火传递"、山寨神七、山寨研报（金股）、山寨花旗银行（京城）、山寨火车、山寨大熊猫、山寨百家讲坛、山寨建筑、山寨报、山寨采访、山寨创意、山寨货、山寨产品、山寨精神、山寨文化、山寨年、山寨族、铁杆"山寨"迷，等等。可谓铺天盖地，从物到人，从经济技术领域到文化艺术娱乐领域，社会公共领域，从国内到国外，大有无处不山寨、无物不山寨之趋势。这种现象的出现，是人们始料未及的，也是无法用过去那些常规的语言规则预测和推断出来的。山寨潮的出现本身，就充满了浑沌意味。

山寨潮，首先是一种语言现象，因为它的表象是"山寨"这个词语的突然流行。让我们首先从语言角度进行观察。

从语义上看，过去的"山寨"一词，根据《现代汉语词典》的解释，有两个义项："在山林中设有防守的栅栏的地方"和"有寨子的山区村庄"[①]。我们发现，当下这些"山寨"已无法用《现代汉语词典》中的释义进行解释，它们具有如下几种新义：

1. 无证的，逃避政府管理的；

---

① 中国社会科学院语言研究所词典编辑室编：《现代汉语词典》（汉英双语），第 1671 页，外语教学与研究出版社，2002 年。

2. 小型的，小规模的；
3. 盗版的，假冒的，名不副实的；
4. 翻版、仿真的，仿造性的；
5. 抄袭与超越，模仿＋创新，99％的"克隆"＋1％的原创的；
6. 非正统的，非正规出身的；
7. 快速化的；
8. 平民化的，草根的。

从语法上看，"山寨"由过去单纯的名词（山寨风光/苗家山寨）变为了主要作为区别词（山寨鼠标/山寨版春晚）和动词（全民山寨/山寨一下/今年你山寨了吗/今天你山寨了吗/我山寨我快乐/将山寨进行到底/山寨一把又何妨）使用。

因此，所谓山寨现象，从语言学上讲，就是"山寨"突然成了一个非常时髦、流行的形容词性构词成分（区别词），而其含义却不同于山寨过去的任何一个义项。换言之，老树发新枝，一个古老的词语突然出现了一些时髦的新义，且以出乎人们意料的速度流行开来。

山寨潮，又不仅仅只是一种语言现象，它更是一种复杂的社会文化现象，因为在"山寨"这个词被广泛使用的背后，是无所不在的山寨行为，是山寨意识的深入人心，是更多人对于山寨意识和山寨行为的肯定与支持。当然出现这种社会文化现象，又是非常浑沌的。一般认为这一轮的"山寨"潮源于广东，山寨首先代指在山寨中逃避政府管理、仿冒或伪造第三方商品的生产厂家，它们主要生产以手机为主的电子产品。随后，山寨迅速形成一种由民间IT力量发起的产业现象，其主要特点是仿造性、快速化、平民化，主要表现形式为通过小作坊起步，快速模仿成名品牌。在其他产业，"山寨厂"多是表示那些供应正规厂上游配件的非正规作坊，或者生产成本低、质量不稳定产品的草莽厂家。接着山寨开始进入精神文化领域。这其中的过程与过渡，充满着浑沌。

二、"村野的、草根的"：
山寨新义的语义初值

"山寨（山砦）"一词的出现，从笔者目前所见到的书面材料看，大约是在宋代。宋人李心传《建炎以来朝野杂记·龙州蕃部寇边》："王钺又请于其前筑水礶山寨，以为戍守之所，朝廷皆从之。"《宋史·岳飞传》："飞指画甚大，令已至伊洛，则太行一带山砦必有应者。"最初的山寨，应是指筑有栅栏等的防守工事，因此，《辞源》是这样解释"山砦"的：

在山中险要处构筑工事借以防守的据点……也作"山寨"。水浒六八："直教天罡尽数投山寨，地煞空群聚水涯。"①

当然，《水浒传》中的山寨其实是特指绿林好汉占据的山中营寨。山寨的词义由防御工事变为占山为王者的营寨，于事于理都极易理解，而为何及何时就有了一个山区村庄的意指，却无从考证。现在，作为防御工事或占山为王者营寨的山寨早已不复存在，然作为山区村庄的山寨却是一种客观存在。

由临时的工事据点，到固定的绿林营寨，再到永久的山庄山村，这是一个众所周知的合乎逻辑事理的客观演变过程，临时的非常态的战争结束了，就形成了永久性的常态的乡村社会。但这只是表面现象，在其历时的发展变化过程中，积淀下来的是一种村野的草根的民间的平民的观念意识和文化。换言之，在这

---

① 广东、广西、湖南、河南辞源修订组，商务印书馆编辑部编：《辞源》（修订本第二册），第921页，商务印书馆，1980年。

不断变化的舞台上,表演的主角始终是一种可称之为平民精神的东西。当下的山寨,是乡村意的一种引申,代表了平民百姓、草根阶层,是他们的一种为争取自己应得利益、表达自己的价值观念、审美取向所采取的行动。需要指出的是,"工事据点"和"绿林营寨",一为防守,一为进攻,看似性质变了,相互矛盾,但内里实际上都是平民的一种无奈之举,面对外界的进攻和挤压,先是防守,但防守而不可得时,则只能改变策略转而进攻了,以攻为守,以"占山为王"做土匪来反抗社会的不公与挤迫。因此无论攻与守,其实都是一种被挤迫者的反应。

上面的分析,按照浑沌学的理论来解释,就是一种初值始终决定着一个词的语义发展的沿流。山寨正是因为有这样一种语义初值,所以才在今天突然出现这些看似与原义无关的新义,时下山寨诸义的出现是山寨词义发展对语义初值具有敏感依赖性的体现。

三、平民情结:诱发时下山寨潮的一个奇异吸引子

如前所述,带有百科词典性质的《辞海》既无"山寨"条,也无"山砦"条。《辞海》的这一做法,不仅说明了权威的局限与褊狭,说明了文化传承过程中的偶然性,同时在不经意间反映了中国长期以来都存在的一个基本事实:以山寨为代表的中国乡村虽然面积巨大人口众多,但一直被主流社会所忽视,淡出权威视野之外。最早的"日出而作,日入而息。凿井而饮,耕田而食。帝力于我何有哉",后来的"桃花源"和"山高皇帝远",前几十年以来的城乡二元格局下的农村户籍藩篱,都使得乡村与城市之间自觉不自觉地形成了某种区隔。在中国文化中,城乡之间

各说各话似乎成为了一种常态。最近二十多年来,随着中国经济发展模式的改变,有越来越多的农村劳动力进城务工,增加了对城乡差距的了解,这些游走于社会边缘的人们,开始强烈地感受到了某些不公平,于是他们开始发现、捡拾自己生存发展的机会,"山寨"应运而生。

山寨不在权威或主流的视野之中,正是今天"山寨"爆发的原因。长期的被边缘化被忽视,被愚弄被"愚乐",被宰割被摆布,被压制被管制,郁积成了一股强大的力量,在条件成熟时,一发而不可遏止。

可以说,山寨潮是中国社会中的草根阶层对公民社会的一种企盼,是对正统势力、文化霸权、各种权威的挑战和超越,是对牌照、品牌束缚的反抗,是对传统的行业潜规则的颠覆,是对垄断和霸权的反抗,是对所谓主流文化的恶搞和反讽,是对所谓现代正规文化所给予的一种讽刺,是对民主的诉求、对建立新的价值序列的诉求,是对权力的嘲弄。总之,山寨现象从来就是草根与既得利益者之间的较量。它是一种新的流行文化,一种反权威、反垄断、反精英的草根式的新兴文化。山寨们对"权威"声称:你们并不是唯一的,不是什么"权威",更不是什么"秩序",Another is possible!保护知识产权也并非至高无上。"山寨"的目的并非"模仿",而是以"模仿"的方式来调侃那些自认为是主流权威的东西,以"模仿"来宣示自己的存在和不同。它体现的是最最普通最最草根的小人物的心声,他们以这种独特的展示方式宣称:我不接受!不接受精英们的价值准则,不接受市场的价格垄断逻辑,不接受成名人物的"权威"地位,不管这种权威是来自法律、市场还是民间。山寨们正在以出人意料的方式、也是最具智慧的表达方式来表达着自己。

传统意义上的学界对山寨现象既有肯定的声音,也有否定的声音。前者如:北京大学社会学系教授夏学銮认为,山寨文化作为一种草根文化,它的出现是对某种主流文化的挑战。他认为,"山寨文化"现象是民间诉求的一种表达,"它的出现是必然的。当民间的需求表达渠道不够通畅,没有出口,或者出口太小时;当少数人垄断民意出口时;当他们的思想、意见不能得到主流认可,自己就必然要选一些渠道"。他说:"我是肯定其发展的,但是要有一个原则,要有一个界限,不要把这种副文化形态当主流文化形态。"[1] 又如:北京媒体评论家韩浩月认为山寨给人们带来了另一种选择和抵制主流文化价值的可能性[2]。

也有人对山寨现象持否定意见,对以山寨的方式反主流持否定意见。有的人认为,"山寨"必与一个自己领域的"主流"相对应。能够真正摆脱与自己领域"主流"的配对和模仿,山寨才算是让人佩服的"真草根"和"真创新"!对主流的"配对"和"模仿",恰恰不是去中心化,而是对中心的强化,客观上是换了个"绿叶"的方式力挺中心;反映的恰恰是处于边缘位置的群体向中心、向"主流"靠近的强烈诉求[3]。有的人认为,山寨文化其实就是盗版文化、侵权文化的替身,其淹没了文艺创作的个性和丰富性,文化原创力正在被瓦解,无法与传统的非主流文化比肩[4]。

这种否定意见也许不无道理,但即使方式方法不当,我们也否定不了山寨中所蕴藏的反抗意识的正确性、可贵性。山寨所反映出来的平民集团与利益集团之间的矛盾还不仅仅是经济利益之间的矛盾,同时也是两种文化之间的冲突,山寨和小沈阳春晚走红一样,是通俗文化、大众文化对高雅文化、精英文化的一次挑

---

[1] 网文:《山寨春晚:这才是人民的狂欢》,南方网,2008-12-30 10:14:58。
[2] 网文:《山寨春晚:这才是人民的狂欢》,南方网,2008-12-30 10:14:58。
[3] 网文:《山寨的毒性》,维基—百度百科。
[4] 网文:《山寨的毒性》,维基—百度百科。

战。活跃于大众文艺一线的赵本山郭德纲们与钻研于高等学校科研院所的学者专家们之间的叫板，正反映着中国社会变化的一个时代特征：多元竞争。

值得注意的是另一种倾向，即对山寨现象持全盘否定的态度。持这种态度的人无视当今社会物质和精神的"栅栏"已经逐步打开的现实，反对思想观念多元化、社会行为多样化，不愿意看到甚至阻碍民智的开启、民主意识的觉醒、创造性活动的生发。因为这动摇了一些人的权威，蚕食了这些既得利益者的蛋糕，所以他们开始人为设置各种物质的和精神的栅栏与围墙，用以阻击山寨们的抗争，固守自己的利益。

还有另一个问题值得注意，就是无论肯否，学界的声音里总是避免不了把山寨们与主流们相对比，把山寨文化与主流文化相对比，这是颇耐人寻味的。在对于主流的认知与认同上，山寨们与"主流"们之间存在着言说逻辑上的分形现象。山寨春晚的发起者老孟（施梦奇）的一个说法很能说明问题，兹录如下：

山寨春晚的节目来自全国各地，来自民间，实际上，我们才是主流，而中央电视台的春节联欢晚会，太豪华，太排场，那不是我们的现实生活，在中国，农民还是占大多数。所以他们才是"山寨"。[1]

四、网络技术：重要的不确定性因素

科学技术的发展往往让人难以预料，也就是说它具有太多的不确定性，是一种不确定性因素，但它又对人类社会、人们的生活乃至思想意识起着非常重要的作用。如今天的生物技术就可以

---

[1] 网文：《山寨春晚：这才是人民的狂欢》，南方网，2008-12-30 10：14：58。

让人不再因为生育问题而需要异性，发达的现代医学可以让一个人从某种程度上完全变为另一个人，互联网则让人们有了一个与真实世界不同的虚拟生活空间。

我们这里要强调的是：网络技术、网络生活、网络时代为一种文化意识、文化现象的迅速传播和蔓延提供了一个绝佳的平台。之所以今天的平民意识得以牢固地在社会大众中确立起来，就是因为它借助了网络技术迅速地让这种意识为数众多的人群所认识了解。本来就是弱势群体，所以只能靠众人拾柴火焰高的办法，如果人数有限，就更难形成一种气势和力量，影响力就会有限；如果传播速度不快，在这样一个思想观念思想意识如此纷繁的时代，任何一种思想都可能很快变得湮没无闻。因此，"山寨"的流行与网络的特点有着直接的关系。网络快速与广泛的特点，是"山寨"新义得以迅速传播和广泛认可并不断衍生的不可或缺的重要条件，尽管它只是一个不确定性因素。可以说，是网络帮助山寨完成了带着平民意识跳向社会大众心中惊险的一跃。

语言是一个不确定性的动力学系统（动态系统），山寨现象让我们从词汇层面看到了这一特点，如词汇数量的变化（新词的出现和旧词的消失），词汇意义的变化（新义的出现），词的用法的变化等。变化的原因有很多不确定性因素，同时又充满了对初值的敏感依赖性，偶然中有必然。山寨的意义谱系中，似乎存在着无序的现象，但这种表面的无序中又包含着有序，体现出一种复杂的内在的精致的规则。在山寨词义的发展过程中，始终存在着一个奇异吸引子，使"山寨"各义能成为一个统一体。"山寨"原义及传统解释与现义（新义）之间的复杂关系，同样说明了语言发展的非线性特点。

科学技术的日新月异，社会文化的剧烈变化和大转轨，使语言的发展变化变得非常显性，成为语言学一个生动的课堂，观察这些现象，会让我们对语言的发展变化规律及特点有更深刻的认识，对已有的语言学理论和研究方法有更深刻的认识。语言事实是没有穷尽的，语言研究也是没有穷尽的，我们将继续探索。

"子"为词缀的文化意义流变

吴 平

系统是一个相对稳定的状态,但又不是绝对不变的。在系统的某些节点上,其稳定状态可能会发生改变,即原有的某些常态会消亡,或是出现新的定态。从浑沌学意义上讲,这就是"分叉"。语言系统也是如此,通过观察作为词缀"子"的历时演化的原因、演化的一般过程,力图给予一个较为合理的诠释。

一、"子"作为构词词缀的历史源流

"子"是象形字,其甲骨文字形,像小儿在襁褓中,有头、身、臂膀,两足像并起来的样子。

《说文·子部》:"子,婴儿。"《释名·形体》:"瞳子,子,小称也。"表小称正是词缀"子"虚化的基础。

"子"作为名词词缀,是自上古就有的语法现象,如:

"乃生男子"(《诗经·小雅·斯干》)、"芄兰之支,童子佩觿。虽则佩觿,能不我知"(《诗经·国风·卫风》)。

"女子贞不字,十年乃字。"(《周易·上经》)

"女子许嫁,笄而醴之,称字。"(《仪礼·士婚礼》)

"胸中正则眸子瞭焉。"(《孟子·离娄上》)

"左股有七十二黑子。"(《史记·高祖本纪》)

二、"子"作为词缀的变迁

中古时期,词缀"子"逐渐普遍使用起来,除了上古的表示小而圆和用于人名之后外,如:"淑女总角时,唤作小姑子"(《乐府诗集·欢好曲》);"何物汉子,我与官,不肯就!"(《北齐书·魏兰根传》)"汉子",骂人之语。"何物汉子",即相当于今天我们说"什么东西"。公徐云:"诸君少住,老子于此处兴复不浅。"(《世说新语·貌止》)"老子",六朝人自称,是一种特殊用法,意即"老头子"、"老头儿",与今人自呼曰"老子"不同。还用于器物名、动物名、植物名,如刀子、燕子、桃子等。

魏晋以后,"子"逐渐普遍地应用起来,变得相当发达,具有了极为活跃的构词能力。其中的一个重要原因是:适应了汉语词汇双音化发展的需要,相当多的单音节名词后缀加上"子",可以组成一个新的双音节名词。

朱庆之(1993)[①] 列举佛典中 24 例,全部为双音节。王力先生在《汉语史稿》[②](注:中华书局,1980 年版。)中册第三章《语法的发展》中举从魏晋到宋代三十例,"子"在单音节后者共 28 例,只有两例是"子"附在双音节后:青雀子(《北齐书·神武帝本纪下》)、手帕子(唐·王建《宫词》)。

不仅是在名词后,中古以降,"子"有时还可附于动词或指代词后,组成新词,如以上王力先生所举例中的"贴子"、"望

[①] 朱庆之在《佛典与中古汉语研究》(台湾文津出版社)中提出到了近代,作家们开始意识到"子"和"儿"的区分,并自觉地分别使用带"子"和"儿"的词语。

[②] 王力:《汉语史稿》,中华书局,2005 年。

子"、"谜子"、"交子"、"会子"等均为"子"在动词后。但是，这样组成的新词仍是名词性的。

梁晓虹通过考察禅宗典籍，发现"子"在近代汉语中的一些用法，从而看"子"在那个时代发展的特殊意义。"子"作为后缀已不再主要是为了双音化的需要，许多本来双音节或其他多音节词后亦可缀以"子"，如："和尚子"、"乌龟子"、"老鼠子"、"尾巴子"、"柏树子"、"冬瓜印子"、"臭皮袋子"、"释迦老子"、"阎罗老子"等。

袁宾[①]在其《近代汉语概论》"后缀·子"中也提到"子"可附在数量结构后面，举有"一段子"、"一群子"、"两块子"、"一辈子"等例。可见当时的语言中确实存在着这样的说法，现代汉语中的"一辈子"、"一下子"盖即那个时代语言的残存。

在现代汉语中，"子"已经成为一个组合能力特别强的名词词缀了。在《信息处理用分词词表》[②]收录的以"子"收尾的、名词性条目共1310条。一共收有"子-"的两字词39例，如：子鳖、子城、子畜、子弹、子代、子堤……

三、"子"作为词缀的文化意义的流变

1.《说文·子部》："子，婴儿。"《释名·形体》："瞳子，子，小称也。"可见"子"是表示"孩子"、"小"的意义。《说文》、《白虎通》均有"子"的本意是"孳"之解。子是人类繁衍的重要环节，而植物的果实则是植物繁殖的重要环节，所以植物的果实和种子也被称为"子"。

---

① 袁宾：《近代汉语概论》，第154页，上海教育出版社，1992年。
② 王洪君、富丽：《试论现代汉语的类词缀》，载《语言科学》2005年第5期。

植物的果实：桃子、橘子、李子、栗子、梨子等

植物的种子：瓜子、莲子，其中又有一部分"子"后来写成了"籽"：菜籽、棉籽等，但"籽"是源于"子"的。

类似的还有：

初生的动物：狗子、狼子野心、不入虎穴焉得虎子。

动物的卵：鱼子、鸡子。

2. 衍生到

表人称的"子"：男子、女子、汉子等。如：沛公方踞床，使两女子洗足。（《史记·高祖本纪》）这里的"子"已经由泛指人称的"学子"、"客子"、"游子"等的语缀完全虚化为没有意义的后缀了。

说明职业或宗教的：厨子、戏子、伕子、姑子……

"子"到了汉朝不仅用来表示"年幼"，而且已经跟表示"行业"有关。如："减逐疫侲子之半。"（《后汉书·和熹邓皇后传》注："侲子，逐疫之人也。"）"侲子"是汉朝宫中大傩时扮作驱赶恶魔的小孩儿。由此例可以看出表示行业的"子"仍兼有"幼小"的含义。

3. 进一步发展到

泛指"人"的称谓：儿子、孙子、嫂子、妹子等。

细微、细小的东西：种子、刀子、蚊子、燕子、鸽子、杯子。

综合起来有两种途径。泛化，"子"的语义逐渐抽象化，从表示"小"而过渡到其具体义素的脱落和词义范围的扩大，泛化成表示事物具有某种性质、形象、状态的标志和描述，语义虚化。分化，由于词义的发展和引申，派生出新义项。"子"在"婴儿"基本意义下，派生出小的块状物或颗粒状物的意义。

总之，我们不难发现，"子"成为汉语的重要词缀是由实词到虚词再到语素这样一个发展过程。当它们的使用范围和搭配能

力扩大时，一个普通词汇就进一步变成一个语法标记了。

四、词缀"子"的分类描写

1. 加在名词语素之后，表示具体的某样物品。而且还可以发现前一个词往往都具有高度的概括性和抽象性，表示的是整个属类；后者则比较具体。

如：房-房子、车-车子、柜-柜子、桌-桌子等。

2. 加在动词语素之后，表示用来做某种事情的物品或人。

如：剪子、推子、骗子等。

3. 加在形容词词素之后，指人或物的性状。性状（形容词）借代为具有该性状的主体，这一类词多含贬义。所谓贬义，可能与"子"含有"小"的意义有关，再加之那个单字本来就有那种消极意义的色彩。如：胖子、瘦子、尖子、呆子、乐子、弯子等。

4. 加在量词语素之后，成为具体名词。

如：个子、日子、本子、份子、对子等。

5. 加在数量结构之后，仍是量词或名词。

如：一阵子、一摊子、一辈子、一伙子等。

6. 在名词之前。

表示小：子将（小将）、子舍（小房）、子闩（小门闩）、子墙（院落内部的小墙）、子亭（小亭）、子城（大城所属的小城）等。

嫩的或易咀嚼的：子姜、子鸭（幼鸭，嫩鸭）、子鸡（小而嫩的鸡）。

属于别人的，受别人控制的，如子公司。

五、词缀"子"的作用

1. 汉语词汇的双音化

汉语讲究具有偶数的韵律节奏,因而追求音节的对称和谐。如果该词还是单音节词,大多数情况下,就会采取某种添加方式变成双音节。因为单音节词如果不与其他语素组合,在使用时会受到诸多限制。"子"组成的双音节词有两种情况,一是和一些不能单独运用的语素构成一个词语:如饺子;另外就是和一些能单独运用的字构成一个词语:如袋子、轿子、帽子、鞋子、扇子等。

2. 区别意义,分化词义并派生新词

如面和面子、鬼和鬼子、月和月子、头和头子、口和口子、老爷和老爷子、舅和舅子、肘和肘子、小姨和小姨子。

3. 改变词性,语法功能也随之变化

动词加"子"变成名词:推-推子;剪-剪子;夹-夹子。部分还发生语音的变化:担(dān)-担子(dànzi);弹(tán)-弹子(dànzi)

形容词加"子"变成名词:乐-乐子;傻-傻子;胖-胖子;疯-疯子;

量词加"子"变成名词:档-档子;下-下子。

4. 表达对人的感情色彩

在汉语里,表示细小义的词往往可以产生褒和贬两种相反的引申义。因其小让人觉得可爱、可亲就是褒,而因其小又令人觉得可鄙则是贬,其用法是从"幼小"引申出了"卑微"的意思。

直接指人:爱称类:小妮子、英子、二子

蔑称类:南蛮子、北侉子、戏子、竖子、鬼子

古时对有知识有贡献的人的尊称：孔子、孟子、老子、庄子、墨子和荀子

人体缺陷：聋子、瞎子、瘸子、傻子、驼子、矬子

人的品行：痞子、骗子、急性子、败家子、病秧子、京油子、半吊子、药罐子、狗腿子、二流子、书呆子

人的行为特征：摆架子、钻空子、扣帽子、笔杆子、话匣子

5. 语体色彩

在词义不改变的情况下，加词缀"子"多用于一般谈话语体，不加词缀"子"则多用于书面语体或正式语体。

6. "子"和"儿"的互换

受到双音化的影响，一些单音节名词在现代汉语中在使用时受到一定限制，一般不能单说，于是出现了：瓶——瓶子/瓶儿、格——格子/格儿、帽——帽子/帽儿、鞋——鞋子/鞋儿这样互换的现象，其语义基本相同，但"儿"具有小巧、可爱的色彩，并且多出现在口语中；"子"则表中性甚至有厌恶的色彩。如：盖儿——破盖子[①]。

7. 词缀"子"在汉语方言中的使用范围很广泛

不论是官话中的西南区、江淮区，还是吴、湘、赣方言区都得到比在普通话中更广泛的应用。如西南官话把"羊"说成"羊子"，江淮官话把"麻雀"说成"麻雀子"，吴方言把"学生"说成"学生子"，湘方言把"老鼠"说成"老鼠子"，赣方言把"手指"说成"指头子"。在方言中，"子"作词缀的词语要比普通话

[①] 朱茂汉：《名词后缀"子"、"儿"、"头"》，载《安徽师大学报》，1982年第1期。他在文中提到了近代，作家们开始意识到"子"和"儿"的区分，并自觉地分别使用带"子"和"儿"的词语。

中多得多①。

六、"子"作词缀的一些浑沌现象初探

"子"在做词缀时有一些难以解释的现象，姑且将其称之为"子"的浑沌想象。

服饰是人的附属部分，这类词语较多：帽子、袖子、褂子、衫子、袍子、裤子、鞋子、袜子、领子、扣子、被子、单子、毯子、簪子、镯子等，一些双音节词则没有：围巾、被套、长衫、旗袍、项链、戒指等。

家居用品也是人生活的附属部分，如厨具：盆子、勺子、铲子、筷子、桌子、篓子、篮子、罐子、盘子、炉子、锅子等；再如家具：桌子、椅子、柜子、凳子等；还有像梳子、刀子、刷子、剪子也都是日常必需品。这说明，大凡与人的日常生活越接近，出现的几率就越高，使用的频率也越高。

水果是果树的孳生物，且较"圆、小"，所以也有很多：李子、栗子、梨子、桃子、橘子、柿子、柚子等都有"子"作后缀，但西瓜、苹果、香蕉、葡萄、菠萝、荔枝等不能，一种因素是它们来自异域，这可能与本身已经是双音节词有关。但最新的一个词却是"提子"，又似乎是否定了前面的看法。抑或与当时中原地区较为稀缺的南方热带水果有关，但椰子不也是热带水果吗？

有关物质的组成的名词，如分子、原子、离子、质子、中

---

① 陈志国：《乌鲁木齐方言名词"子"尾词的社会语言学调查》，载《科教文汇》，2008年12月上旬刊；姚亦登：《江苏高邮话中的"子"缀》，载《扬州大学学报》，2008年第6期。这些文章可提供例证。

子、电子等,这与"子"表示"小"、"后代"有密切联系。

能表示贵重的金属:金子、银子。"铜子"其意义是"铜元",与钱币有关。其他金属则不可。故不能说"铁子"、"锡子"。

表示动物:狮子、豹子、猴子、兔子、耗子,虎子则成为了人名,狼子野心则成了一个成语;家畜中有驴子、骡子,牛、马、猪没有。家禽中有鸭子,鸡子在方言中是鸡蛋的意思;野禽中有燕子、鸽子,似是与燕子长期与人相处、鸽子甚至成为家养有很大的关系。

分叉是有序演化理论的基本概念,又是出现浑沌的先兆。在系统演化过程的某些节点上,系统的稳定状态可能发生改变,同时出现新的定态,这就是分叉。语言系统的分叉是由于语言演化过程中参数变化造成的。语言的演化是从言语的个人变异、细节变异开始的,这里边的一部分能符合历史沿流的会保存下来,不同的方言代表了不同的历史层次的变异。正因为如此,语言和文化中的浑沌现象,并不意味着语言和民族文化的不稳定和无序占主流地位,相反,语言和文化的基本结构和体系是稳定和有序的,这种动态平衡正说明该语言和该民族文化充满了无穷的生命力,是符合语言的发展规律的。

七、词缀"子"还会具有创造新词语的能力吗?

有人认为,"-子"在现代汉语中已丧失了类推构造新词的潜能,"-子"缀词已经是历史造词的遗留,属凝固词语。可以预见，今后它的搭配频率将会逐渐减少而不是增多①。这种预见也许是符合目前的语言事实的，但以"子"的历史发展过程来看，未来却未必如此。例如新近就出现了"官油子"一词，新词新语是词汇系统中的一个动态系统，当这个系统处于结构变革时期时，其体系就属于结构耗散系统，就会出现一些按常规常理难以解释的奇怪现象，其中的"子"代表"子"系统中的稳定态，它对周围有吸引作用，"子"族才能稳定下来并保持下去。

---

① 王洪君、富丽：《试论现代汉语的类词缀》，载《语言科学》2005年第5期。

浑沌学视野的"上下结构"的语义非对立现象

陈 晨

一、问题的提出

一般来说，一组具有反义关系的词语与同一词语相结合构成的结构也应该形成语义对立关系，如"正数—负数、长途—短途、大型—小型、高年级——低年级、新房子—旧房子"。然而在我们的研究中发现，"上/下"这一对在汉语中使用频率极高的反义词在与动词或名词的组配选择上，却并不都是非此即彼、绝对对立的，出现了一种语义与形式相错位的现象：在表达方位时，它们的意义并不完全对立，有时两者甚至可以表示同样的含义；在表述一个事件时，有些动词既可以选择"上"、也可以选择"下"充当补充成分，而且所述内容似乎并无明显差异，此时"动+上"、"动+下"似乎可以被理解为同义结构。

"上"、"下"的语义非对立现象已经引起了一些学者的关注[①]，但是以往的研究主要侧重于"上"、"下"在多种语法组合中的对立现象及寻找非对立现象的根源和理据，解释力也尚待加强。如果我们转换视角，通过浑沌学理论来认识"上"、"下"在

---

① 白丽芳：《名词+上/下语义结构的对称与不对称性》，载《语言教学与研究》，2006年第4期；任鹰：《从"V上"和"V下"的对立与非对立看语义扩展中的原型效应》，载《汉语学习》，2007年第4期。

语义上的非对立现象，是否会有新的收获呢？

浑沌学是在 20 世纪后半叶开始在数学、物理学等自然科学领域中发展起来的的一门学科，作为一种理念和方法也同样适用于观察和研究一些社会和人文现象。张公瑾先生主张把浑沌学的理论和方法应用于语言学，"它不再局限于阐明以往语言学所阐明的语言内部规律，而且将揭示语言的文化性质和文化价值，揭示语言与民族文化整体之间的内部联系"。[①]

二、"上下结构"的语义对立与非对立

以"上/下"为语素构成的词或短语在现代汉语中占有很大比例："上"、"下"作为后置词通常与名词结合，形成"名词＋上/下"结构，既可以表示具体位置，又可以表示抽象范围，如"山上"、"山下"、"在这个问题上"、"在这种情况下"；"上"、"下"作趋向动词时与动词结合形成"动词＋上/下"结构，是汉语中使用频率颇高的一类动补结构，这个结构中的"上"、"下"是由动作动词"上"、"下"演化而来的，如"写上"、"写下"。

第一种"上下结构"中的语义对立例子比比皆是，如"山上"、"山下"、"床上"、"床下"、"上坡上"、"上坡下"、"桌子上"、"桌子下"、"大桥上"、"大桥下"等等。我们也发现了语义非对立的情况，如"脚上"、"脚下"，这两个词在一定语境下可以表示相同的意义。如例（1）—（4）：

（1）头发梳得一丝不乱，脚上的白袜黑鞋也是一尘不染。

（2）庄之蝶说着，心里咯噔一下，妇人脚上穿着的正是那日他送的皮鞋。

[①] 张公瑾：《文化语言学发凡》，昆明：云南大学出版社，1998 年。

(3) 头上戴着护耳的旧棉帽,而脚下的皮鞋,却锃亮照人。
(4) 这些人身上几乎都是西装,但也有脚下穿旅游鞋的。
下面我们来看"动词+上/下"结构中的语义对立与非对立情况。首先分析语义对立的情况。
(5) a. 跑上山顶 b. 跑下山顶
(6) a. 换上衣服 b. 换下衣服

例(6)的动词"跑"、"换"只含有"移动"的意思,并不能标识动作主体或动作对象移动的方向,都既能带"上",又能带"下",移动的方向完全是靠"上"、"下"加以标识的。"上"、"下"标识的方向是相反的,因此"动+上"和"动+下"的意思也就必然是相对的。在这个时候,"上下结构"根本就不存在"非对立"问题。然而,我们搜集到了如下语料:
(7) a. 买上房子 b. 买下房子
(8) a. 娶上媳妇 b. 娶下媳妇
(9) a. 写上地址 b. 写下地址
(10) a. 摆上酒席 b. 摆下酒席
(11) a. 布上棋子 b. 布下棋子
(12) a. 撒上种子 b. 撒下种子
(13) a. 结上仇 b. 结下仇
(14) a. 惹上祸 b. 惹下祸

例(7)和例(8)中的动词"买"和"娶"都含有"取得"义,动作的完成意味着动作对象的转移。与含有"取得"义的动词组合在一起,"上"和"下"的"到达"义都呈现为转移的完成,在此意义上,例(7)和例(8)中的"上"和"下"带有一定的同义性质。例(9)—(14)中的 a 句和 b 句通常也被看成反映同一客观场景的语言结构,"动+上"和"动+下"的细微区别不容易引起人们的注意。

三、浑沌学视野的"上下结构"的语义非对立现象

"上"和"下"作为一对表空间概念的词语，有静态和动态两层含义，位置在高处的为"上"，位置在低处的为"下"，这是静态意义；由低处到高处为"上"，由高处到底处为"下"，这是动态意义。独立运用的"上"和"下"无论是静态意义还是动态意义，在语义上都呈现出了非此即彼的对立关系。因此人们往往只看到了其语义对立的一面，而忽视了语义非对立的一面。通过上文的语料展示，"上"和"下"这两个属于同一概念和认知范畴的反义成分的原型义也含有一些相同的语义要素，例如"移动"和"移动后位置、状态的保持"，从而使得"上"和"下"能够发生相近的引申义和引申用法，例如表示"到达"、"完成"，致使两者有时能够表示和描述同一客观场景。这种看似矛盾和模糊的情况的出现却并没有给人们语义的理解制造障碍，相反的增加了人们语言表达的另一种可能性。"语言符号的模糊性摆脱了'非此即彼'的确定性，反映了'亦此亦彼'的规律性，因此它是由于互补率破缺而造成的一种不确定性。"[①]

浑沌学认为：我们所看到的世界图像既是确定的、必然的、有序的，但同时又是随机的、偶然的、无序的，有序运动会产生无序，无序的运动又包含着更高层次的有序。现实世界是确定性和随机性、必然性和偶然性、有序和无序的辩证统一。

应当说，"上下结构"所呈现的语义对立应为两者语义关系的本质和主流，是直接映现语义扩展的普遍规律和一般模式的句

[①] 冯志伟：《数学与语言》，湖南教育出版社，1991年。

法和语义现象。这种语义对立是确定的、必然的和有序的，它反映了人们的一般认识规律，而"上下结构"所呈现的语义非对立现象则是随机的、偶然的和无序的。我们以往的语言研究总是把寻找有序性作为目的，无序性的研究往往处于忽视、回避甚至排斥之列。浑沌学理论告诉我们，无序性并不就是消极因素，有序性和无序性是一个有机的统一，有序性会产生无序性，而无序性又包含着更高层次的有序性，无序其实也是有序的，只不过它是一种复杂的、高级的有序，是浑沌序。① 下面我们来运用浑沌序的概念来进一步认识"上下结构"所呈现的语义非对立现象。

上文所列举的例（7）和例（8）中的"上"附有"实现"义，"下"附有"占有"义，两者的语义内涵有所不同，势必影响到整个结构的表义功能。例（7）中 a 句和 b 句（或例〈8〉中 a 句和 b 句）虽然可以被认为表示同一客观场景的结构，甚至孤立地看可被认为是同义结构，但通过分析下列语料我们可以发现这种语义非对立关系又重新变成有序的对立。

(15) a. 女学生衣着破旧、单薄，在寒风中冻得发抖，因钱少连火车票都没买上，很晚还在火车站徘徊，哭泣。

b. 建立一个规范的房地产交易市场，让老百姓买上称心如意的新房，并非一个难圆的梦。

c. 金钱把现在的享受更扩大一些，比如组织起极舒服极讲究的小家庭，买上汽车什么的。

(16) a. 租赁公司筹足资金，将设备买下后，再出租给承租企业。

b. 我终于买下了这尊工艺品，拿回家置于案头，既做观赏，又当镇纸压书页。

c. 北京恒信制冷设备公司经过几轮竞争，最终以 120 万元

---

① 郝柏林：《自然界中的有序和浑沌》，载《百科知识》，1984 年第 1 期。

人民币买下了冠名权。

例（15）和例（16）中的"上"和"下"所适用的语境是不一样的，或者说，在具体的语境中，两者通常是不能互换的，从这个意义上来理解，"上下结构"又恢复了语义对立关系。又如：

(17) a. 我张张嘴，觉得实在很奇怪，他又能惹上谁呢？

b. 一百元要我向人撒谎，我才不干，搞不好有什么事情发生，我还会惹上麻烦。

(18) a. 他托人一了解，方知是那封电报惹下了祸根。

b. 小龙女向杨过装个鬼脸，意谓你到处惹下情丝，害得不少姑娘为你烦恼。

例（18）b 句小龙女嗔怪杨过举止轻浮，处处留情。"情丝"因杨过而生，但杨过又置身其外，不受"情丝"缠绕，是句子要表达的本来意思，所以此处这能用"惹下"。如用"惹上"，就有杨过也受"情丝"缠绕的意思，前面的"到处"和后续句的"害得不少姑娘为你烦恼"，也难以与之搭配。

总之，孤立地看，例（7）和例（8）中的"取得"义动词既可以加"上"，也可以加"下"，并且能够用以表示大致相同的客观场景。然而就其本质而言，例（7）和例（8）中"上下结构"的语义内涵仍然存在着对立。例（9）—（14）"上"和"下"从"附着"义或从"脱离"义引申出"留存"义，从而能够用以表示同一客观场景。但由于"上"和"下"的留存义有着不同的来源，因此可以说"动+上"和"动+下"其实是从不同的角度来说明同一事件，甚至可以说"动+上"和"动+下"用以表示同一客观场景属于表意效果的"偶合"现象，因而两者的表意功能和实际用法常常是有区别的。具体语境的语料对比［例（15）—(18)］已经很清楚地说明了这些情况。

四、结　语

综上所述,"上下结构"的语义对立应为本质的、必然的和有序的,某些非对立现象则是表面的、偶然的和无序的。而另一方面,"上下结构"的语义非对立又蕴含了语义的对立。我们可以通过"上"、"下"的语义内涵、语用价值和语境寻找对立的规律性,它们是一种更深层次的对立。

词义引申的浑沌学解释

李宇宏

一词多义现象是任何语言都普遍存在的现象，是语言经济性原则的体现。语言学家历来都十分重视对多义词的研究，尝试着从不同的角度运用各自的理论对多义词词义的演化、多义词各义项间的关系等作出解释。

一

中国古人很早就注意到了引申的现象。根据现有文献记载，"引申"一词最早出现于《易·系辞上》："是故四营而成易，十有八变而成卦，八卦而小成。引而伸之，触类而长之，天下之能事毕矣。"[①]（孔颖达疏："谓触逢事类而增长之。"意谓掌握一类事物知识或规律，就能据此而增长同类事物知识。）这里的"引而伸之"虽不是我们所谓的词义的引申，却渗透出古人运用联想、推理、象征等手段认知世界的方式，这正是词义引申的心理基础，也说明了古人早就注意到了事物之间存在着广泛的联系。据有的学者研究，至迟从战国末期的韩非起，人们就试图说明"词义引申"的理据了。《韩非子·解老》、《说文解字》、《尔雅·释言》、《六书故·六书通释》等曾尝试寻找词义之间的联系，清朝词义引申研究成就最大，其中尤以段玉裁的《说文解字注》和朱骏声的《说文通训定声》为最突出。

---

① 王寅：《中西语义理论的对比研究初探》，高等教育出版社，2007年。

在国外也有很多语言学家对多义词的引申路径、方法、理据等做过深入地研究。如以 Lyons 和 Cruse 等为代表的结构主义语义学家曾利用索绪尔的语言符号理论发现了导致一词多义的两种主要途径：辐射（Radiation）和连锁（Concatenation）。目前热门的认知语言学也很关心一词多义的问题。认知语言学把"隐喻"看作是一种认知现象，是"从一个认知域投射到另一个认知域。"[①] 以 Taylor 为代表的认知语言学家将原型和范畴的主要观点用于词汇的一词多义的分析与解释。他曾以"explode"为例研究多义词词义之间的关系，认为 explode 体现的是一个多中心结构的范畴，该范畴包含了几个彼此不同但互相联系的意义，是由 explode 的中心意义或基本意义向其他意义的延伸过程。Taylor 认为，这些互相联系的意义的延伸和拓展主要依靠两种途径：隐喻和转喻。[②] Sweetser 也认为：语义的变化不是任意的，而是受到"以身喻心"（mind-as-body）的隐喻的影响而变化的。[③]

认知语言学认为隐喻是思维的普遍形式，多义词的词义引申跟隐喻思维模式有关。那么，如果再进一步深入思考：为什么人类会有隐喻的思维模式呢？对于这个问题我们或许能够从浑沌学的相关理论中找到部分解释。

二

分形理论是当今世界十分风靡和活跃的新理论、新学科。分

---

① Lakoff & Johnson, Metaphors We Live By, The University of Chicago Press, 1980.

② Taylor, J. R. linguistic Categorization: Prototypes in Linguistic Theory, Cambridge University Press, 1995.

③ Sweetser, E. From Etymology to Pragmatics, Cambridge University Press, 1990.

形的概念是美籍数学家曼德布罗特（B. B. Mandelbort）首先提出的。1967年他在美国权威的《科学》杂志上发表了题为《英国的海岸线有多长？》的著名论文。海岸线作为曲线，其特征是极不规则、极不光滑的，呈现极其蜿蜒复杂的变化。我们不能从形状和结构上区分这部分海岸与那部分海岸有什么本质的不同，这种几乎同样程度的不规则性和复杂性，说明海岸线在形貌上是自相似的，也就是局部形态和整体形态的相似。在没有建筑物或其他东西作为参照物时，在空中拍摄的100公里长的海岸线与放大了的10公里长海岸线的两张照片，看上去会十分相似。这种相似就是系统的自相似性。一个系统的自相似性是指某种结构或过程的特征从不同的空间尺度或时间尺度来看都是相似的，或者某系统或结构的局域性质或局域结构与整体类似。另外，在整体与整体之间或部分与部分之间，也会存在自相似性。[1] 事实上，具有自相似性的形态广泛存在于自然界中，如：连绵的山川、飘浮的云朵、岩石的断裂口、布朗粒子运动的轨迹、树冠、花菜、大脑皮层……把太阳系的改造与原子的结构作一对比，就会发现这两个系统在某些方面有着惊人的相似。在社会科学中，人类历史上常常出现惊人的相似（但决不是简单的重演），这也可以说是人类社会发展中自相似的生动表现。物质系统的自相似性在生物系统中也广泛地存在着。[2] 曼德布罗特把部分与整体以某种方式相似的形体称为分形（fractal）。1975年，他创立了分形几何学（fractal geometry）。在此基础上，形成了研究分形性质及其应用的科学，称为分形理论（fractal theory）。分形理论既是非线性科学的前沿和重要分支，又是一门新兴的横断学科。作为一种方法论和认识论，其启示是多方面的：一是分形整体与

---

[1] 张济忠：《分形》，第7页，清华大学出版社，1995年。
[2] 张济忠：《分形》，第10页，清华大学出版社，1995年。

局部形态的相似，启发人们通过认识部分来认识整体，从有限中认识无限；二是分形揭示了介于整体与部分、有序与无序、复杂与简单之间的新形态、新秩序；三是分形从一特定层面揭示了世界普遍联系和统一的图景。

分形又称为分叉，是浑沌学的重要概念之一。在系统演化过程中的某些关节点上，系统的定态行为可能发生定性性质的突然改变，原来的稳定定态变为不稳定定态，同时出现新的定态，这种现象就叫做分叉。[①]

三

张公瑾先生将浑沌思想引入汉语的语言与文化研究中，认为语言与文化具有自相似性。[②] 我们也尝试着将浑沌学的"分形"、"分叉"的思想用于语义的研究中。语言是用来描述主客观世界的，主客观世界中存在着很多具有自相似特征的事物、事件以及行为、过程等，也就是说存在着很多"分形"。多义词词义的引申就跟这种分形的普遍存在紧密相关。

多义词意义的引申是一个线性与非线性交错的发展过程。从浑沌学的角度来解释，词义的演化就是：由于分形的普遍存在，随着新事物的不断涌现和人的认知水平的不断提高，词义在发展进程中的某一个时段出现了分叉现象，将用于分形甲的意义拓展到分形乙上，于是就从原有的词义中，生出了新的与原有词义相关联的意义，而原来的意义或与新生的意义并行，或逐渐走向衰

---

① 苗东升、刘华杰：《浑沌学纵横论》，第57页，中国人民大学出版社，1993年。

② 张公瑾：《文化语言学发凡》，第92—94页，云南大学出版社，1998年。

亡退出词义系统。词义分叉产生的理据受很多因素制约，其中必不可少的因素有两个：一是语言自身经济性的要求；二是由语言所反映的主客观世界的属性所决定。多义词的词义之所以能够在发展的过程中出现分叉点，会出现认知语言学认为的不同域之间的映射，根本原因之一就是自然界中分形的普遍存在，人们根据自己的目的对自然界进行切分，在主观世界中形成无数系统、子系统，每一个系统中的成员都可以说是整个系统的一个分形，每个分形中都部分地包含整体的信息，成员之间也都或多或少地具有某种相似性。这种信息的同构或自相似性，就决定了用于分形甲的词也可能用于分形乙，表示大体近似的或相关联的意义，生出该词的引申意义。以名词"头"为例，"头"的基本义（或中心意义）是"人身最上部或动物最前部长着口、鼻、眼等器官的部分。"（见《现代汉语词典》第五版第1373页）在整个生物体的系统中，所有单个的生物体都是整个系统的分形，根据解剖学的研究成果，人和动物之间、动物和动物之间在形体和部件的构造上具有自相似性，都有头部、身体、四肢等。因此表示人体主要器官的名词"头"，也可以用在动物身上，表示动物的头。再由有生命的物质推及到无生命的物质，"头"在人身体的顶端，物体也有顶端，因而表示人体部位的"头"可以引申扩展为"物体的顶端或末梢"，如山头、笔头、钉子头等。自然界中事物的分形在词语意义的引申中得到了体现，事物特征属性间的部分的相似使得词语的意义有可能向不同的域映射，从而形成了认知语言学所说的"隐喻思维模式"。

客观世界中还存在着大量具有相似特征或属性的行为和过程。如果把这些行为和过程纳入某一系统，则其中的每一个行为或过程都是整个系统的分形。行为过程之间的相似也可以造成词义的引申。我们来看动词"发"的义项。《现代汉语词典》（第五版）列出了"发"的16个义项，来看其中的释义⑤—⑧：

发（發）fā……⑤扩大；开展：～展｜～扬　⑥因得到大量财物而兴旺：～家｜暴～户｜他这两年跑买卖可～了　⑦食物因发酵或水浸而膨胀：面～了｜～海参　⑧放散；散开：～散｜挥～｜蒸～……

倘若抛开"发"的词义的历时演化过程，仅考虑共时平面上的各义项间的关系，释义中⑤、⑥、⑦、⑧几个意义的引申就是由于过程相似而产生的。我们可以把义项⑤、⑥、⑦、⑧看作是"发"的一个引申义子系统，在这个子系统中，义项⑤是核心意义，其他三个义项可以看作是由这个核心意义推衍而来的。人的财物、食物、某些气体等在一定的条件下，都有由小而大、由占据的空间少到占据的空间较大的变化过程，由于这些变化过程具有相似性，因此它们可以被看作是"发"的表示"扩展"意义的词义子系统中具有相似运动特征的分形。这一子系统的核心意义⑤"扩大"分别运用在财富的积累、事物浸水发胀、气体扩散等三个不同的过程分形上，就产生了⑥、⑦、⑧义了。

从历时的角度来看，每一次新词义的衍生都是一个分叉过程。分叉点从理论上讲可以出现无数个，它既可能出现在某个词语最先使用的、本来的意义的发展线条上，也可能出现在新生的意义的延展线条上。无论分叉点在哪里，分叉后产生的新义都是有理据的、与已存在的意义有联系的。但在词义的发展链条上，何时分叉，分叉点在哪里等，是受制于客观世界的发展、人的认识水平的发展以及个体的经验的，是不能够提前预测的，因而是随机的。浑沌学的分形和分叉理论可以部分地解释词义引申现象。

早期传教士作品中的"基督化"词语

马云霞

基督教[①]思想在中国的传播历史悠久。唐代初年,基督教传入中国后,几经浮沉,并自明末开始引起思想界的强烈反响,引发了中西文化、哲学深层次的论辩、交流和对话。众所周知,基督教思想与中国传统文化是两种不同质的文化,思想是通过语言来表达的。在特定语言环境中成长、发展的基督教,如何在另一完全异质的文化语境中、另一种语言中得到充分表述与阐释,是一个饶有兴味的问题,不仅涉及语言上的翻译、转换,更重要的是文化上的适应、阐释。

将语言与文化观念相结合进行研究,是一种由来已久的研究传统。本文试图从这一角度,分析基督教在中国本土化过程中,对汉语中部分词语的影响。这些词最初在明末清初的早期传教士作品中开始使用,并一直沿用到今天。我们所考察的早期传教士作品,以郑安德先生所编的《明末清初耶稣会思想文献汇编》为底本。

本文分析的是部分被"基督化"的词语。在早期传教士对基督教的阐释中,常常利用汉语中固有的词来表达新义。由于频繁以新义的面目出现,这些词已经扎根在现代汉语中,基本取代了

---

① 在学术的研究上,所谓中国的基督教,可分为广、狭两义。从广义来看,唐代的景教、元代的也里可温教、明清年间的天主教,以及清末民初以来的新教都被纳入基督教的研究范畴。狭义的基督教,等同于新教,以区别于天主教或其他被界定为异端的教派。本文使用的是广义上的基督教。

它们在中国传统文化中原有的意义，转而成为基督教中的专用词语。简而言之，这些词的词义已经被置换，已经被"基督化"了。下面分三类来分别讨论。

一、"圣"类词

早期传教士在对基督教的阐释中，使用了一些以"圣"为构词成分的词汇。在汉语中，"圣"最初的语义是形容人聪明睿智的品质，及具有这种品质的人即圣人，事无不通，超越凡人，道德智能极高超的理想人物。如《孟子·尽心下》："充实而有光辉之谓大，大而化之之谓圣，圣而不可知之之谓神。"后来也指古之王天下者，也是对帝王或太后的极称。如《吕氏春秋·求人》："古之有天下者七十二圣。"因此，汉语"圣"的意义是指向人的，包括圣人与帝王，而并不首先意指人与神的关系（钟鸣旦 2003）。不过值得注意的是，在中国"无神论"倾向的文化传统中，圣贤与"神"之间仅仅是程度上的差别，圣贤可化为神。民间信仰中的许多神，都是圣贤死后的灵魂所化。因此，圣贤本身即有神圣的本质，有向神转化的相通之处。在基督教中，"圣"类词都是表示与神之间的关系、事物的。

圣经

"圣经"，汉语中本指历史经典正是圣贤与帝王的教导，所以将儒家经典称为圣经，如：[隋]王通《中说·天地》："范宁有志于《春秋》，征圣经而诘众传。"佛教传入后，后代也将佛教经典泛称为圣经。如：[元]萨都剌《赠别鹫峰上人》："圣经佛偈通宵读，苜蓿堆盘胜食肉。"

基督教传入后，早期传教士使用这个名词专指基督教的圣典，"使基督教的著述与中国儒家和佛教两教的'经'处于同等水平。"（钟鸣旦 2003）这也是他们适应性的传教策略的反映。

圣经记录的是神所默示的神的圣言，所以圣经是神圣的著作。事实上，传教士把"经"这个词用于整个著述：不仅指严格意义上的圣经，也指祈祷文（例如"天主经"）和信经。

"圣经"一词，首次出现是在利玛窦的《天主实义》中，如：

且夫天堂地狱之报，中华佛老二氏信之，儒之智者亦从之，太东太西诸大邦无疑之，天主《圣经》载之，吾前者揭明理而显之，则拗逆者必非君子也。

圣诞

汉语中，可以指封建社会中皇帝或皇太后的生日，如：[明]《万历野获编》："太后圣诞、皇后令诞、太子千秋，俱赐寿面，又不在此例。"此外，这个词也用于特指孔子的生日。还可以泛指神、仙、佛、菩萨的生日，如：《金瓶梅词话》14 回："今日会门外玉皇庙圣诞打醮，该我年例做会首。"

圣诞节，则是指庆贺皇帝或皇太后生日的节日。如：《元史·世祖纪五》："辛未，高丽王愖遣其枢密使朴璆来贺圣诞节。"

基督教传入后，圣诞用来指称耶稣的生日，圣诞节则指纪念耶稣诞生的节日。首次出现在艾儒略的《天主降生引义》中，如：

迨耶稣圣诞，果然如是。（《天主降生引义》）

随着时代的演进，旧事物的消失，在现代汉语中，"圣诞"、"圣诞节"都已经成为基督教中的专门用词。

圣徒

"圣徒"即圣人的门徒。汉语中多指传孔子之道者。如：《孟子·滕文公下》："能言距杨墨者，圣人之徒也。"[明] 李东阳《金陵问》："程夫子，真圣徒。"

基督教中则是指传基督之道的门徒。首次出现在罗明坚的《天主圣教实录》中：

及既降生后，又尝为圣徒言之极详。

在中国传统文化中，"圣徒"的概念是与个人的品行密切相关的，成为圣徒是个人修为的结果。而在基督教中，"圣徒"则与神圣或神的概念相关。"一个圣徒并非具有道德美德的完善的个体，而是一个'被召唤'的人、'选民'及'有信仰'的人（《新约·罗马书》1：7；8：33；《新约·歌罗西书》1：2）。圣徒是一个为圣灵所充满的人。"（姚新中 2002：170）因此，在基督教中，成为圣徒首先是神拣选的结果，是神的工作，而与个人的关系则是其次的。

圣父

汉语中，是对太上皇的尊称。唐代已出现，如：唐《大唐新语》："底绥内难，翼戴圣父。"后代一直沿用，如：《宋史·乐志十三》："既尊圣父，亦燕寿母。"所以，在中国传统文化中，是将皇帝类比为伦理上的父亲。

基督教中，"圣父"是基督教信条三位一体中的第一位。或译"天父"。汉语中首次使用该词的是艾儒略，如：

然而吾主弥自谦抑以受人洗，则圣父弥显其为真主，以示人尊也。（《天主降生言行纪略》）

又斐理伯宗徒尝问耶稣曰："屡蒙圣训，言及罢德肋圣父，愿我主赐我辈，得见罢德肋为快也。"（《天主降生引义》）

圣母

在汉语史上，君主时代对皇太后的尊称"圣母"，也是古代对女神、女巫之称，同时也是对孔子母亲的尊称。最早出现在《后汉书·郡国志三》："广陵有东陵亭。"李贤注引晋代张华的《博物记》："女子杜姜左道通神，县以为妖，闭狱桎梏，卒变形，莫知所极，以状上，因以其处为庙祠，号曰东陵圣母。"佛教文献中也有使用，如：唐《地藏菩萨本愿经》："圣母，唯愿听受，我粗说之。"

基督教中，基督教徒则尊称耶稣之母马利亚为"圣母"。汉语中首次出现在罗明坚的《天主圣教实录》中，如：

圣母玛丽亚孕九月而生耶稣。

圣子

汉语中，本指超凡入圣的儿子或登帝位的儿子。如：[汉]焦赣《易林·损之巽》："太姒文母，乃生圣子，昌发受命，为天下主。"用于佛教文献中，指释迦牟尼，如：[五代]《敦煌变文集新书》："圣子有三十二相，相相并加端严，八十随形，形形总超人貌。"

基督教传入后，基督教信条三位一体中的第二位，是"上帝圣子"（God the Son）的简称。汉语中首次出现在艾儒略的《天主降生言行纪略》中，如：

天神复告曰："玛丽亚毋骇，幸获上主福宠，将怀孕而产圣子，当称耶稣，实为天主子。"

圣体

汉语中原称皇帝身体，也用以借指皇帝。如：《汉书·王嘉传》："今圣体久不平，此臣嘉所内惧也。"

在早期传教士作品中，"圣体"有三种含义：

A 指上帝，即天主，如：

夫天地之主，性德之精美，至极无瑕；其圣体与德，至纯至一，绝无殊二。（《天主实义续篇》）

B 指感谢祭，即圣餐礼。如：

圣事七迹：一、圣洗。二、坚振。三、圣体。四、告解。五、终傅。六、神品。七、婚配。（《真道自证》）

C 指圣餐中由教徒领食的面饼，如：

盖吾主弥撒大祭之时，以麦酒之像，实藏其圣体圣血于中，以养人灵魂，而增其贞洁于诸德也。（《天主降生引义》）

在现代汉语中，"圣体"一词保留了B、C两种涵义。宗教改革运动后,基督教新教各派将"圣体"所表达的仪式改称圣餐。

二、"天"类词

早期传教士充分利用了"天"类词。"天"在中国传统思想中有特别的文化内涵,而不仅仅是指自然界的天。古人以"天"为万物主宰者,是最高的崇拜对象,其中含有超验的、人格神的内涵。如《书·泰誓上》:"天佑下民,作之君,作之师。"儒家还将"天"作为世界的精神本原。如《孟子·尽心上》:"尽其心者,知其性也;知其性,则知天矣。"也将不可控的"命运、天意"称之为"天",如《孟子·梁惠王下》:"吾之不遇鲁侯,天也。"从这类意义引申,"天"还能表示"极、最"的程度义,表示至极之义,如俗语"天大的喜事",又如老舍《茶馆》第三幕:"画的天好,当不了饭吃啊!"

天国

汉语中,曾出现过"天国"一词,表示实在的地域性概念,但非常罕见,如:[南宋]李攸《宋朝事实》:"居四年,智高内怨交趾,攻安德州据之,僭称南天国,改年景瑞。"所以,在中国传统文化中,"天国"一词并无宗教色彩。

基督教中,则用来称上帝所治理之国,又译"上帝国、上帝之国"。一般指以上帝为中心,众得救灵魂安居之所。有时又指天堂,谓上帝的在天居所。利玛窦首先使用(黄河清 2003),如:

若为天主、为义而受窘难,此乃福也,故谓已得天国矣。(《畸人十篇》)

马礼逊圣经译本中也译为"天国",如:

我以天国之匙赐尔。(《圣马窦传福音书》16章)

现代汉语中,除了基督教中的意义外,还常用以比喻理想的世界。如:柳亚子《一九四八年元旦试笔》诗:"自由平等谈何易,天国原从血泊成。"

天帝

汉语中,原指天上主宰万物的神。如《荀子·政论》:"侯元士次之,庶士介而夹道,庶人隐窜,莫敢视望。居如大神,动如天帝。"后来指佛教中的神,如《敦煌变文集新书》:"经云:复有万二千天帝,亦从余四天下来诣佛所而听法。"也可以指皇帝,如:[宋]叶适《通直郎致仕总干黄公行状》:"今以蓬门被云汉之章,野人致天帝之问,吾为赖宠乎!"

基督教传入后,则是指上帝。最早出现在利玛窦的作品中,如:

巧夺人世,犹未餍足,至以图僭天帝之位,而欲越居其上。(《天主实义》)

及至将死,则仰而见天帝忿怒吾前行,俯而视一生之岁月都费之以造恶。(《畸人十篇》)

天父

汉语中,可以用于指谓天子。如《三国志·魏志·高柔传》:"臣愚以为宜除妖谤赏告之法,以隆天父养物之仁。"也可以尊称父亲。

基督教中,则用以称呼上帝。在马若瑟的《儒教实义》中已经出现,如:

善人常云今世之需,身后之福,我不急念之,在我天父之心而已,奚为此而敬焉?

天主

汉语中,原指天上八神之一。如:《史记·封禅书》:"八神:一曰天主,祠天齐。"司马贞 索隐:"谓主祠天。"后来佛经称诸天之主为天主。如：[唐]《首楞严经·大佛顶首楞严经》："若诸众生，欲为天主，统令诸天，我于彼前，现帝释身，而为说法，令其成就。"

罗明坚在《祖传天主十诫》中首次将 God（拉丁文 Deus）译为"天主"：

要诚心奉敬一位天主，不可祭拜别等神像。

早期传教士作品中，除了"天主"之外，还用"上帝"、"主"、"上主"、"大主"、"物主"、"造物主"、"主宰"、"大主宰"、"天"、"太高天"、"大理"、"大父母"、"大父"、"大君"、"万有真宰"等来指称 God。18 世纪初，罗马教皇只允许采用"天主"的译名。

"天主"的译名，充分利用了"天"在中国传统文化语境中的两重意义：既表示神秘的万物主宰，又可表示至极之义。正如麦都思的《天理要论》所说，由于"怕人看差以天内为'天'，故加一'主'字更善。若只用'天'字，意怕不通；独用'主'字，称不足大。唯'天主'两字，指最大之神，极灵之天，甚善。"

三、其他词

其他的一些词，在汉语史上其原有词义并无宗教色彩，但被用于基督教中，成为专门的基督教词语。

上帝

汉语中，作为对最高主宰者的称谓，可以指"天帝"，如《易·豫》："先王以作乐崇德，殷荐之上帝，以配祖考。"也可以指"君主，帝王"，如《诗·大雅·荡》："荡荡上帝，下民之辟。"利玛窦在《天主实义》中最先用以指称基督教所信奉的神。

(黄河清 2003)如：

  吾国天主，即华言上帝。（《天主实义》）

  天主何？上帝也。（《天主实义》）

  在现代汉语中，基督教意义的"上帝"已经成为该词的专用义。

神父

  汉语中，原指古时百姓对贤明的地方长官的尊称。有敬之如神，尊之如父之意。如《后汉书·鲍德传》："鲍德累官为南阳太守。时岁多荒灾，唯南阳丰穰，吏人爱悦，号为'神父。'"这一称呼反映出中国传统文化中泛伦理化的思想倾向。

  基督教中则是指与神的工作相关的人，即是对天主教、东正教一般神职人员的尊称。也写作"神甫"，协助主教管理教务，通常为单个教堂的负责人。

  首次出现在艾儒略的《职方外纪》[①]中：

  有掌教者专主教事，人皆称为神父，俱守童身，屏俗缘，纯全一心，敬事天主，化诱世人。

  后来沿用下来，如：

  幸得侍坐于泰西利、汪两先生神父之侧，昕夕讲究天学渊微，得聆肯綮示。（《天儒印》尚祜卿序）

牧者

  在汉语中，这个词一直表示普通的放牧牲畜的人。最早出现在晚唐五代的《敦煌变文集新书》中："牧者遂求得一瑟（琴）赠之，送在利师王国市内。"用于抽象意义，表示人民的管理者，在清代出现用例，如《海公大红袍传》："先帝在日，便知其不能为民牧者，故久未受封，只留在宫养闲而已。"

  基督教中，将耶稣类比为牧者，教导带领信徒，"耶和华是

[①] 引自香港中国语文学会编《近现代汉语新词词源词典》。

我的牧者,我必不至缺乏。"(《新约·诗篇》23:1)而将信徒比作羊,善良温驯、需要引导。后来指牧养教会的职业者,如牧师、长老等。在利玛窦的《天主实义》中首次出现,如:

在高益珍,所谓德在百姓为银,在牧者为金,在君者为贝也。

修士

汉语中,指有道德修养的人,操行高洁之人。如:《韩非子·孤愤》:"人臣之欲得官者,其修士且以精絜固身,其智士且以治辩进业。"

基督教中,指出家修道的男子。艾儒略最早使用,如:

耶稣领洗之后,即趋深山四十昼夜,一粒不食,一滴不饮,如是严斋方饥,邪魔欲试之,乃假为修士容,就而诱以饕曰:"尔倘为天主,胡不化石为饵而济饥乎?"(《天主降生言行纪略》)

昔有修士,隐修山野,名颇盛。(《口铎日抄》)

教士

汉语中,原指受过训练的士兵。基督教中指基督教职业者,有时也指天主教、正教的神父和新教的牧师。

利玛窦在《畸人十篇》中最早使用,如:

所以天主教士以□□宜也,不以仇为仇,且用仇以已资德也。

讲道

汉语中,指儒家或宗教家讲习经典著作的内容、意义,如:《汉书·律历志上》:"今广延群儒,博谋讲道,修明旧典。"也表示一般地讲说。

基督教各教派在举行公众崇拜仪式时由牧师(或神父)对《圣经》的讲解。这个意义上的"讲道"首次出现在艾儒略的作品中①，如：

耶稣山中讲道毕，旋往葛发翁城。(《天主降生言行纪略》)

司铎曰："昔耶稣讲道山中，宗徒航海先归。忽飓风大作，船将沉，耶稣涉海往救之。"(《口铎日抄》)

上述这些词在意义上有一个共同点：即常常是表示旧时代的观念与事物。随着时代的演进、旧观念的变迁、旧事物的消失，包括旧的社会制度、思想秩序的消逝与崩溃，这些词原有的意义在现代汉语中已经很少使用，慢慢被排挤出去，而在基督教阐释过程中新增的意义则成了该词的常用义，可称为新义的专指化。这种专指化更新了词义内容，丰富了汉语。

从理论和方法论的角度来看，通过语言来研究观念及其他文化现象的传统由来已久。20 世纪以来，在历史、文化交流、语言等领域，语言与文化的研究相结合，更已成为研究者的共识。国外这方面的研究跨学科的性质更加明显，如批判社会语言学理论，将语言分析作为社会理论的一种方法，将语言分析与社会思想变化联系起来进行研究，认为语言使用中的变化是与广泛的社会文化过程联系在一起的。可见，把微观的语言分析与宏观的文化变迁结合起来，将使得文化的研究扎实而有力，值得深入探索。

---

① 利玛窦的《天主实义》也有"讲道"一词，"以文会，以诚约，吾中夏讲道者或难之。"但其意义并不是指牧师对《圣经》的讲解。

古代汉语中动物与植物的范畴化

李智勇

任何一个民族的语言都能反映这种民族的思维方式，作为通行几千年的交流工具，汉语自然能很好地体现汉民族的思维特点。汉族得以延续千年的重要基石就是其家族制度，"同一个家庭的后代，由于经济的原因，不得不生活在一起。由此发展起来的中国家族制度，它的复杂性和组织形式是世界少有的。儒家思想在很大程度上便是这种家族制度的理想化"[①]。冯友兰先生认为，传统中国的社会关系可以看作家庭关系的延伸。家族制度和政治制度得以稳固的基础，就是"正名"。"正名"的过程必然涉及到"名"（能指）和"物"（所指）的归类问题，归类就是一个范畴化的过程，这种正名的思想在语言中有很多体现，尤其体现在古代辞书的编撰上，本文将通过分析《尔雅》和《本草纲目》中动物词汇和植物词汇的范畴化，来阐述这些词汇和汉民族的思维特点的关系。

"范畴化"是认知语言学中使用很广的术语，"一种事物及其类似成员可以构成一个范畴……严格来讲，范畴指事物在认知中的归类"[②]。范畴化的过程是人们认识客观世界时，主观与客观的相互作用的产物。"人类对于范畴的认识及头脑中最终形成的

---

① 冯友兰：《中国哲学简史》，第18页，新世界出版社2004年。
② 赵艳芳：《认知语言学概论》，第55页，上海外语教育出版社，2005年。

范畴体系并不是客观存在于外部世界，而是植根于人类的生活经验"①。不过人类世界对同一客体的归类并不一定完全相同，因为每个群体、每个民族都有自己独特的生存环境、文化背景以及思维方式，因此在对客观世界进行范畴化的过程中也会有不同的标准。

  动物和植物是生物学中的两个范畴，它们与人类生活关系密切，将动物和植物进行分类是人类认知世界的首要任务之一。原始社会人们以渔猎和采摘为主要的生产方式，人们随时随地与动植物接触，因此通过对动植物的观察和初步的研究，人们对动植物的了解也随着社会的发展逐步深刻，对动物界和植物界的各种生物，人们也予以了分类。现代动物学对动物的分类依据瑞典生物学家林耐得分类法，按照动物的各种特征（形态、细胞、遗传、生理、生化、生态和地理分布）进行分类，将动物依次分为各种等级：界、门、纲、目、科、属、种等七个主要等级。现代植物学则将植物分为以下几个主要等级：门、纲、目、科、族、属、组、系、种、变种、变型。不过人们通常将动物分为脊椎动物和无脊椎动物两类，其中无脊椎动物有：原生动物、海绵动物、腔肠动物、扁形动物、线形动物、软体动物、环节动物、节肢动物、棘皮动物；脊椎动物则包括：鱼类、两栖类、爬行类、鸟类、哺乳类。植物通常分为藻类、苔藓、蕨类、裸子植物和被子植物。

  动物和植物是人们重要的生产、生活资料，因此，人们十分关注它们，并为它们分类和命名。不过由于民族与国家科技水平和认知角度不同，对动植物的分类也有所差异。汉语中的"动物"和"植物"最早出现在《周礼·地官·大司徒》："一曰山

---

① 兰纯：《认知语言学语隐喻研究》，第 35 页，外语教育与研究出版社，2005 年。

林,其动物宜毛物,其植物宜皁物,其民毛而方;二曰川泽,其动物宜鳞物,其植物宜膏物,其民黑而津;三曰丘陵,其动物宜羽物,其植物宜核物,其民专而長。四曰墳衍,其动物宜介物,其植物宜荚物,其民晳而瘠。五曰原隰,其动物宜裸物,其植物宜叢物,其民豐肉而庳。"从这段话中我们可以看出中国古人对动物和植物的朴素分类。上文中动物分为毛物、鳞物、羽物、介物和裸物等,植物则分为皁物、膏物、核物、荚物和丛物,这些都是上古汉人的祖先对不同地域动物的一种初级范畴化的成果。中国的很多古籍中都有动物和植物的记载,比如《诗经》当中记载的动物约 155 种,植物 130 多种;《山海经》中记载动物 109 种,植物 215 种。后来很多围绕这些典籍进行研究的小学著作,对这些动植物名称都进行了详尽的考察和训释,并对自然界的动植物进行了初步的范畴化,但是古代中国并未形成独立的动物学和植物学两个学科,因此这些分类和训释并不完全科学。不过汉语典籍中对动物和植物的范畴化有其自身的文化特点,我们以《尔雅》和《本草纲目》为例对汉民族动植物的分类特点进行分析。

一、《尔雅》中动植物的范畴化

《尔雅》大约成书于汉代,是我国最早的一部解释词义的专著,也是第一部按照词义系统和事物分类来编撰的词典,"尔"是"近"的意思,"雅"是"正"的意思,在这里专指"雅言",即在语音、词汇和语法等方面都合乎规范的标准语。《尔雅》是以解释五经的训诂为主,通释群书予以的训诂汇编,全书收词语4300 多个,分为 2091 个条目。这些条目按类别分为"释诂"、"释言"、"释训"、"释亲"、"释宫"、"释器"、"释乐"、"释天"、

"释地"、"释丘"、"释山"、"释水"、"释草"、"释木"、"释虫"、"释鱼"、"释鸟"、"释兽"、"释畜"共 19 篇。《尔雅》前三篇是解释一般词语的，其作用类似于现在的语文词典，而后 16 篇根据事物的类别来分篇揭示各种事物的名称，其作用可以说是百科名词词典，古人认为学习《尔雅》可以"博物不惑"，增长各种知识。它是训诂学史上第一部脱离具体语境训释语词意义的专书，对后世辞书编纂影响很大，后世百科词典基本上承袭了这种体例。

《尔雅》后 16 篇百科汇编中关于自然知识有 12 篇，其中有关动物和植物的共占 7 篇，将植物分为了两类即"草"和"木"，动物则分为"虫"、"鱼"、"鸟"、"兽"、"畜"。从此书的编排顺序上看出，"草"、"木"、"虫"、"鱼"、"鸟"、"兽"、"畜"遵照了低等生物到高等生物的排列顺序，可以看出古人对世界的认知在当时已经具有了一定的科学性，不过《尔雅》中的动物和植物的分类比较粗糙，这是中国古代自然科学不发达造成的结果，也是汉族思维模糊性的体现。

《尔雅》首创了按意义分类编排的体例和多种释词方法，对后来的辞书的发展起了很大的影响，后来的很多辞书的编撰都采用了《尔雅》的体例，这些辞书的名称也多带有"雅"字，比如《广雅》、《埤雅》、《通雅》等。可以说《尔雅》这部辞书具有很大的代表性，其中对动物与植物的范畴化也成了古人对自然界认知范畴化的标准，晋代的陆机关于《诗经》中的动植物著述《毛诗草木鸟兽虫鱼疏》的分类，是符合《尔雅》的范畴的，《尔雅》对生物界的范畴化应该是对古代汉族人认知世界的范畴化的总结，反映了古代中国人朴素的分类标准，现在我们仍能见到很多"花鸟虫鱼"市场，可见这种朴素的分类方法反映了古代汉民族的思维特点。

二、《本草纲目》中动植物的范畴化

《本草纲目》是我国古代一本最为完备优异的药典，也是一本优秀的博物学辞书。这部著作的作者李时珍精研一千多本药典，订正古人的谬误，吸取古籍的精神，通过考察、实验、比较、品尝等科学的方法，历经近三十年的时间，将此书完成。这部书成就非凡，影响巨大，在国际上也有十多种译本，达尔文称它为"出版于一五九六年的古代中国百科全书"。

《本草纲目》全书共收录了中药1832种，共五十二卷，分为十六部（纲），六十二类（目）。李时珍把1832种药物分为十六部：水部、火部、土部、金石部、草部、谷部、菜部、果部、木部、服器部、虫部、鳞部、介部、禽部、兽部、人部。每一部又分若干类，共计62类。书中有植物1094种，动物443种，该书图文并茂，有药物图1109幅，堪称当时最完备的博物书。

李时珍把植物分为：草、谷、菜、果、木；动物分为：虫、鳞、介、禽、兽。《本草纲目》的分类方法比较先进，其凡例中说："今各例为部，首以水，次之以土，水、或为万物之先，土为万物之母也。次之以金、石，从土也。次之以草、谷、菜、果、木，从微至巨也。次之以服器，从草、木也。次之以虫、鳞、介、禽、兽，终之以人，从贱至贵也。"可见李时珍在生物界的分类是遵循了朴素的科学自然观，"其分类思想是从无机物到有机物，从无生命到有生命的动、植物；从简单到复杂；从低等到高等。"[①] 具体篇目中，每种动植物都根据它们的形态、生长环境、生活及生长习性以及用途来进行系统的综合分类范畴

---

① 中国植物学会编：《中国植物学史》，第70页，科学出版社，1984年。

化。与《尔雅》相较,《本草纲目》在动植物分类上更细致,也更科学,在研究方法上也更客观,如下表显示:

表 1-1

	《尔雅》	《本草纲目》
植物	草	草(十类)
	木	谷(四类)
		菜(五类)
		果(六类)
		木(六类)
动物	虫	虫(四类 相当于现代生物学上的昆虫,还包括一小部分两栖类)
	鱼	鳞(四类 相当于鱼类及爬虫类)
	鸟	介(二类 相当于软体动物的螺贝)
	兽	禽(四类 鸟类)
	畜	兽(五类 哺乳类)

认知语言学认为主客观相互作用对事物进行分类的过程为范畴化的过程,其结果就是认知范畴。范畴化的过程具有等级性的特点,人们认知世界的一个重要的认知层面是基本范畴,"在此层面上,人们的分类与客观主义的自然分类最接近,人们处理自然的事物最有效,最成功"[①]。在基本范畴之上还有上位范畴,基本范畴之下还有下属范畴,其中基本范畴是人们认知世界最直接也是最基本的层面。具有同样语言和文化背景的人,其基本范畴和范畴结构相对稳定,"动物"和"植物"相对于"生物"来说是基本范畴,但是在传统汉语中并没有普遍地使用这些词。

《尔雅》和《本草纲目》中对动物和植物的范畴化就是对各种动植物词汇的"正名"的过程,这种过程体现了汉民族的思维特点,即将各种事物归类,并给予名称,进而有利于人们对这些

[①] 赵艳芳:《认知语言学概论》,第58页,上海外语教育出版社,2005年。

事物的了解和把握。这两部著作对动植物词汇的范畴化具有相似性，《本草》虽然比《尔雅》更细致、更科学，但在基本思想上是一致的，即：朴素的科学认知观，都遵循从简单到复杂、从低等到高等的规律，可以说这也是古代汉民族认知世界的普遍思维科学性的体现。在范畴化的等级上，《尔雅》可以分为两个等级：上位范畴和基本范畴；《本草纲目》则是三个等级：上位范畴、基本范畴和下属范畴，列表也很清楚表明了这一点。据此可以看出，随着历史的发展人类对世界的认知更加复杂、更加科学。《尔雅》和《本草纲目》等书中还能看出汉族人思维的模糊性，在描述动物和植物的时候，作者因缺乏足够解剖学知识，因此有时动物与植物的分类不尽科学，比如《尔雅》中植物和动物的分类过于简单；《本草纲目》中一些物种的归类也不够准确，如虫部中包括一些两栖动物，介部中包括部分鱼类。李时珍虽然很重视对研究对象的考察，但是他仍然把某些传说中的动物和植物都列入书中，比如鳞部包括龙类九种。当然我们对古人不能求全责备，这两部著作对于生物学的贡献还是十分巨大。从《尔雅》与《本草纲目》的比较中我们可以明显地看到动植物的范畴较之以往更加细致、更加科学，人们的认知能力随着历史的发展在逐步提高。

通过以上分析，我们大致了解了《尔雅》和《本草纲目》中动植物词汇的范畴化的特点，这两部著作中对所列的各种词都有明确的归类，同一范畴的词汇普遍都有相同的部首，这种能指范畴化（即同一集合内的文字基本有相同的偏旁部首）和所指的范畴化（即相同的事物范畴化）有着很高的科学性，不仅有利于人们对汉语的学习，同时还有利于人们增加对同一范畴内的事物的了解。因此《尔雅》不仅仅是一部辞书，还是一部百科全书。同样，《本草纲目》除了对医学的贡献，也为人们贡献了一部更伟大的百科全书。辞书对包括动植物词汇在内的各种词汇进行归类就是汉民族"正名"思维的体现,而"正名"又是汉民族家族制度和政治制度的基础之一,这正体现了洪堡特所说的"语言是思维不自主的流射"。

沿流与演变：业隆话动词的使动式

尹蔚彬

"语言的沿流是有方向的。或者说，只有按一定方向流动的个人变异才体现或带动语言的沿流，正像海湾里只有某些波浪的移动才能勾画出潮流的轮廓。"① 语言里的动词有很多特性和特点，这些特点在语言结构上都会有所体现。众所周知，动词有自动与使动的差别，是藏缅语族语言中很普遍的一种语言现象。藏缅语族语言在表达这一语法意义时，整体上讲，主要使用语音屈折和分析形式两种手段。但涉及到具体的语言，其表现自动与使动意义的方式、方法又各有特点。所谓自动，所指动作行为，是由动作行为实施者本身发出的。使动，则指动作的执行，并不是动作执行者本身自愿、自觉执行的，而是由于其他外力的作用。从现有的语言材料看，藏缅语动词使动式的发展是沿着一定方向进行的，这种方向在某种程度上讲代表着语言的沿流。本文以藏缅语族语言业隆话为例，对动词使动式的演变进行分析说明。

一、语音屈折

业隆话中，语音屈折形式表示自动与使动的差别，主要有以下几种情况：

---

① 爱德华·萨丕尔著，陆卓元译：《语言论—言语研究导论》，第138页，商务印书馆，1997年。

沿流与演变：业隆话动词的使动式

1 浊辅音声母与送气清辅音声母的交替，前者表自动，后者表使动；例如：

自动	使动
bot^{55} 倒	p^{h}ot^{55} 弄倒、使倒
dzop^{55} 破	tɕ^{h}op^{55} 弄破、打破
bz̩ə^{55}（鞋带）散了、开了	p^{h}sə^{55} 解开/使散开
bz̩ət 断	p^{h}sət^{55} 剪断、使断

2 单辅音浊声母与复辅音清送气声母的交替，前者表自动，后者表使动；例如：

自动	使动
dzu^{r53} 站立	fts^{h}u^{r}ʂ^{53} 使站立
dam^{55}（树）倒	ft^{h}am^{55} 使（树）倒
dʑi^{55} 溶化	ftɕ^{h}i^{55} 使溶化
dʑom^{55} 集合	ftɕ^{h}om^{55} 使集合、使汇集

3 清辅音声母之间的交替，清音表自动，清音前加前置辅音 s- 表使动，例如：

自动	使动
na^{33}t^{h}o^{55} 降落	na^{33}sto^{55} 使降落
t^{h}e^{55} 喝	st^{h}e^{55}/sə^{33}t^{h}e^{55} 喂、使喝

4 声母韵母都发生变化，例如：

自动	使动
mu^{55}mu^{33} 动、摇晃	smu^{55}mut^{33} 使动
ju^{ʔ55} 完	sjuk^{55} 完成

上面几组例词说明，业隆话有些词以语音屈折形式区别自动与使动，我们把这种方法，看作是一种"构词法"，因为使用这种方法构成的词本身就能够表达一个概念，例如，bz̩ə^{55} "（鞋

带）散了、开了"与 pʰsə⁵⁵ "解开/使散开"就表达不同的意义。这种以构词手段区分动词自动与使动的方法，在业隆话中并不多见。在已经记录的 842 个动词中，仅有上述 12 对动词靠语音的屈折变化来表示自动与使动意义的区别，所以说，该方式在动词使动意义的表达方式中并不占据主导位置。

  藏缅语族中，几乎多数语言都有一些词，依靠语音屈折来区别动词的自动和使动。语音屈折主要表现形式有辅音清浊交替、送气与不送气交替、元音松紧交替等。语音屈折，在历史上可能曾经是一些语言表达自动和使动差别的主要手段，而在现今的藏缅语中，依赖于语音屈折区分自动和使动的词数量并不多，并且这种语音屈折形式并不可以任意类推，被应用到其他词汇上。在某种程度上讲，语音屈折仅仅停留在构词层面上，这种语音形式，很可能是早期藏缅语族语言依靠语音区分使动意义这一现象在今天藏缅语族语言中的遗存。事实上，这种语言现象在今大多数藏缅语族语言中，都或多或少的存在。例如，彝语（陈士林，1962）、羌语（黄布凡，1991）、缅语（戴庆厦，1990）、普米语（傅爱兰，1998）等语言中，都有靠语音区别动词自动与使动意义的现象，例如：

彝语	羌语	缅语	普米语	汉义
ge³³	(dɑ) ʁliə	tʃo⁵³	bzε²⁴	断
kʰe³³	(ɑ) χliə	tʃʰo⁵³	pʰzε²⁴	使断
bu³³				开
pʰu³³				使开
bi³³		btt⁵⁵dɑ²⁴		散开
pi³³		ptt⁵⁵tʰɑ²⁴		使散开
dzɿ³³	(dɛ) bɹɛ	koi⁵³	də²⁴	破
tʂɿ³³	(tɛ) bɹɛ	kʰoi⁵³	tʰə²⁴	使破
gu³³		tʃauʔ		怕
ku²²		tʃʰauʔ		使怕

  不仅今天的藏缅语中有这种现象，就是在有资料可考的古代

藏缅语中也存在这类语言现象,比如古代藏语(金鹏,1956)的使动范畴就是靠语音屈折体现的,例如:

浊声母表自动,清声母表使动,ɦdzag(滴)—btsag(使滴)byuŋ(出来)—pʰyuŋ(使出来)

送气声母表自动,不送气声母表使动,ɦkʰol(沸)—bskol(使沸)cʰad(断)—bcad(使断)

带前置辅音 s-的语音形式表使动,不带 s-的表自动,laŋ(起来)—slaŋ(使起来)nyal(躺、睡)—snyal(使躺、使睡)

古藏语中存在语音交替形式的现象说明,语音屈折是古代藏缅语区别自动与使动意义的一种方式。但是,随着语言自身的不断发展演变,语音屈折形式,发展到今天已经逐渐被其他形式取代。

二、语音屈折与分析形式共存

自动与使动意义的表现形式,在语言漫长的发展过程中应该是连续的,我们透过一些语言现象,能深刻领悟到这一点。在今藏缅语中,以语音屈折形式出现的使动词,数量少且不能产,一方面导致词汇的生命力减弱,其主要表现就是通过语音屈折表自动与使动意义词的数量在逐渐变少,使用频率降低;另一方面受这类词本身语音和语义的限制,该语言形式越来越不足以表达句中各个成分之间的关系,在此情况下,其他表达方式势必要担当此责任,于是在部分藏缅语族语言中就出现了语音屈折和分析形式共存来表现自动与使动差别的语言现象。以拉坞戎语业隆话为例,就现有材料而言,业隆话中,有少数动词在表自动和使动意义时,语音屈折与分析形式并存。以 dʑi⁵⁵ "溶化"和 ftɕi⁵⁵ "使溶化"为例:

(1) ʂpʰam⁵⁵　li³³—　　　 dʑi⁵⁵se³³．冰化了。
　　冰　已行体前缀—溶化助词
(2) sə³³—ɕki⁵⁵za³³ ʂpʰam⁵⁵　sə³³—dʑi⁵⁵．加热，使冰溶化。
　　使动前缀—加热连词冰使动前缀—溶化
(3) ʂpʰam⁵⁵　li³³—　　　ftɕʰi⁵⁵　se³³．（他）使冰化了。
　　冰　已行体前缀—使溶化　助词

dʑi⁵⁵"溶化"和ftɕʰi⁵⁵"使溶化"，本身能区别自动和使动，但在如今的业隆人口中sə³³—dʑi⁵⁵与ftɕʰi⁵⁵的并用，说明原来依靠语音屈折对立表达使动意义的词，正在向使用分析形式过渡。这种过渡，是一个慢慢变化的过程，同时也是不以人的意志为转移的。也就是说，藏缅语动词使动式的发展沿流逐渐在形成一种趋势，这种趋势使得分析形式不可避免地向前发展，最终将语音屈折形式排挤到沿流的边缘，分析形式逐渐成为使动式发展的主流。

另外一个比较有趣的语言现象是，在有些藏缅语中，包含使动意义的词，在表达他动意义时仍需要在使动词前或后加表使动意义的语言成分。以业隆话中的使动动词ftɕʰi⁵⁵"使溶化"为例，比较下面的两个句子在语义上的差别：

(4a) ŋɵ⁵⁵　ji⁵⁵　maʲʂ⁵⁵　ftɕʰu—　ŋ⁵⁵．我化油。（我主动去做）
　　　我　施助　油　使溶化—单后缀
(4b)　　ŋɵ⁵⁵　　　maʲʂ⁵⁵　　　sə³³—　　ftɕʰu—
　　　　我　　　　油　　　使动前缀—　使溶化—
ŋ⁵⁵．让我化油。（我化油，别人让我去做）
单后缀

(4a)句子中，使动意义是由主语发出的，也是由主语直接去完成的，使动意义的发出与执行处于同一层次；而在（4b）句子中，使动意义的发出者与执行者是处在不同的层次上。业隆话使动动词，能够出现在使动意义的前缀sə-后面表达连续使动的意义，这说明业隆话中的使动词同非使动词一样，与表使动意义的 sə 前缀联用,表示特定的使动意义。同样的语言现象还存在于彝语、景颇语、载瓦语等其他语言中。载瓦语,表使动的分析形式是在自动词前加表使动意义的成分 lo$\mathrm{?}^{55}$ "弄、搞","不过,用语音交替构成的使动词,有不少还能再加 lo$\mathrm{?}^{55}$,两种形式加在一起表使动意义。"例如:①

自动	使动
pju$\mathrm{?}^{21}$ 消失	phju$\mathrm{?}^{21}$ 或 lo$\mathrm{?}^{55}$ phju$\mathrm{?}^{21}$ 使消失
ŋun^{21} 下垂	ŋun^{21} 或 lo$\mathrm{?}^{55}$ ŋun^{21} 使下垂

　　使动词前仍能添加表使动意义的语言成分,这种现象的存在,我们是否可以理解为,藏缅语历史上有某一段时期,语音屈折和分析形式是语言内部表自动和使动差别的两股沿流,在漫长的语言历史长河中,他们沿着各自的轨迹一路前行,时而平行时而交叉,时而合在一起,因为他们有着共同的目标,即表达自动与使动的差别,正是共同的目标,导致这两股原本按各自轨迹前行的沿流,在奔向目的地过程中不期而遇,于是就出现了上述语言现象。在此,本文着眼点在于语言表自动和使动的发展趋势,不想探究哪种形式是先出现的,哪种形式是后起的,"有时候我们能感觉到沿流会把我们带到哪里去,即使是在和它挣扎的时候也能这样。"② 从这个角度讲,使用分析形式表达使动意义是藏缅语族语言动词使动式发展的趋势。

三、沿流的特点:分析形式表使动

　　多数藏缅语的动词,虽然通过语音的屈折能够区分自动与使

---

① 马学良主编:《汉藏语概论》,第 396 页,民族出版社,2003 年。
② 爱德华·萨丕尔著,陆卓元译:《语言论—言语研究导论》,第 139 页,商务印书馆,1997 年。

动,但是,分析形式在如今的语言中已渐成为主流。分析形式主要是在自动词前或后添加一个表示"致使、做"等意义的动词或语法成分来表示使动。在自动词前面添加语言成分的有嘉戎语、拉坞戎语、载瓦语等;在动词后面添加语言成分的有藏语、羌语、道孚语、阿昌语等。分析形式是一种能产的使动意义的表达形式,只要动词的词义,在语法以及语用习惯上允许它有使动意义的存在,都可以在其前或后添加相应的语言成分来表达使动意义。例如:前缀 sə-是业隆话中一种能产的使动意义的表达形式。几乎所有的动词都能通过在其前面添加词缀 sə-来表达使动意义。使动意义前缀 sə-不仅可以出现在单音节动词前,还可以出现在双音节和多音节动词前。例如:

自动词	汉义	使动词	汉义
ndzoʔs^{55}	学习	sə^{33}—ndzoʔs^{55}	使……学习
rat^{55}	学习	sə^{33}—rat^{55}	使……写
ɣdoʔ^{55}	打(人)	sə^{33}—ɣdoʔ^{55}	使……打(人)
dzə^{55}	吃(饭)	sə^{33}—dzə^{55}	使……吃(饭)
ra^{33}ma^{55}	干活	sə^{33}—ra^{33}ma^{55}	使……干活
ɣdze^{55}dze^{53}	粘	sə^{33}ɣdze^{55}dze^{33}	使……合拢

再比如,在今藏语拉萨话中,使动动词比较普遍的表示法是,在非使动词之后加 ru^{13}tɕu^{51} 或 tɕu^{51} 表示,tɕu^{55} 有"放、装、安置、干涉"等意思。例如:

自动词	汉义	使动词	汉义
sa^{13}	吃	sa^{13}ru^{13}tɕu^{51}	使……吃
ȵi^{51}ku^{51}	睡	ȵi^{51}ku^{55}tɕu^{51}	使……睡

总体上讲,多数藏缅语族语言采用分析形式表使动,尽管在该语言中可能存在语音屈折形式,任何一个语言在表自动与使动

意义时都不是单纯使用一种手段,而是语音屈折与分析形式并用。"沿流上的任何新特点,最后都会成为共同接受的言语里不可少的一部分,但在很长一段时间里,它可能只作为少数人(也许是让人瞧不起的少数个人)言语里的一种趋势而存在。"[①] 业隆话甚至是整个藏缅语族语言的使动式在其发展过程中,同样都经历了这样的一个过程。如果说语音屈折与分析形式并存是动词使动式发展过程中的新特点,那么分析形式被大量地使用并推广到使动词中去,无疑是分析形式成为主要沿流的先兆,而今,分析形式是藏缅语族语言内部最能产、最普遍、最大量的形式,这种形式代表了语言发展的方向。

[①] 爱德华·萨丕尔著,陆卓元译:《语言论—言语研究导论》,第139页,商务印书馆,1997年。

蒙古语中古老的内部屈折构词法探析

格根哈斯

构词法在任何语言中都占有十分重要的地位,是语言研究的重要领域之一。一般来说,一种语言的构词特点与该语言的类型特征不无关系,如属于阿尔泰语系蒙古语族的现代蒙古语一般多采用附加后缀的方法构词,属典型的黏着语。但综合分析蒙古语构词法的历时演化轨迹,我们不难看出,古代蒙古语曾经采用过内部屈折的方法构词。这种现象证实了蒙古语构词法的历史演化中曾出现过浑沌学中所说的分叉现象。本文试运用浑沌学理论对蒙古语中存在的内部屈折构词法予以挖掘整理和探索,并求教于方家与读者。

一

内部屈折是通过改变词中语素的部分语音来表示语法意义或词汇意义的一种方式,又称语音交替或音位交替。内部屈折法不同于附加词缀,后者不改变词根或词的内部语音,而是附加另外的语素,前者改变词或词中语素的内部语音,而不附加另外的语素。有的语言学研究者认为,内部屈折是在很多民族语言中曾经常用的一种古老的构词法。

内部屈折的作用在不同的语言中有所不同。从历史的角度观察,语音交替法曾是上古蒙古语(13世纪以前)中积极的、能产的构词法。但现代蒙古语中是非能产的构词方法。关于上古蒙古语内部屈折构词问题，蒙古语言学界以前注意的人很少，而且研究工作未曾深入。另外，以后在这个研究领域想取得新进展，首先要掌握丰富的语言材料，其中包括阿尔泰语系诸语族语言以及蒙古语方言材料。目前在这个研究领域遇到的最大的难题是没有 13 世纪以前的蒙古语文献材料。因此，研究工作只能靠亲属语言和活的语言材料。

二

虽然在现代蒙古语中内部屈折已不是一种构词方法，但它在很多词中作为一种古老的构词方法被保留了下来，并且这些词在基本意义上有联系的。下面我们具体讨论现代蒙古语中保留的内部屈折法痕迹问题。①

（一）从涉及的词类来看：
1. 名词：
caga（白食）—cege（奶酒）
aha（哥哥，长者）—ehe（母）
ebuge（祖父）—emege（祖母）
nara（日）—sara（月）
soyoga（芽）—suyuge（幼芽）
garvdi（凤）—gerudi（凰）
arslan（狮子）（母的）—erslen（狮子）（公的）
horiya（围墙）—huriye（围墙）
sagaldvrga（扣绳）—segeldurge（绳圈）等等。

---

① 论文中的例子引自《蒙汉词典》，内蒙古大学出版社，1999 年。论文中的音标引用了《云龙国际音标输入法》。

2. 形容词：

ere（公）—eme（母）

cagan（白）—cegen（浅白）

cagahan（白）—cegehen（浅白）

cagabtvr（白）—cegebtur（浅白）

henxihun（烤煳的）—hvŋxigvn（燎煳的）

togvrig（圆）—tugurig（圆）

sagsagar（毛茸茸）—segseger（松软的）

saglagar（毛茸茸）—segleger（松软）—sugleger（松软的）

sarbagar（参差不齐）—serbeger（参差不齐）等等。

3. 动词：

andagvrahv（搞错）—endegurehu（弄错）

dabxihv（前进）—debxihu（上升）

gatvlhv（克服）—getulhu（跋涉）

xihahv（拥挤、砌）—hasihv（挡、砌）

tuxihu（依靠、依赖）—xituhu（信赖、崇拜）

sajihv（摇摆）—sejihu（挑）

arbaihv（张开）——erbeihu（张开）—urbeihu（张开）

sarbaihv（伸出）—serbeihu（伸出）等等。

4. 副词

tes（崩开）—sete（断破）—tasu（断开）等等。

（二）从语音交替的形式来看：

1. 可以分内部语音一处交替和多处（大多数情况为两处）交替两种。

（1）一处交替的例子：

aha（哥哥，长者）—ehe（母）

caga（白食）—cege（奶酒）

ere（公）—eme（母）
nara（日）—sara（月）等等。
(2) 多处交替的例子：
dabxihv（前进）—debxihu（上升）
soyoga（芽）—suyuge（幼芽）
gatvlhv（克服）—getulhu（跋涉）等等。
2. 还可以分为元音交替和辅音交替
(1) 元音交替的例子：
aha（哥哥，长者）—ehe（母）
tes（崩开）—tasu（断开）
sete（断破）—tasu（断开）
caga（白食）—cege（奶酒）
dabxihv（前进）—debxihu（上升）
soyoga（芽）—suyuge（幼芽）
gatvlhv（克服）—getulhu（跋涉）等等。
(2) 辅音交替的例子：
ere（公）—eme（母）
nara（日）—sara（月）
tes（崩开）—tasu（断开）
sete（断破）—tasu（断开）
xihahv（拥挤、砌）—hasihv（挡、砌）
tuxihu（依靠、依赖）—xituhu（信赖、崇拜）等等。

在现代蒙古语中这样的例子很多。如仔细探究还可发现，这些以内部屈折法构成的词虽然由于语音的交替构成另外一个词，但它们之间存在着词义上的紧密的联系，也就是这些词有共同义位。如，aha（哥哥）—ehe（母），它们的共同义位是亲属称谓，但aha（哥哥）指下一辈的男人，ehe（母）指上一辈的女人。nara（日）—sara（月），它们的共同义位是从地球上能够清晰看到的两大天体，不同义位是 nara（日）指太阳，sara（月）指月亮；dabxihv（前进）—debxihu（上升），它们的共同义位是都指移动，但 dabxihv（前进）指向前移动，debxihu（上升）指向上移动；tuxihu（依靠、信赖）—xituhu（信赖、崇拜）它们的共同义位是靠，但 tuxihu（依靠）表示较具体意义，xituhu（信赖、崇拜）表示的是较抽象的意义，如精神上依靠等。

三、结　论

综上，我们可得出如下结论：首先，在上古蒙古语中内部屈折法很可能是最常见的一种构词方式。其次，这些用内部屈折法构造的一组词中有一个肯定是后形成的，但哪一个是后形成的，目前我们无法给确定的答案。但有一部分词的形成问题，我们可以做一些猜测性的结论，如 tuxihu（依靠）—xituhu（信赖、崇拜）一组词中 tuxihu（依靠）一词先有，而 xituhu（信赖、崇拜）一词在其后形成，理由是人类语言中的抽象词的产生晚于具体词。各种研究表明古人形象思维较发达，而抽象思维方面远远不如现代人。再次，在蒙古语发展进程中由于种种原因，该构词法逐渐被其他构词法代替，最终彻底被淘汰。

通过研究发现，内部屈折现象的衰退是全世界语言中存在的一个普遍现象，也是人类语言演变的普遍规律。我们认为内部屈折法符合人类语言的经济原则，是最节省的构词法。该构词法在蒙古语中的消失，表明在漫长的历史进程中蒙古语同样经历了较复杂的演变过程。

初始与分叉：达斡尔族姓氏的历史演化

丁石庆

达斡尔族的姓氏制度始自清初。这种姓氏制度与达斡尔族及满族的文化关系息息相关，其演化进程可以说首先受到满族文化的深刻影响，其后又受到汉文化的渗透。现代达斡尔族的姓氏系统保留了达斡尔族传统文化的遗迹，但更是对满汉文化的部分复制。从达斡尔族姓氏形成、演化进程中可窥探其与满汉文化的交流，同时也可具体考察该系统浑沌演变的轨迹。

一、姓氏的初始态

1. 初始态之一：世居地的山川河流名称

达斡尔族姓氏初始态与达斡尔族早期居住环境密切相关。达斡尔人传统居住方式以依山傍水、同氏族聚集著称。16世纪前，达斡尔族居住于黑龙江北岸时，总体上虽然已经进入到了封建社会时期，社会结构已经表现出突出的以父系氏族为中心的家庭血缘组织关系，但还没有形成系统。而自清初与满族接触之后，尤其是南迁至嫩江流域之后，由于居住地域邻近满族地区，随着与满族文化交流程度的加深，姓氏系统初具体系。由于借用女真的哈拉、莫昆氏族名称，达斡尔族内部也形成了哈拉和莫昆氏族形式。根据相关资料，哈拉（xal）为古老的氏族集团名称，莫昆（mokon）则是由哈拉分化出来的在血缘关系上更近的新氏族集团，或称女儿氏族集团。其含义有不同说法，多数学者认为，"哈拉"可能具有"河谷"、"山沟"等意思。"莫昆"又记作"谋克"、"谋昆"等，原为女真语的行政组织名称，其辖五十户至五百户居民。①

根据有关资料推算，达斡尔族聚居在黑龙江上、中游流域时期的人口约为5万人。② 其中包括萨哈连、库尔喀、萨哈尔察和索伦等4个部落集团，拉布凯、达萨乌勒、贵古达尔、班布莱、托勒嘎、巴尔达齐、郭布勒、索勒根、博堪、道布图勒等十几个部落。这些部落包括南迁嫩江流域之后沿袭的达斡尔族敖拉、郭布勒、鄂嫩、莫尔登、沃日、乌力斯、何斯尔、毕力杨、苏都尔、阿尔丹、托木、德都勒、精克日、卜克图、胡尔拉斯、克音、鄂尔特、讷迪、索多尔、瓦然、卜库尔等30个左右的哈拉以及至少60多个莫昆。

达斡尔族的哈拉、莫昆的名称反映了达斡尔族先民与所处"特定"的自然环境的关系，从史料记载和达斡尔族哈拉、莫昆名称的含义等来看，它们主要来源于居住地的山川地名。③ 如来自于山名的哈拉名称有：敖拉（aol）、卜古勒（buguul）、达呼尔（daxur）等；来自于河流名称的哈拉名称居多：阿勒丹（aldan）、额斯日（əsər）、毕日杨（birijan）、莫日登（mərdən）、鄂勒特（ələt）、沃日（wəər）、克殷（kəjin）、乌力斯（ulis）、鄂嫩（onoon）郭布勒（gobol）、托木（toom）、精克日（ʤinkər）、苏都日、杜拉尔（dular）等。

---

① 卜林：《达斡尔族的"哈拉"和"莫昆"》，载《达斡尔资料集》（第二集），民族出版社，1998年。

② 沈斌华、高建纲：《中国达斡尔族人口》，第37页，内蒙古大学出版社，1998年。

③ 卜林：《达斡尔族的"哈拉"和"莫昆"》；敖拉·乐志德：《关于达斡尔的社会组织中的哈拉、莫昆等方面的构成及对发展变化的分析探讨》，均载《达斡尔资料集》（第二集），民族出版社，1998年。

另外，一部分莫昆的名称也与山川地名有关，如瓦日格（wargə）、色布克（səbuki）、乌如克（urukə）、塔哈日（taxar）等。与达斡尔族早期居住过的城屯名称有关的哈拉、莫昆名称有：雅尔赛（jaras）、多金（doʤin）、何斯日（xəsur）、海伦（xailəŋ）、沃勒（wəər）、克殷（kəyin）、德都勒（dəədul）、噶日达苏（gardaas）、乌力斯（ulis）、阿协津（aXiəʤin）、昆吉（kunʤi）、郭布勒（gobol）、瓦然（waran）、卜迪（budi）等。

达斡尔语中的一些熟语也反映了达斡尔族强烈的哈拉、莫昆氏族观念。[①] 如：木重有本，人重祖先。水重有源，人重氏族/达斡尔族世居黑水之北，男性血缘所居山地河流名称得姓氏/先辈不忘记本源，氏族家谱遗留后世/历史名称雅克萨，敖拉氏族发祥地/天然要隘乌鲁斯穆丹湾，乌力斯哈拉在这里发展/芳醇甘泉鄂嫩河，鄂嫩哈拉原住地/碧绿的郭贝勒阿彦，郭贝勒哈拉原住地/平稳的精奇里江，金哈拉原住地/从祖先的时候起，把异姓合拢起来/氏族是氏族，树木是树木。

最早的哈拉形成了达斡尔族的制度文化以及家庭关系图谱，而莫昆名称则一般都与哈拉名称有关，有些莫昆名称与哈拉名称一致，并同哈拉名称一样也都反映了达斡尔人所处的自然环境。这个时期的姓氏以全称形式为主，但在这个时期的人名的命名系统中则并没有体现出来。

二、姓氏的演化态

1. 演化态之一：满洲化

自清中期以后，达斡尔族的姓氏系统开始出现了变化，其

---

① 娜日斯：《达斡尔鄂温克鄂伦春谚语精选》，内蒙古文化出版社，1993年。

中，最突出的是接受满族文化的影响开始在人名中冠以哈拉或莫昆的全称作为姓氏。尤其是清代达斡尔族地区满文学堂的建立加速了这一进程。

自17世纪初开始，清朝统治者陆续在达斡尔族中设置八旗制度，并在17世纪末叶逐渐在达斡尔族聚居的黑龙江地区设立八旗满文学堂。随着满文学堂与私塾的设立，以及达斡尔族民间满语文的逐渐普及，达斡尔族的姓氏满洲化历程经历了一个从模仿到融会贯通的阶段。满族传统文化的特点之一是称名不举姓，"称名不举姓，人则以其名之第一字称之若姓然。"① 但后来满族受汉族姓氏文化的影响而逐渐开始实行以山川地名为姓氏，并逐渐成为一种新的时尚。如满文创制者达海"先世居觉尔察，以地为氏。"② 清太祖名将雅希禅"先世居马佳，以地为氏。"③ 乾隆时武英殿大学士来保，其先世"于明中叶迁于长白山喜塔拉地方，践土而居，因以为氏。"④ 据清代史料记载，满族八旗姓氏近700个姓氏中的绝大部分都取自满族先民居住地的地名或部落名。达斡尔族以哈拉、莫昆的名称作为姓氏应该属于这个时期的产物。这个时期大约是在清中期以后，达斡尔族模仿满族姓氏以哈拉、莫昆的全称作为姓氏，如：敖拉、郭布勒、杜拉尔、乌力斯、沃日、何勒图、萨玛格热、多金、卜克图等。此外，这个时期，达斡尔族还借入了满族的某些哈拉名称，如：扎拉日、瓜尔佳、祁布祁日、墨尔哲、鄂济等。这些哈拉名称大致是在清代中期以后逐渐进入达斡尔族中的。

---

① 吴振棫：《养吉斋丛录》，卷1页3。
② 清史稿，228页。
③ 清史稿，229页。
④ 喜塔拉氏谱·序。

2. 演化态之二：——汉化

清末前后，由于达斡尔族与汉族发生了广泛的直接接触，达斡尔人也同样遇到了最初与满族文化直接接触后姓名系统的调适与重构等问题。达斡尔人所遇到的一个问题就是达斡尔族的姓氏与汉族姓氏的调适和达斡尔族姓名文化的重构问题。对此，达斡尔人经过调适，采用了以下几种方法对达斡尔族的姓氏进行了部分调整，以适应汉语文化环境，达斡尔族姓氏的"汉化"一般主要采用以下方法，具体可分为几个步骤：首先是简化姓氏，使姓氏更接近汉姓，也就是说，从过去的较长的哈拉、莫昆名称改为与大多数单字汉族姓氏接近的相应形式，这种方法我们暂称作"首尾音谐音取字法"。这种方法是保留达斡尔族哈拉或莫昆全称的首音节或尾音节，并按其谐音取相应的同音或近音汉字。如：

哈拉	莫昆	首音节	尾音节	谐音汉字
aol	aol	ao		敖、山、单
	doʤin	do		多
	jars	ja		阎
	sodur	so		索、苏
	kərʤəə	kə		何
mərdən			mə	莫、孟
	saŋar	saŋ		苍
	sandatʃ	san		苍
	tʃonloo	tʃon		苍
	xələg			
tom			to	陶
	tutʃin	tu		陶
	waran			乔

续表

哈拉	莫昆	首音节	尾音节	谐音汉字
əsər		ə		鄂、
	xəsər	xə		何
wor	wor	wo		沃
	dʒam	dʒam		张
onon		o		鄂、敖、吴、欧
dʒinkər		dʒin		金
aldan		a		阿、安
ələt		ə		鄂
xurlas		xu		胡、康
nədi		nə		讷
bukətu		bu		卜
sudur		su		苏
uran		u		吴
sodur		so		索
ulis		u		吴
gobol		go		郭
dədul		də		德
bilijaŋ			jaŋ	杨

另一种方法是首先将达斡尔族的哈拉与莫昆的名称的含义译成与汉语相对应的词,然后根据这一词的谐音取字,这种方法我们暂称作"词义谐音取字法"。如

哈拉、莫昆名称　　汉义　　　汉语相应词　谐音汉字
aol　　　　　　　　山　　　　şan　　　　　单、山
waran　　　　　　　巧妙的　　tɕʰao　　　　乔

以上两种方法都使达斡尔族的姓氏在表现形式上与汉族姓氏

接近或基本一致,但在本质上或在文化内涵上却"形似神异",也就是说在这些达斡尔族姓氏的"汉化"过程中达斡尔人既巧妙地适应了汉语文化的"特定环境",又没有失去达斡尔族母语文化的个性,从而完成了达斡尔族姓氏的"汉化"。

3. 演化态之三:借汉姓

除了以上两种方法以外,某些地区的达斡尔人还直接借入了部分汉族姓氏,如张、陶、白、邵、富等。

此外,还有一部分达斡尔族以雇主家的姓氏为姓,如:王、李、刘等。

4. 演化态之四:无姓氏

由于历史的原因,达斡尔族以大分散、小聚居的居住格局分布于我国。其中,以内蒙古自治区莫力达瓦达斡尔族自治旗与海拉尔地区、黑龙江省齐齐哈尔梅里斯达斡尔族区、新疆塔城地区为主要聚居区。布特哈、齐齐哈尔、海拉尔、新疆四个方言区的达斡尔族之间由于受邻近不同民族文化的影响而产生了某些亚文化差异。其中,达斡尔族传统姓氏在姓名系统中的反映不尽相同。如新疆达斡尔族迁居新疆已有近两个半世纪了,虽然内部具有较强的哈拉、莫昆的意识和传统观念,但在姓名系统中则很少反映。我们在新疆达斡尔族姓名系统中可看到取"金"姓的并非"精奇里"哈拉人,取"孟"姓者也非"莫日登"哈拉人,更多的新疆达斡尔族的姓名具有较大的随意性。这可能与新疆达斡尔族长期与突厥民族接触,并逐渐受到其文化影响,但突厥民族的姓氏系统与满汉姓氏系统完全不同相关。突厥民族实行的是父子联名制度。但这套系统也未进入到新疆达斡尔族姓名系统中,反而在该地区的达斡尔族姓名系统中出现了许多采用突厥语命名的人名,如:

ʤamanqazaq 加曼哈扎克 tatubai 塔图拜 muxtar 木合塔尔

再拿海拉尔地区的达斡尔族来说也是这样。该地区的达斡尔族由于长期与蒙古族、鄂温克族等主要从事游牧生产的草原民族接触与交往，这些文化的影响使得该地区的达斡尔族的姓名系统中出现了许多蒙古语人名，如：阿拉坦巴图、蒙和苏荣、蒙和巴雅尔、恩和赛音、达来巴图尔、额尔登扎布、道尔吉、巴彦达来、哈斯额尔敦、乌力吉、额尔登、哈斯格热勒、哈斯额尔德、那顺、蒙和、卓日格巴图、那仁满都拉、宝音达来、萨吉拉呼、苏和、毕力格、布仁等。

三、分　　析

以上达斡尔族姓氏的历史演化轨迹可大致图示如下：

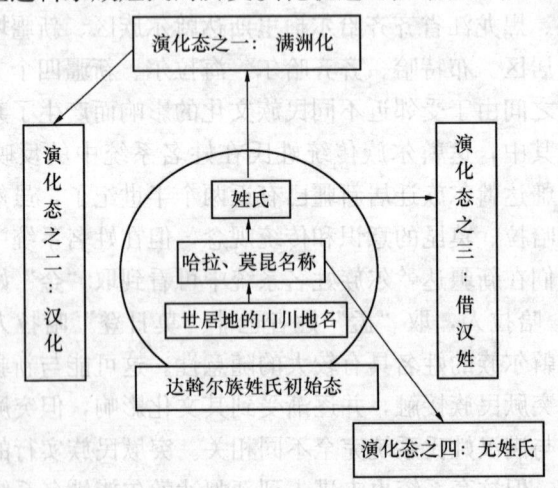

```
        ┌──────────────────┐
        │ 演化态之一：满洲化 │
        └──────────────────┘
                 ↑
   ┌──┐      ╭───────╮      ┌──┐
   │演│      │ 姓氏  │      │演│
   │化│      ╰───────╯      │化│
   │态│      ┌─────────┐   │态│
   │之│      │哈拉、莫昆│   │之│
   │二│      │ 名称    │   │三│
   │：│      └─────────┘   │：│
   │汉│      ┌─────────┐   │借│
   │化│      │世居地的 │   │汉│
   │  │      │山川地名 │   │姓│
   └──┘      └─────────┘   └──┘
        ┌──────────────────┐
        │达斡尔族姓氏初始态│
        └──────────────────┘
                      ↓
              ┌──────────────────┐
              │演化态之四：无姓氏│
              └──────────────────┘
```

分析说明：

1. 如果将达斡尔族姓氏系统作为一个整体来看，那么，达斡尔族哈拉、莫昆名称应被看作是其初始态。该系统的最初形态实际上是达斡尔族世居地黑龙江北岸的山川地名、与此同名的达斡尔族哈拉、莫昆名称、姓氏三位一体的复合体。也就是说，达斡尔族的姓氏系统初始态本身就是一个几个方面叠加的体系：姓氏来源于各哈拉、莫昆组织名称，而各哈拉、莫昆名称又源自祖先世居地的山川地名。其本身就具有浑沌性质。

2. 达斡尔族姓氏的满洲化是达斡尔族姓氏演化史上的第一个分叉，它真实地记录了达斡尔族与满族的民族关系发展轨迹，反映了清代达斡尔族受满族文化影响的一个侧面。

3. 达斡尔族姓氏的汉化是达斡尔族姓氏演化史上的第二个分叉，这是基于满洲化基础上的演化形态，其反映了受到满族文化的直接影响同时以其为媒介受到汉族文化影响的另一特殊历史事实和文化演化的另一侧面。

4. 借汉姓是达斡尔族姓氏演化史上的第三个分叉，反映的是清末后达斡尔族直接受到汉族文化影响的历史事实。

5. 演化态之四的无姓氏看似属于达斡尔族姓氏原生态特征之一，但其性质、社会功能等与初始态的姓氏系统有很大的不同，另外，从历史演化时间上也属晚期形态，系达斡尔族姓氏系统演化的第四个分叉。这种形态目前仅存于如新疆、海拉尔等达斡尔族地区。

综上，达斡尔族姓氏的历史演化轨迹是一个由多重因素叠加而成的复杂系统，运用浑沌学理论加以分析还可从中挖掘更多的内容。

从浑沌学视角透视英汉字词中的性别文化

王显志

一、引　言

在人类社会发展进程中，性别歧视现象由来已久，时至今日，对女性的性别歧视仍渗透于社会文化的各个方面。而语言是社会的一面镜子，是文化的凝聚体，存在于社会中、隐含于文化里的性别歧视现象必然在语言中有所表现。近20年来，语言中的性别歧视现象受到广泛关注，其中孙汝建（1997）、杨永林（2004）、孔庆成（1993）.等学者的研究成果较有影响。但是，这些研究仅局限于对某一具体语言（往往是英语）的分析，缺乏普适性，更罕见理论上的深透解释。

英语和汉语来自于不同的历史文化背景，分别代表着东西方两种迥异的文化类型。性别歧视意识在这两个不同的符号系统中发生物化的表现会不会也存在一定差异呢？

作为语言的书面形式，文字"和民族的认知特点、思维模式往往有着内在的一致性，……已经成为民族文化特质的标志和表现"[1]。英汉语言的文字系统是否会反映出东西文化不同的性别歧视文化呢？

---

[1] 张公瑾、丁石庆主编：《文化语言学教程》[M]，第82页，北京：教育科学出版社，2004年。

兴起于20世纪80年代的浑沌学是"一门以直观、以整体为基点来研究浑沌状态、浑沌运动的复杂规则性的学问[①]"。这门学科最适合于研究事物的复杂性、不确定性、无序性、随机性。而语言与文化的关系纵横交织、错综复杂，浑沌学理论能不能用来解释英汉字词中的性别歧视文化呢？

二、数据收集

Fromkin & Rodman强调词典可以反映社会态度。因此，为了保证研究的实证性、代表性和可信度，本研究选择英汉两种语言的权威工具书作为语料来源，对英语的研究采用从《牛津高阶英语词典（Oxford Advanced Learner's Dictionary）》收集的全部251组"性别词"；对汉语的研究采用从《现代汉语词典》收集的全部172个"女旁字"及30个"阴"、"阳"、"雌"、"雄"组成的词语。

三、英语词汇中的性别歧视研究

《牛津高阶英语词典》共收英语词条57，100个，可以保证研究具有统计学意义。本研究采用英语词汇性别歧视研究的一贯方法——"-man词汇研究方法"，将《牛津高阶英语词典》中所有以-man结尾的英语合成词收集到一起，挑选出所有有可能在语义上反映性别对应的单词，例如actor/actress（演员/女演员），

[①] 张公瑾：《文化语言学方法论课堂讲义》，北京：中央民族大学，2008年4月9日。

anchor man（主持人）/…… 另外，收集了词典中明确表明是性别歧视词的所有词条。这样，建立了一个由 251 对（个）英语"性别词"和"性别歧视词"构成的语料库，作为本研究的语料依据。

3.1 数据分类

通过对这些语料的梳理、分类，发现这些语料可以分为以下五个类型：

第一类（简称 E_1 类），词形男女对应词有 101 对。这类词都是成对的，具有同样的指称意义，只不过一个用来指男性，另一个用来指女性，例如，king/queen; prince/princess; sportsman/sportswoman; statesman/stateswoman; usher/usherette 等等。

在这 101 对词形对应词中，有 14 对的词义解释是非对称的（non-reciprocal interpretations）。例如，call-girl: prostitute who makes appointments by telephone（电话应招妓女），callboy: a boy who tells actors when it is time for them to go onto the stage（舞台叫场男童）。

第二类（简称 E_2 类），显男隐女非对称词。这类词是单个的，只有用来指称男性的词，而没有用来指称女性的对应词。一共有 114 个。例如，anchor man/（主持人）; kingdom（王国）; sportsmanship（体育道德；竞技精神）。

第三类（简称 E_3 类），显女隐男非对称词。这类词也是单个的，只有专指女性的词，而没有用来指男性的词，这类词一共有 19 个。例如，air hostess（空姐）; street-girl（街头妓女）等等。

第四类（简称 E_4 类），性别歧视标识词。这类词在《牛津高阶英语词典》中被明确标识为性别歧视词，这类词共有 10 个，如 career girl/career woman（职业女性）; lay（性伙伴），这类词无一例外均指向女性，没有用来指男性的对应词。

第五类（简称 E_5 类），物质词有 7 个。这类词虽然有构词成分-man，但是都指具体事物，不用来指人，例如，chessman（棋子）；walkman（随身听）等等。

3.2 数据分析

通过对英语语料库的分析，可以看到性别歧视意识在英语词汇中有明显体现。

在这 251 对（个）英语词汇中，虽然有 101 对是男女对应词（E_1 类），但是这些词形对应词，也是性别歧视的，具体表现为：用来指女性的词都是有标记性的（marked），是在男性词基础上加上－ess，-ette 等粘着词素构成的，而且这些词素都含有"细小，卑微，微不足道"等贬义。另外，从语义上，这些词也不是平等对应的，男性词往往具有中性或褒义语义，而女性词往往被赋予贬义甚至色情语义。Master 这个"大师，主人"如何能和 mistress 那个"情妇"对应呢？英国 Elizabeth 二世这个女王（queen）还是要称自己的国家为 kingdom，而不是 queendom。

社会现实中，虽然女性已经进入各行各业，但是在英语词汇中男性行业词有 114 个，而女性行业词只有 19 个，且这些女性专有词全部带有贬义或色情涵义。

从词义的演变来看，许多最初表示中性词义的词汇，随着时间的推移，用于女性所指的时候，往往演变为贬义词汇。例如 tart，最初意思是"水果馅饼"，后来逐渐演变为一种昵称，专指女性，接着又可用来泛指"君子好逑的对象"，到了最后，竟然沦为"妓女"的代名词。这个语义演变的具体流程可以概括为"美味可口的食品－秀色可餐的宝贝－君子好逑的淑女－水性杨花的女子－街头卖身的女郎"。

四、汉语字词中的性别歧视研究

我们在英语词汇性别歧视研究中采用了"-man 词汇研究方法",但是,汉语中带有"男"旁的汉字只有三个(舅,嬲,甥),而存在大量"女"旁字。所以,我们以外语教学与研究出版社《现代汉语词典》(增补本)为依据,采集全部"女"旁字,共计 168 个(不包括括号中的繁体字、异体字)。这 168 个字中,有的不能独立使用,如"婀娜,妯娌",姑且把它们看作一个单位。另外,有的字是多义的,如"姬,姥",我们把它们看作不同的单位,归入不同的类别。这样,我们就建立了一个 172 个"女"旁字构成的语料库,作为分析汉语性别歧视研究的语料依据。

4.1 语料分类

通过对这些语料的梳理、分类,结合《说文解字》和《古汉语常用字字典》对这些字的古文字字义解释,我们将这些语料分为以下几个类型:

第一类(C_1 类),用于姓的"女"旁字共 14 个,包括"妫 gui1,姬 ji1,姞 ji2,姜 jiang1,娄 lou2,如 ru2,汝 ru3,耍 shua3,姒 si4,姓 xing4,要 yao1,姚 yao2,嬴 ying2,妘 yun2"。

第二类(C_2 类),用于地名的"女"旁字共 4 个,包括"娀 song1(用于'有娀'),嫏嬛 lang2huan2,婺 wu4"。

第三类(C_3 类),用于水名的"女"旁字,共 2 个,包括"妫 gui1(妫水),婺 wu4"。

第四类(C_4 类),用于女性名字的"女"旁字共 12 个,包括"嫦 chang2(嫦娥),妲 da2(妲己),姮 heng2(姮娥),嫪

lao4，嫘 lei2（嫘祖），妹 mei4（妹喜），娲 wa1（女娲）"等等。

第五类（C_5 类），与婚姻相关的共 7 个，包括"婚 hun1，嫁 jia4，媒 mei2，媲 pi4，娶 qu3，妁 shuo4，姻 yin1"。

第六类（C_6 类），用于描绘女性的仪态外表的字共有 37 个，例如，姁 xu3（姁姁），嫣 yan1，妍 yan2，嬿 yan4，嫕 yi4，姿。

第七类（C_7 类），反应女性社会地位的字共有 21 个。例如，婢 bi4，婊 biao3，娼 chang1，嫖 piao2，姘 pin1，妥 tuo3，娱 yu2。

第八类（C_8 类），用于贬义的字有 23 个。例如，媸 chi1，婼 chuo4，妒 du4，媠 duo4。

第九类（C_9 类），用于表示与女性相关的亲属关系的字共有 43 个，例如，娅 ya4，媳 xi2，姥：mu3，奶 nai3，妮 ni1，娘 niang2，妞 niu1，婆 po2，妻 qi1。

第十类（C_{10} 类），女性生理活动相关词共有 9 个。例如，嬔 fan4，媾 gou4，娩 mian3，妊 ren4，娠 shen1。

4.2 数据分析

表面上看，汉字中的性别歧视不像英语词汇中那样明显突出。所有 172 个女旁字中，只有 C_7 类和 C_8 类共 44 个字有对女性的贬抑语义，其他各类都是中性的，C_6 类甚至是正面、褒义的。然而，对这些字进行深入字义研究之后，我们发现这些貌似中性的汉字仍能反映出造字之初中国古代社会的性别歧视语义。

公元前 1400 年的甲骨文中的"女"字，是一个卑躬屈膝的下跪人形，代表奴仆，据说在氏族社会，双方将对方俘虏时，男人往往被杀掉，而女人往往被收做奴仆，这也就是为什么"奴"字中也有女字旁。

C_8 类中的汉字都表明对女性的贬义，这些"女"旁字表示"邪恶，贪婪，嫉妒，荒谬，谨小慎微，踌躇不决"。如同英语，

C_7 类中的汉字明显反映性别歧视心理,女性"卑微,从属,受役使,做工具",其中"嫖,姘"两个字最耐人寻味,本来是男性做出不轨行为,而造字却反映归罪女性的文化心理。这与当今北欧国家"卖身合法,嫖娼有罪"的文化规约形成鲜明对比。

对于"她"字,我们需要深入分析。1926年,刘半农造"她"本来是与"他"对应以取代文言的"伊",这个造字本来是罕见的成功个案,但是,人们在使用时还是以男性为泛指,男女共同群体肯定用"他们",而绝不会用"她们"。

婚姻本来涉及男女双方,而 C_5 类中的这些婚姻字却有贬抑女性的功效。"婚"字面表明是男女结婚,而仪式是在黄昏时刻举行,这种习俗在现在有些地方也是如此(如,天津)。文化史学家发现,氏族社会禁止本族内男女通婚,所以从其他部落抢女人成为习俗,而强抢女子的最佳时间就是黄昏。"婚"字折射出女性的被动和卑微。

C_6 类中所有 37 个字都用来描述女性之美。正所谓"爱美之心,人皆有之",而这些褒扬之字全部指女性的外表、仪态、姿色,无一指女性的才华、智慧、能力等。可见,女性之美还是为男性服务的。恐怕造字者也是男性吧,正如钱钟书所言"周公制礼,不免为己谋"啊。

C_1,C_2,C_3,C_4,C_9,C_{10} 类中的女旁字都是中性的,占所有汉语女旁字的 49%,C_1 类 14 个字都是姓,证明女性在中国社会早期家族中的重要性。中国历史上许多"先王"的姓中也多是女旁字。例如,神农姓姜,舜姓姚,夏朝姓姒,周朝姓姬,秦朝姓嬴。

除了"女"旁字外,在词语层面,我们收集了《现代汉语词典》中所有 30 个"阴"、"阳"、"雌"、"雄"组成的词语。通过分析,我们发现这些词语除了表明人体部位外,所有指向女性的词语都是贬抑语义,所有指向男性的词语都是褒义(见附录)。

五、浑沌学解释

以上研究证实，男尊女卑文化心理在中西文化中具有共性，英汉两种语言在词汇层面均存在对女性的偏见与歧视。"男性"词往往有褒义色彩，而"女性"词往往带有贬义甚至色情语义。

另外，通过对比研究，我们也发现性别歧视现象在英语、汉语中存在不同表现：汉字直观反映出女性在亲族关系、延续家族方面的重要性；汉语无法通过词缀法表现女性词的标记性；汉语中有大量描绘女性美丽外貌的女旁字；有些汉字（例如，"妥，娶"等等）在造字初有鲜明的歧视女性思想，而这种历史痕迹已经不很明晰，许多性别歧视词语（如"妾，嫔，妃"等）已不再广泛使用；汉语作为表意文字，不会像英语那样适应社会的发展，难以在字型上很快清除历史上长久存在的思想意识。以下我们尝试用浑沌学有关理论解读这些性别歧视现象。

5.1 吸引子理论

浑沌学研究的是一种非线性科学，而非线性科学研究似乎总是把人们对"正常"事物"正常"现象的认识转向对"反常"事物"反常"现象的探索。浑沌打破了确定性方程由初始条件严格确定系统未来运动的"常规"，出现各种"奇异吸引子"现象等。"吸引子代表系统的稳定状态，……系统运动只有到达吸引子上才能稳定下来并保持下去"。[①] 汉语中 172 个"女"旁字构成的语料库构成一个系统，也是一个吸引子，具有多层次性及层次自

---

① 苗东升、刘华杰：《浑沌学纵横论》，第 99 页，中国人民大学出版社，1993 年。

相似性，它以吸引子中最原始的"女"字为初始条件，围绕"女性"这一主体进行有序和无序演化，呈现诸多浑沌现象。C_1，C_2，C_3，C_4 各类"女"旁字，都是姓、名用字，具有女性相关性，C_9，C_{10} 涉及女性生理及亲属关系，这几类字均为中性，构成有序吸引子，做常规演化。C_5，C_6，C_7，C_8 各类"女"旁字，或隐或显地呈现性别歧视，构成奇异吸引子，呈现浑沌演化。一切演化均围绕"女"展开，具有自相似性。与此类似，英语语料也构成一个系统，也是一个吸引子，只不过围绕男性展开有序和无序演化，出现浑沌现象，甚至许多词已经与"人"无关，变成纯物质词。两个吸引子在结构上均呈现层次自相似性，汉字以"女"为中心，英语词汇以"-man"为中心，或隐或显地传递对女性的性别歧视。

5.2 平衡破缺理论

浑沌学理论告诉我们，平衡破缺是常态，语言演化常常是在平衡和平衡破缺之间互相转换。例如，在英语中起初只有 chairman（主席，总裁）一个词，是非平衡态，显现为平衡破缺。后来为消除性别歧视，造出 chairwoman（女主席，女总裁）以示男女平等，与 chairman（主席，总裁）相对应，达到平衡。而很快人们为了表达不区分性别的"主席，总裁"概念，造出了 chairperson 一词，又出现了平衡破缺，再后来甚至删除-person，简略为 chair，与"椅子"一词同形。这样，又出现了-person 这一词族的平衡破缺，例如，businessperson（商人）一词就不能删除-person，简略为 business（商业）。无独有偶，汉语中第三人称代词的演化也体现为平衡和平衡破缺之间互相转换。1926年，刘半农造"她"本来是与"他"对应，达到平衡态，以取代文言的"伊"。但是，人们在使用时还是以男性为泛指，男女共同群体肯定用"他们"，而绝不会用"她们"。这两个形式上平衡的汉字在具体应用中再次出现破缺，并长期保持在平衡破缺状态，体现为对女性的性别歧视。

5.3 非线性理论

浑沌学理论为我们提供了对语言分析的非线性视角，可以用来解释英汉字词中的性别歧视现象。"语音对应规律是线性的，语言要素的聚合和组合也是线性的，但语言要素组合之后的整体意义发生变化又是非线性的"。[①] 英语中许多性别歧视词都是非对称的，而这种非对称性恰恰体现了语言的非线性。

《牛津高阶英语词典》有 14 对性别对应词的词义解释是非对称的（non-reciprocal interpretations）。例如，callgirl：电话应招妓女；callboy：舞台叫场男童。cowboy：美国西部牛仔，富于开拓精神；cowgirl 看奶牛的女性。master：主人，大师；mistress：情妇。同样一个 call，加上 girl（女孩），就成了妓女；加上 boy（男孩）就成为舞台男童。这种非线性流变衍生出性别歧视。同时，E_5 类词虽然有构词成分-man（人，男人），但是都指具体事物（如棋子，随身听，等等），不用来指人，也体现为非线性。

六、结　语

传统语言学把语言视为交际工具，而这个工具并没有一视同仁地为全民服务，对男性、女性表现出不同的文化心理和社会意识。由此可见，语言更是文化现象，体现文化价值，是文化的凝

[①] 张公瑾、丁石庆主编：《浑沌学与语言文化研究》，第 3 页，北京：中央民族大学出版社，2005。

聚体，是自成体系的特殊文化。

不同文化中普遍存在的语言性别歧视现象不仅仅是一种符号表达，而且是一种文化定型，一种社会心态，一种认知模式在语言系统中的反映。它不单纯是一个语言学问题，需要结合语言文化研究、语言哲学研究以及认知科学研究，探索语言与思维关系，揭示语言使用中的亚文化现象，有着丰富的文化内涵和深远的社会意义。

当前，全球经济一体化、世界政治多极化的时代特点与文化多元化、语言多样化的文化语言学理念一脉相承，而强调整体观、非线性和不可预见性的浑沌学理论为文化语言学提供了崭新而有效的方法论，尽快把浑沌学与文化语言学研究进行完美的整合和推广将具有巨大的现实意义。

附　　录

雌 ci2：雌蜂，雌伏，雌花，雌黄，雌蕊，雌性，雌雄，雌雄同体，雌雄同株，雌雄异体，雌雄异株。

雄 xiong2：雄辩，雄兵，雄才大略，雄大，雄风，雄蜂，雄关，雄厚，雄花，雄黄，雄黄酒，雄浑，雄健，雄杰，雄劲，雄赳赳，雄蕊，雄师，雄图，雄威，雄伟，雄心，雄性，雄主，雄壮，雄姿。

阳 yang2：阳春，阳春白雪，阳电，阳奉阴违，阳刚，阳沟，阳关道，阳光，阳极，阳间，阳狂，阳离子，阳历，阳面，阳平，阳畦，阳伞，阳世，阳寿，阳燧，阳台，阳痿，阳文，阳性，阳性植物，阳韵，阳宅。

阴 yin1：阴暗，阴暗面，阴部，阴曹，阴沉，阴沉沉，阴差阳错，阴丹士林，阴道，阴德，阴电，阴毒，阴风，阴干，阴功,阴沟,阴魂,阴极,阴极射线,阴间,阴茎,阴冷,阴离子,阴历,阴凉,阴霾,阴门,阴面,阴谋,阴囊,阴平,阴森,阴山背后,阴寿,阴司,阴私,阴损,阴文,阴险,阴性,阴阳,阴阳怪气,阴阳历,阴阳人,阴阳生,阴阳水,阴翳,阴影,阴雨,阴郁,阴云,阴韵,阴宅,阴鸷,阴鹭。

语言接触强度：内蒙古俄语演变的重要参量

白 萍

一、问题的提出

浑沌理论主要研究非线性系统状态在演化过程中的行为特征。

所谓"非线性"是与"线性"相对应的数学名词。"线性"指两个变量之间具有正比例的关系，如函数 $y=ax+b$，它在坐标平面上表现为一条直线。"非线性"指两个变量之间不具有正比例的"直线"关系，如函数 $y=ax^2+bx+c$，它在坐标平面上表示为一条抛物线，而非直线（非线性），"非线性"由此得名。由于描述复杂事物运动变化规律的数学方程都是非线性的，因此科学家们又把复杂现象称为非线性现象。

非线性系统是状态随时间而变化的系统。x、y、……是描述系统状态的一组变量，而 a、b、c、……则是影响系统变化的控制参量。控制参量的取值对系统演化过程中的结构形态起决定作用。

客观事物是复杂的，或者说世界本质上是非线性的，因此各门学科都会有自己的非线性问题，语言学也不例外。语言学的研究对象——言语的状态也是随时间而变化的复杂的非线性系统，研究语言的演变与研究其他非线性系统的演变一样，不仅要确定状态变量，即系统中什么东西随时间而变化，更重要的是研究变量的变化规律，即系统如何随时间而变化，这就不能不注意到控制参量与系统演化的关系问题。

既然从数学意义上讲，非线性系统的演化受控制参量变化的影响，那么语言系统的演变也一定受制于某种因素，它不仅影响语言演变的进程，而且决定语言演变的状态和结果。就语言系统而言，这个起控制参量作用的因素是什么？它如何影响语言的演变状态？具体到我国内蒙古俄语的演变，这个控制参量又会起怎样的作用，导致怎样的演变结果？本文将对这些问题进行尝试性的分析和探讨。

二、控制参量与系统演变的关系

在非线性系统中，状态变量和控制参量的划分是相对的。人们通常把那些变化缓慢、在一次观测过程中保持不变、但又可在一定范围内调整的量，取为控制参量。如果一个参量本身在观察过程中发生显著变化，那就要将其归入状态变量，增加状态空间的维数。状态变量在不断相互作用之中发展，形成演化过程。

在非线性动力学方程中，控制参量的数量可能不止一个。一般来说，参量越多的系统，运动情况也越复杂。各参量所起的作用并不完全相同，通常，变量最高幂次项的系数一定非常重要。

控制参量的取值对系统的动态特征有很大影响。参量的改变会导致系统发生一系列的变化：

1）参量的变化引发浑沌运动

当参量在一定范围内取值，系统是在周期区内运动；当参量取值超过周期区，系统便不再是一个平常的非线性系统，而呈现极不规则的复杂运动方式，整体不再简单地等于局部之和，而可能出现不同于"线性叠加"的增益或亏损，从而进入浑沌状态，这通常称为"通向浑沌的道路"。

浑沌是自然界的一种普遍运动形式,浑沌现象主要是非线性系统的时间演化行为。但浑沌不是无序,它可能包含着丰富的内部结构,因为从整体上看,系统是在绕一些大的空洞做周而复始的运动,但从局部上看,系统同时在绕无数大小不等的空洞做运动,表现为一定的随机性。这说明,内在随机性所产生的浑沌运动并不是完全无序的,而是有着层状的规则结构。

2) 参量的变化可导致不同的吸引子

吸引子是系统状态变化的方向和结局。复杂系统从某种状态开始变化发展,最终会达到某种吸引子,即它所偏好的状态。这个吸引子的状态可以是一个点,可以是有规则的轨道,也可以是复杂状态的系列,还可以是一个无限的系列,即浑沌的状态或奇怪吸引子。

由于进入吸引子内部的轨道不断地分离、折叠和靠拢,因此吸引子内部的运动常常表现出不稳定性,也就是说,从整体上看,系统是稳定的,但从局部上看又是不稳定的。

在系统中,形成一种结构或保持一种结构都可称为陷入一个吸引子中。在复杂系统的演化过程中,常有许多吸引子,这些吸引子会随参量的变化而发生改变。

$X_{n+1}=aX_n(1-X_n)$ 是著名的逻辑斯蒂方程。在这个方程中,如果改变参量 a,会发现抛物线的高度随 a 的变化而变化,而且,随着 a 的改变,函数迭代所趋向的吸引子不同,因此参量 a 就成为控制吸引子变化的控制参量。

3) 控制参量的变化引发自组织

自组织是系统内部自发形成新关系、产生新结构的现象,它是系统形成及演变的普遍规律。对系统的演变来说,自组织现象产生的内因往往不是时间,而是控制参量的变化,因为控制参量的取值对系统结构形态的决定关系,自组织现象才得以产生。

我们知道，一般的线性动力学方程只有一个定态解，而非线性动力学方程则通常有几个定态解，这意味着，系统在演化过程中，随着参量取值范围的增大，必定会发展到某个关节点即分叉点，在多种新的稳定态中加以选择。对于自组织系统而言，经过某个分叉点达到新的稳定态是必然的，但选择哪种稳定态则是偶然的、非确定的。系统在演变过程中会经历多次不同层次的自组织，致使系统的长期状态不可逆转并难以预测。

三、语言演变及其控制参量——接触强度

语言演变是从最初的语言使用者的个体创新，到这个创新在语言社会逐渐散播的过程。从这一意义来说，语言演变绝大部分都是由语言接触导致的。[①] 通常情况下，语言的接触会导致双向的干扰。以施加干扰为主，而自身所受干扰较小的语言称为源语（source language），反之则为受语（recipient language）。我们在这里只考察语言接触导致的受语系统的演变，不涉及源语所受的干扰。

语言接触并非语言演变的过程，而是语言发生演变的一种先决条件。对语言系统来说，随时间而发生变化的（即状态变量）是语言结构本身，包括语音、词汇、形态、结构、语法等，而对语言演变起直接而重要作用的（即控制参量）则是诸多不同的因素，如：语言接触时间的长短、语言接触范围的大小；双语人的婚姻家庭构成情况、对源语和受语的掌握程度、在语言社团中的人口比例、对两种语言的语言态度；两个语言社团的政治经济文化发展水平等等。我们把上述各因素即各参量的集合统称为语言

---

① 吴福祥：《关于语言接触引发的演变》，载《民族语文》，2007年第2期。

接触强度，因为它们都与语言结构本身无关，但又代表着两种语言的接触状态。此外，语言的演变还受发生接触的语言的类型以及语言的可塑性等其他因素的影响。在语言演变过程中，各参量的作用并不完全相同，比较而言，接触强度所起的作用要重要得多。由于影响语言演变的参量较多，语言系统的演变情况也会表现得较为复杂。

根据美国学者托马森（Thomason）的观点，接触强度可分为不同的等级：偶然接触、强度不高的接触、强度较高的接触、高强度的接触。接触强度直接影响受语系统的演变结果，随着接触强度的增加，即随着控制参量取值范围的变化，受语的演变也就越复杂、越难以预测。

受语系统的演变，即受语所受的干扰主要指某个或某些语言特征从源语向受语的迁移，表现为词汇、语音、语法结构或形态特征等语言成分的借用。与此同时，受语系统也可能伴随着其他情况的发生，如某些成分借用后继续发生变化，产生连续性的演变，或由于某些词汇和结构的丧失而导致语言系统发生简化等。

受语从源语借用语言成分通常具有一定的等级和顺序，语言学家普遍认可的顺序是：词汇成分（非基本词） > 句法成分/音系成分 > 形态成分。（吴福祥，2007）至于受语系统借用那种等级的语言成分，则与语言接触的强度密切相关。接触强度不高时，受语从源语借用成分的种类和等级也较低，可能只有非基本词汇的借用，或少数结构的借用。但随着接触强度的增高，借用成分的等级和种类也随之增高，受语系统不光会从源语借用基本词汇，还会借用更多的结构特征，增加新的音位，或使某些原有的音位消失，语序发生改变，屈折形态发生变化，甚至一致关系范畴消失或增加……

受语系统出现的这种复杂而难以预测的演变状态，也就是我们所说的浑沌运动。处在浑沌运动的受语系统，从整体上看依然会表现出一定的稳定性，因为演变中的语言同样要履行交际工具的使用功能，否则人们之间的交往就会出现问题。但浑沌运动又使受语系统的局部层面呈现不稳定的状态，各语言成分的借用会因使用者和使用情境的不同而表现出动态、跳跃的特征。然而这种不稳定并非完全无序，而是具有一定的规律性，因为语言在演变过程中会不断形成新的关系和规律，即浑沌理论认为的到达一定的吸引子，以适应演变后的结果，使演变后的语言在一定程度上也呈现一种协调有序的状态，这是语言系统本身具有的调节功能，亦即动力系统的自组织功能。

四、语言接触强度和内蒙古俄语的演变

我国内蒙古俄罗斯族是十月革命前后进入的俄罗斯移民与中国汉族结合的后代，主要居住在额尔古纳市。

额尔古纳市是一个多民族聚居区，汉族和俄罗斯族人口最多。以室韦俄罗斯族民族乡为例，全国第五次人口普查时，全乡人口4224人，汉族就占了50%左右，俄罗斯族占到42%，其余为蒙、回、满、达斡尔、鄂温克等民族。人口分布的特殊性使汉语自然成为当地的族际交际语，而且，经济发展与教育条件同时又决定了汉语的优势语地位。交际的需要，使得俄罗斯族大多学会了汉语，成为俄汉双语人，而懂俄语的汉族人数量极为有限。

自俄罗斯人迁至额尔古纳后，由于居住地域发生了改变，加之周围汉族人居多数，他们本身又大多与汉族人通婚，为俄语和汉语的接触创造了独特的条件。最初是俄罗斯人与汉族人杂居一地，彼此进行贸易和经济往来，两种语言的接触是偶然性、低强度的表层接触。之后，俄罗斯人与中国人组成中俄混合家庭，汉语正式进入俄罗斯族家庭内部，就此开始了俄语和汉语高强度、

深层次的密切接触。

如前所述,语言接触是导致受语系统发生演变的重要参量。长期、广泛、高强度的语言接触,使俄语受到汉语的强烈影响,随着接触强度的增高,汉语的干扰成分逐渐渗透到了俄语的各个层面,其中语音和形态的改变尤为明显。

(一) 语音的演变

额尔古纳地处内蒙古自治区的最东北端,当地的汉语方言属东北官话黑松片嫩克小区主要发音特征为:无浊音;北京话读 [tʂ tʂʰ ʂ] 声母的字,也读成 [tɕ tɕʰ ɕ],而不读作 [ts tsʰ s]。①

受此影响,当地俄语的语音也表现出浊音清化以及某些辅音卷舌化的倾向。比如:

将 sxaʹdjitj（сходить）"去一趟",说成 sxaʹtjitj

把 datj（дать）"给",说成 tatj

浊辅音 [d] 都发成了清辅音 [t]。

辅音卷舌化的倾向主要体现为塞擦音 [tʃ] 和擦音 [s] 发音部位的改变。发 [tʃ] 音时部位前移,可变读为 [ʂ],也可变读为 [tʂ],而不影响意义。例如:

saʹbatʃka（собачка）"小狗",可说成 saʹbaʂka

ʹmaljtʃjik（мальчик）"男孩",可说成 ʹmaljtʂjik

prjiʹvɨtʃnɨj（привычный）"习惯的",也可说成 prjiʹvɨʂnɨj

发 [s] 音时部位后移,可说成 [ʂ]。比如:

ʹruskjij（русский）"俄罗斯的",可说成 ʹruʂkjij

此外,硬辅音 [s] 也可变读为 [ɕ],即发音时舌面向后颚抬起。受此影响,位于 [s] 后的高元音 [ji] 都发成次高元音 [e]。例如:

---

① 张志敏:《东北官话的分区》,载《方言》,2005 年第 2 期。

ra′sjija（Россия）"俄罗斯"，说成 ra′ɕeja
sjira′ta（сирота）"孤儿"，说成 ɕera′ta

(二) 形态的演变
俄语属屈折语，是形态变化的语言，汉语则属孤立语，没有性范畴，缺少词形变化，无一致原则。尽管屈折形态很难发生改变，但由于和汉语高强度的语言接触，导致内蒙古俄语部分结构形态出现萎缩和退化，呈现破坏性的改变。

1) 性范畴的简化

在内蒙古俄语中，第三人称单数代词的性不再作严格区分，可把 он /ɔn/ "他" 说成 она /a′na/ "她"，或反之。在特定的语境下，交际双方都很清楚这里指的是"他"抑或是"她"，因此一般不会出现理解上的错误。比如：

（a）Он по-русски хорошо поняла. "他能听懂俄语。" 主语 /ɔn/Он "他" 是阳性，但谓语动词没有使用相应的阳性形式 понял /′pɔnjal/ "他懂"，却使用了阴性形式 /panja′la/ поняла "她懂"。

一般名词的性特征也发生退化，而且不再严格限定谓语的形式。如：

（b）Когда-то мать перешли сюда. "母亲那时搬到了这里。"句中主语 /matj/ мать "母亲" 是阴性、单数名词，谓语动词也应为过去时阴性单数形式 перешла /pjerje′ʂla/ "她搬来"，但这句话的谓语动词却是过去时复数形式 /pjerje′ʂlji/ перешли "他们搬来"。

2) 词形的简化

内蒙古俄语中各种实词的词形都存在程度不等的简化。比如：

（c）Потом с мужа познакомились. "后来认识了我的丈夫。"

前置词 с /s/ 和第五格名词搭配的短语 с мужем /s muˈʒem/ "和丈夫"，被俄罗斯族替换成了名词二格短语，说成 /s muˈʒa/ с мужа。（名词词形简化）

（d）Учителей не было。"以前没有老师。"俄罗斯族说成 Учителей не был。将本应用过去时中性 было /ˈbɨla/ 表示的谓语替换为过去时阳性人称形式 был /bɨl/。（动词词形简化）

（e）Тяжело это разговаривать с вам。"和您讲话很困难。"前置词短语 с вами /sˈvamji/ 被第三格人称代词代替，说成 /s vam/ с вам。（人称代词词形简化）

（f）У меня у всех есть имя，всё русский имена。"我所有的孩子都有俄语名。"句中的名词 /imjeˈna/ имена "名字"是复数形式，但形容词 /ˈruskjij/ русский "俄语的"用的却是阳性单数形式。（形容词词形简化）

（三）一致关系的简化

标准俄语句子中词与词的语法联系主要通过各种一致关系来体现，而一致关系的建立则需借助格、位等形态手段。俄语的一致关系主要包括：名词与其修饰词（形容词及各种代词）在性、数、格上一致；主语和谓语在性、数上一致；前置词的意义与其搭配的词语在格上一致等等。内蒙古俄语性范畴和词形的简化，直接导致了一致关系的简化。（a）、（b）句体现的是主语和谓语一致关系的简化，（c）、（e）句是前置词和后面的词（名词、代词等）一致关系的简化，（f）句是名词与形容词一致关系的简化。

语音和形态上发生的改变，是语言接触强度为最高时发生的语言演变结果。俄语和汉语的接触状态，决定了俄语从汉语借入成分的层次和等级。尽管两种语言类型不同，但高强度的语言接触，还是使汉语的某些典型语音特征和缺少形态变化的特点被俄语吸收，导致俄语某些语音发生变化，形态范畴退化，呈现一种看似无序的复杂的演变状态。

然而，如果深入观察和分析就会发现，这种表面的无序，其实也蕴含着某种规律性。

先从语音上看，辅音的清化都发生在元音前的浊辅音，而辅音前的浊音则依然保持浊化不变。比如：

dva（два）"二"，dvɔr（двор）"院子"，[d] 保持浊化不变；

vʲnutʃjka（внучка）"孙子"，vʲrjemja（время）"时间"，[v] 保持浊化不变。

[tʃ] 音的卷舌化倾向也不是任意的。当拼在辅音前时，[tʃ] 与 [ʂ] 是自由音变；而拼在元音前时，[tʃ] 与 [tɕ] 是自由音变。

擦音 [s] 只有拼在辅音前时，才表现出卷舌化的倾向，如果拼在元音前，则发音部位不会后移。但如果元音为 [ji]，那么 [s] 鄂化后会与 [j] 同化，发成 [ɕ]。

再从形态上看。内蒙古俄语中的各种实词虽然都存在简化现象，但句子里中心词的词形一般都没有简化，出现形态简化的词大多是与其搭配的非中心词。比如：在（a）句中，从谓语 /panjaʹla/ поняла "她懂" 看出，主语应为女性，而不是男性。(b) 句中是 /matj/ мать "母亲" 搬家，而不是其他人。(c)、(e) 句突出了前置词的意义，而淡化了与其搭配的名词或代词的格的意义。(f) 句保留了复数名词的意义，而简化了形容词修饰语的词尾形式。

这说明，高强度的语言接触尽管使俄语产生了复杂的浑沌演变状态，但语言系统本身具有的自组织功能，又会使俄语内部协调统一，建立新的平衡关系，达到新的稳定态。

五、几点认识

1. 系统的演化都受控制参量取值范围的影响。语言系统的演变也不例外。影响语言系统演变状态的控制参量是语言接触强度。

2. 内蒙古俄语因与汉语高强度的密切接触，语言成分的借用发生在高层次的语音、形态上。形态的借用使俄语某些结构形态丧失或简化，但并未使俄语变得与汉语相同或相似。

3. 内蒙古俄语目前的演变状态是一种暂态，随着时间的推移，和汉语接触的强度会进一步增高，俄语目前的稳定态还会被打破，进而增生新的变化，产生新的内部协调关系。

沿流与变异：试析撒拉族语言的浑沌演化

张竞艳

撒拉族是我国人口较少的民族之一，2000 年全国第五次人口普查资料显示，我国撒拉族共有 104,503 人。撒拉族有自己的语言——撒拉语，按语言系属分，属阿尔泰语系突厥语族西匈语支乌古斯语组；按形态结构分，属粘着语型语言。撒拉族无本民族的文字，通用汉字，历史上曾使用以阿拉伯文字母为基础的撒拉文，本民族称之为"土尔克文"。

撒拉族的突厥母语文化在长期的浑沌演化过程中，历经不断的调试与重构，形成了撒拉族独特的语言文化现状。

一、撒拉族文化的演变

纵观撒拉族的文化，我们可将其历程大致分为以下几个阶段：

（一）古代突厥文化的初始态

据考证，撒拉族是古代西突厥乌古斯部撒鲁尔人的后裔，"作为一种文化现象，其先民曾信仰了许多年代的萨满文化层，以或隐或现、或直接或间接的方式，至今仍存在于撒拉族的传统文化积层中，成为撒拉族文化系统中不可忽视的一个组成部分。"[①] 古

[①] 马成俊：《撒拉族文化对突厥及萨满文化的传承》，载马成俊、马伟主编：《百年撒拉族研究文集》，第 964 页，青海人民出版社，2004 年。

代突厥文化是撒拉族与生俱来的文化基因，因此，我们可以将其视为撒拉族文化的初始态。

（二）伊斯兰教文化色彩的演化态

公元八世纪后，哈里发帝国强势的宗教文化扩及中亚各地，撒鲁尔人也在这一时期皈依了伊斯兰教，并采用了阿文字母。元初，在其首领尕勒莽、阿合莽两兄弟的带领下，撒拉族先民取道撒马尔罕，东迁来到我国青海省东部，定居循化地区。这一时期的撒拉族对伊斯兰教由最初的排斥逐渐转为认同再到笃信，并建构了具有浓厚宗教色彩的自成体系的文化传统。

（三）融合多元文化的演化态

撒拉族主要聚居在黄河沿岸的甘青地区，散居在新疆等地。在七百多年的发展历程中，与周围汉、藏、回、蒙古、维吾尔等族长期杂居融合，逐渐形成一个稳定的民族共同体，其传统文化与周边民族文化经过长期接触与演变，融合了多种外族文化的元素。

1. 藏文化：撒拉族先民东迁至循化时人口很少，通过与周边藏族的通婚得以壮大人口从而保持了独立发展。婚姻关系的缔结加速了双方的经济往来和日常交往，也带来了更为密切的文化交流。"譬如撒拉人室内衣服不放在衣柜内而挂在墙上的一根横杆上；结婚时给送亲人吃'油搅团'（象征藏族的糌粑）；炒面拌酥油吃；用三碗牛奶，一碗泼在新娘骑的马蹄上，两碗仍拿进来（藏族习俗用三碗青稞酒，伊斯兰教禁酒，故改用牛奶）等等……撒拉族民间故事中的'高赛尔'、'格赛尔'等都是藏族'格萨尔'形象的移植……像撒拉族花儿的颤音也受到藏族拉伊的影响，尤其是《孟达令》的开场音'哎哟'与拉伊的开头曲调完全一致。"①

从撒拉族的饮食起居、婚丧嫁娶等一系列民风民俗到民间故事、民歌民谣等民间文艺，均可看到撒拉族与藏族文化互渗的影子，当地人口占有优势的藏族对撒拉族文化的发展有着较深的影响。

2. 汉文化：撒拉族由过去的较为封闭过渡到今天较为开放的发展状态，经济、科教等均得到了长足的发展，在饮食起居、婚丧嫁娶、服饰礼俗等方面也与当地汉族习俗逐渐融合，且在不同程度上受到了处于优势地位的汉族的影响。

例如，在饮食结构上，近年来，撒拉族的植物性副食比例有所增加，炒土豆丝、菜瓜肉片、凉拌黄瓜等逐渐成为撒拉族的家常菜；在服饰上，西装、长袖衬衫、长裤、T恤等逐渐被中青年一代男女所接受；在房屋结构上，撒拉族村落新建的部分房屋已采用汉族的钢筋混凝土结构，外表镶嵌瓷砖，用砖石砌成院墙，极具现代气息。

3. 维吾尔族文化：新疆的撒拉族从青海到新疆仅一百来年的历史，主要从事农业，少数人从事畜牧业。为了适应新的居住环境，新疆撒拉族在饮食、服饰等各方面均受到当地主体民族维吾尔族的影响，如他们喜欢吃馕、抓饭、烤包子等食物，可以公开饮酒等。在宗教信仰上，虽然新疆撒拉族仍然信仰伊斯兰教，但在教义教规等方面显然和甘青地区的撒拉族有所区别。这些区别甚至外现在两个群体的性格上，新疆撒拉族更为豪放，甘青地区的撒拉族则更多自制。

仅以撒拉族的茶文化为例。撒拉族禁止喝酒，但却有着丰富的茶文化。其中传统的奶茶是撒拉族先民游牧文化的象征，酥油

---

① 马伟：《撒拉族与藏族关系述略》，载马成俊、马伟主编：《百年撒拉族研究文集》，第1036到1037页，青海人民出版社，2004年。

茶、藏茶具借自当地藏族，清茶、盖碗茶则是汉文化传播的结果。总之，现代撒拉族文化中有着多文化互渗、交融的影子，在漫长的发展历程中，形成了兼收并蓄、颇具地域特色的撒拉族多元文化现状。

二、分形——撒拉族语言与文化的同构

根据"分形"理论，"在研究语言与文化的关系时，我们把语言看成是文化的一个组成部分，通过语言研究我们可以得到大量的文化信息"。[①] 撒拉族语言是其文化的重要组成部分，二者具有自相似性。撒拉族语言的历史衍变正是其文化演化历程的缩影。

（一）撒拉族的语言使用与文化适应

撒拉族语言的使用情况大致经历了古代突厥母语—伊斯兰教色彩的突厥母语——双语或多语现象三个阶段，是对其环境变迁不断适应的结果。

1. 古代突厥母语：这是撒拉族语言演化的初值，是撒拉族语言文化的核心部分。处在浑沌状态的系统，"运动轨道将敏感地依赖于初始条件"，[②] 撒拉族语言文化体系的演化同样如此，它对古代突厥母语文化的敏感依赖性规范、引导并制约着其母语文化的演变和双语文化的形成及发展。

---

① 张公瑾、丁石庆主编：《文化语言学教程》，第 106 页，教育科学出版社，2004 年。

② 张公瑾、丁石庆主编：《文化语言学教程》，第 107 页，教育科学出版社，2004 年。

2. 伊斯兰教色彩的突厥母语：撒拉族先民皈依伊斯兰教后，突厥母语受到了阿拉伯—波斯语的影响，并采用了阿文字母。元初至今，新的居住环境带来了新的语言使用情况，带有地域色彩的双语或多语文化的形成正是其对外部变化不断调适的结果，汉文逐渐取代土尔克文成为撒拉族的通用文字。

3. 双语或多语现象：甘青地区的撒拉族由于历史上长期与汉、回、藏等民族交往密切，现在大部分为母语保持较好且汉语水平较高的双语人，当地的汉语方言——河州话为其社区中的族际通用语。从其语言使用现状看，即使是在同一时期，撒拉族内部不同群体也呈现出各自不同的演化特征。居住在青海省循化撒拉族自治县的少数撒拉族兼通藏语，居住在甘肃省临夏回族自治州积石山保安族东乡族撒拉族自治县的少数撒拉族兼通保安语。而撒拉语在青海省循化县撒拉族聚居区的整体保持状态很好，但在甘肃省积石山县大河家镇的大墩村地区则显弱化之势，功用日渐衰微，即使在家庭内部也逐渐丧失其交际功能。

新疆地区的撒拉族主要分布在伊宁县、伊宁市、乌鲁木齐市等地，这部分撒拉族是一百多年前从青海迁往新疆的，且大批迁居是在解放以后。由于长期与汉、维吾尔等民族交往密切，现在大部分人兼通汉语和维吾尔语。

（二）撒拉语中的借词与文化适应

撒拉族文化史上有两次重大的转变，一是宗教信仰的改变而带来的伊斯兰文明的洗礼，一是地理位置的迁移而带来的以汉文化为主的多元文化的冲击。它们打破了撒拉族原本有序发展的轨迹，其文化上的变迁伴随而来的是语言的变异。撒拉语中真实地保存着撒拉族文化演变的诸多信息，二者具有时空上的对应性。

文化的接触伴随着语言的接触，必然引起语言的变异，反映在撒拉语的词汇结构系统上，表现出的主要特点为保留了较多的古代突厥语词和大量的与土库曼语（乌古斯语组）相同的词，还有不少汉语、藏语、蒙古语族语言（包括东乡语、保安语、土族语）借词和为数不多的阿拉伯-波斯语借词。[①] 借词具有特殊的文化品格，"它特殊就特殊在既有外族语词的影子，又有本族语词的实际"。[②] 借词常常透露出该民族与其他民族间的历史关系和文化交流信息，撒拉语中的借词同样很好地记录着撒拉族文化发展史上与异文化的碰撞与融合，是文化适应的结果。

1. 阿拉伯—波斯语借词：撒拉族先民早在东迁以前就已经信仰伊斯兰教，今天的撒拉族全民信仰伊斯兰教且信仰笃诚，素有"舍命不舍教"之说法。伴随着伊斯兰教文化传入撒拉族，这部分词语也成批量地"闯入"撒拉语中，具有系统性，主要是宗教和日常生活上的词。它们"早已与撒拉语水乳交融，成为撒拉族语言不可或缺的重要组成部分，也与撒拉族人民的日常生活和特殊风俗习惯溶为一体，形成了本民族独特的文化内容。"[③] 如"赛俩木"是撒拉族在互道问候和祝安时的常用语，它其实就是阿拉伯语 selam 的音译，表示"平安""和平""健康"等意，是伊斯兰教徒间常用的问候语。其他的阿拉伯语词还有 ajip 罪过，dunja 世界，haram 禁忌的，halal 圣洁之物，alen 宇宙等。波斯语词有 asman 天空，zimin 大地，dosdi 朋友等。

2. 汉语借词：根据其输入时间的早晚，以 20 世纪初为界，

[①] 米娜瓦尔·艾比布拉：《撒拉语词汇探析》，载马成俊、马伟主编：《百年撒拉族研究文集》，第 590 页，青海人民出版社，2004 年。

[②] 张公瑾、丁石庆主编：《文化语言学教程》，第 197 页，教育科学出版社，2004 年。

[③] 韩建业：《从外来词透视撒拉族文化》，载马成俊、马伟主编：《百年撒拉族研究文集》，第 960 页，青海人民出版社，2004 年。

我们可以把撒拉语中的汉语借词大致分为早期和近期两个部分。早期撒拉族社会较为封闭，与外界的文化交流有限，因此借词的数量不多，主要是日常生活用词，并且部分词的语音保留着中古汉语的特点：如 ketʃir 戒指，pantʃir 手镯，dintʃir 顶针，tɕytəu 镢头，jamun 衙门等。

"外来词的吸收是语言接触的结果。文化接触的不断深化则为语言接触的不断深化创造条件或奠定了进一步的基础"。[①] 近期尤其是五十年代以后，随着我国新型民族关系的建立，撒拉族与外界的文化交流增多，汉语借词成批量地涌入撒拉语中，内容除日常生活用词以外，涉及政治、经济、文化、科教等各个方面。如 dʐuʃi 主席，nişuidʑaŋ 瓦匠，vunxua 文化，ʃɸʃo 学校，tʃitʂhe 汽车，fadʐen et-发展等。

早期撒拉语在借用汉语词汇时会相应改变一些与自身差别较大的语音，以使之纳入撒拉语的语音体系，从而更好地"溶入"新的语言文化环境。汉语中的 tʂ、tʂh、ʂ、ts、tsh、s 在撒拉语中变成 dʐ、tʃ、z、s，如汉语中的 tsha 茶变为 tʃa，ʂathaŋ 变为 ʃathaŋ 砂糖。撒拉语中的意译借词也属于这一类型，这部分汉语词适应了新的语言文化环境，完全溶化在撒拉语中。如 et su 肉汤，jine vur-打针，Gara taxta 黑板等。音译加撒拉语构词词缀也是撒拉语借入汉语词的常用方式之一，动词的借用就属于这种方式。"撒拉语动词 et-'做'与来自汉语的动词结合时，具有构词词缀的功能。"[②] 如 liɛnʃiet-联系，dʑaŋliet-奖励等。此外，一些属于亲属称谓系统的汉语词成批量地"闯入"撒拉语中，到今

[①] 张公瑾、丁石庆主编：《文化语言学教程》，第 200 页，教育科学出版社，2004 年。

[②] 米娜瓦尔·艾比布拉：《撒拉语词汇探析》，载马成俊、马伟主编：《百年撒拉族研究文集》，第 596 页，青海人民出版社，2004 年。

天已广为使用。如 aje 爷爷，nene 奶奶，aba 爸爸，ama 妈妈，kaka 哥哥，atse 姐姐，tɕu 舅父，tɕumu 舅妈，suntsʅ 孙子等。

近年来，受到汉文化的强大影响，撒拉族的汉语普及度和汉语水平均有所提高，按汉语方音直接借入的汉语借词也逐渐增多，尤其是表达新事物、新概念、新技术的大量汉语新词术语以音意全借的方式进入撒拉语中。如 ʂou pio 手表，jinxoŋŋ 银行，ʂou tɕi 手机等。

3. 藏语借词：撒拉族与藏族血肉相连，长期的文化交流也带来了语言的借用。撒拉语中的藏语借词主要是亲属称谓和日常生活方面的词。例如在撒拉语中使用频繁的 araŋŋ 舅舅一词就是借自藏语，现实生活中，撒拉人因为与藏族通婚而特别重视母舅的地位，有"宴请舅舅"等在其他突厥民族中少见的风俗。其他的借词还有 so 外甥，ana 姑娘，laŋsa 大背斗，tʃhyluma（装酸奶的桶或袋子），ʃo 酸奶等。

4. 维吾尔语借词：新疆撒拉语词汇的最大特点是从当地维吾尔口语中吸收了大量维吾尔语借词。① 部分是音意全借，如 nan 馕，polo 抓饭，samsa 烤包子，aʃxana 食堂等。部分改变了语音，如 Gadən 妻子（维语为 xotun），Gudux 井（维语为 quduq），ox 子弹（维语为 oq）等。

据已有的研究，撒拉语中还有一些蒙古语族语言的借词，如 χuj 森林，noŋor 池子等，一些尚未查明来源的词，如 jeli kut 影子，soʁza 坐、Gatʃuruŋ 将来等，可能借自历史上与撒拉族先民有过接触的羌、匈奴、鲜卑等古代民族，是"古代民族语言在撒

---

① 阿不都热西提·亚库甫：《新疆撒拉语特点试析》，载马成俊、马伟主编：《百年撒拉族研究文集》，第 581 页，青海人民出版社，2004 年。

拉语中的底层"。[①]

撒拉语内部结构比较一致，没有明显的方言差别。只是根据语音和词汇上的某些差异，划分为"街子"和"孟达"两种土语。土语沿袭了"初始"母语的基本结构特征，同时又增加了新的变异特征，这种新的无序演变在时间和空间的坐标轴中不断伸缩和折叠，可能最终扩大其变异性质，而发展成为颇具地域特色的方言。

三、结　语

"语言不是一个封闭稳定的系统，而是一个多维开放的体系，语言现象与各种文化因素互相纠缠，其中存在许多动态的、不稳定的、随机性的因素。"[②]撒拉族语言文化的演化在不同的时期和地点产生了诸多时间性和地域性的变异形式，但在此过程中，撒拉族始终保持着突厥母语文化的沿流，且其语言的衍变与其文化的演化始终保持着极为相似的时空轨迹。

语言系统在不断演化的过程中充满了不确定性与随机性，作为一种新的方法论模式，浑沌学在文化语言学中的引入开拓了语言学研究的新视野，揭示了语言的文化性质和文化价值、语言与文化的自相似性，也为语言演化的复杂性提供了更为合理的解释。

[①] 米娜瓦尔·艾比布拉：《撒拉语词汇探析》，载马成俊、马伟主编：《百年撒拉族研究文集》，第597页，青海人民出版社，2004年。

[②] 张公瑾：《浑沌学与语言研究》，载《语言教学与研究》，1997年第3期。

从满语的发展历程看满族文化变迁[①]

胡艳霞

满族作为中华民族的一员,在历史及现代都是一个具有重要影响的少数民族。满族语言作为满族一种特殊的文化现象,是满族文化中最有包容量的景观,它凝聚并规范着满族的思维方式、文化心理、宗教信仰、伦理道德、价值观、生产活动以及各种文化习俗等,从物质文化的衣食住行、婚恋、歌舞娱乐到精神文化的民族意识与民族性格的形成,无不在满族语言中得到体现。满族语言是满族文化延续、传播的重要载体,它承载着满族深厚、丰富的文化内涵,是满族社会发展的产物,反映着满族社会的物质文化和精神文化,反映着满族共同的社会经济生活特征。

一、满族语言与文字的发展历程

满族是我国为数不多的有文字的少数民族之一。满语属于阿尔泰语系满—通古斯语族满语支,其文字是粘着语类型、拼音文字。满族语言文字的发展有着悠久的历史。1115 年女真人建立"大金"政权后,金太祖阿骨打命完颜希尹等人参考汉字和契丹字创制女真文字,1119 年(金天辅元年)颁行"女真大字",女真人后来完全放弃了女真文字。1599 年,努尔哈赤命巴克什额

---

① 大连民族学院青年基金资助项目,项目编号:2007A409。

尔德尼、扎尔固齐噶盖仿蒙古文字创制满文，称为"无圈点满文"或"老满文"。后来由于使用上的混乱，1632年（天聪六年）达海对老满文进行了改革，在一些满文字母旁加圈加点，规范了一些混乱现象，创制了一些特定字母，改制后的满文被称作"有圈点满文"或"新满文"，成为清朝通用文字"清文"。有清一代，满文使用于政令的颁布、档案的书写和文化的交流。满族语言与文字对清政府的政治、经济、军事、文化的发展和繁荣做出了不可磨灭的贡献，其发展演变与历史上其他民族语言的发展轨迹一样，经历了产生、发展、繁荣、衰落的过程。

满族语言的使用情况大致经历了满族母语单语、满汉双语及转用汉语三个阶段。与之相应，满族的历史发展进程共经历了四大历史变革[①]：第一次社会与文化大变革是努尔哈赤与皇太极时期；第二次是清军入主中原，开始统治全国时期；第三次是清末至辛亥革命时期；第四次是新中国成立到改革开放的几十年时间。在1644年清军入关不久，满族才由奴隶社会进入封建社会，由原始的落后的渔猎经济进入到先进的农耕经济。即使如此，她的生产力发展水平依然很低，文化依然落后，政治上也不够成熟。入关之后的各种社会原因打破了满族原本有序发展的轨迹，满语中真实地保存着满族文化演变的诸多信息，语言演变伴随而来的是文化的变异，二者具有时空上的对应性。满族入关后，由于受到汉族文化的影响，首先是满语中出现了词汇空缺。由于满族属于北方古老的狩猎经济类型，语言中与狩猎经济有关的词汇就很多，到了近现代，由于人口的增多，自然环境的变化，天然富饶的资源的减少和匮乏，原先那种狩猎经济基础已经不复存

---

① 国洪生：《满族社会文化变革与民族的发展》，载《满族研究》，1999年第4期。

在，狩猎文化也在不断地退化和消失。丰富多彩的狩猎文化词语在口语里已经所剩无几了。其次是满语不断地从汉语及其他民族语言中吸收文化借词。"外来词的吸收是语言接触的结果。文化接触的不断深化则为语言接触的不断深化创造条件或奠定了进一步的基础"。[①] 文化的接触伴随着语言的接触，必然引起语言的变异，反映在满语的词汇结构系统上，表现出的主要特点是保留了较多的汉语、蒙古语族语言（包括蒙古语、达斡尔语）及其他民族语言的借词。借词透露出了一个民族与其他民族间的历史关系和文化交流信息，满语中的借词很好地记录着满族文化发展史上与异文化的碰撞与融合。作为反映社会最为敏感的部分、也是最容易受到影响的满语借词，是满族与其他民族文化交流在语言上的必然反映，是一种文化现象，与满族社会的发展、不同民族之间的接触、经济和文化的交流有密切关系，体现出满族社会经济文化变迁的时代特征。

　　一个民族能否汲取外来文化的先进成分以及接受这种影响的程度，不仅仅取决于该社会的外部环境，同时还依赖于该社会的发展水平。满族对各种优秀的外来文化采取多方摄取的时期，正是满族社会处于快速上升和良性发展的历史阶段。在积极汲取和借鉴汉族、蒙古族先进文化的同时，满族文化系统内部也在进行积极的调适与整合，以适应满族社会发展的需要。随着满族社会生活节奏加快，与异文化的接触更加频繁、经济交流的范围更加广泛，满语借词的速度就越快、数量就越多、流行的范围就越广，满族社会经济文化变迁的速度也会加快，满语借词与满族社会经济文化变迁的互动关系也就体现得更加明显。而随着清政府对汉文化的大力倡导，汉族文化的影响日益增大，满语的社会功

[①] 张公瑾、丁石庆主编：《文化语言学教程》，第 200 页，教育科学出版社，2004 年。

能逐渐减弱,最终产生了满语向汉语的转用。目前,满族的语言与文字已经成为一种历史遗存,文字主要用于历史文献研究,而语言已经濒临消亡,随着熟练使用者的高龄化,满语逐渐成为人们记忆中的语言。

二、满族社会经济文化的发展根源及其受异质文化影响的过程

早期的满族先民都以渔猎采集为主要生计方式。据史学界考证,早期活动于贝加尔湖的通古斯人生计方式就是以渔猎为主,部落、氏族等血缘组织是其基本社会组织形式。东迁后的肃慎人仍主要从事渔猎生产。此后,满族直系先民也一直沿袭渔猎的生计方式。元末明初以前,满族的直系先民一直没有离开黑龙江、松花江下游适于渔猎文化存在和发展的特定生态地理文化区,他们一直保持以渔猎采集为生计文化主体的状态,直到元代满族直系先民仍处于渔猎文化状态。与此同时,他们很早就产生了畜牧业,但是由于受到特殊生态环境和传统文化的制约,无论是农业,还是畜牧业都没能发展为其生计文化的主体,并且始终是作为渔猎采集业的补充而存在。也就是说元末明初以前,满族先民的渔猎文化得以长期保留,原有的畜牧业和粗放农业长期得不到发展,狩猎—采集一直是他们生计文化的主体。元代以后,由于辽阳行省等地人口稀少,元朝廷为解决赋税和远征日本的军粮及漠北等地的灾荒诸问题,曾一度强令部分女真人从事农业生产。满族先民当时的农业,只是在比较接近汉族的地区略有发展,而并未成为社会的主流。到元朝末年,出现渔猎与农耕并存的现象,但其经济生活仍以渔猎为主,农耕为辅。女真人崛起后,通过屯田、计丁授田等政策诱导,农耕得到进一步发展,农业在经

济生活中所占比重越来越大。对满族先民而言，农耕文化是一种外来文化，而外来文化必然要经过一个接受、选择、调适的文化变迁过程。在这一变迁过程中，女真人固有的渔猎文化仍然占有一席之地，尽管其生产性功能已减弱到几近消失，但由于战争的需要、其军事训练性、娱乐功能性却使渔猎生产得到强化，这就使得渔猎文化得以延续。

经济基础和生计方式是人类社会生存和发展的基础，它是人类一切文化关系的根源。满族人兴起于东北的白山黑水地区，土地肥沃、水源充足，自然资源丰富，这种有利的地理环境，给满族的农业生产和生活方式提供了方便。这是满族人从事采集业、农业和狩猎业的一个重要原因。我们从满族的历史来看，他们的经济文化与中原的关系密切。满族的先世大范围地南迁后，其经济文化就受到中原文化的影响，这对发展满族的农业文化提供了方便。17世纪初期，满族开始进入辽沈地区，从而进一步打开了通往农业社会的大门。后来，他们入主中原之后，进一步受到了汉族的影响，从而在经济和社会生活方面完全进入了农业民族的行列。满族入关，标志着满族社会又进入了一个新的发展阶段，同时也标志着满族开始真正进入中华主流文化。在这样一种形式下，满族原有的文化所依托的生态环境、社会环境，以及个体地位等都发生了巨大变化，社会现实对满族文化提出了新的要求。由于大部分满族进入到以汉族为主的农耕文化区，必然迫使满族主体文化再次地与当地的自然和社会环境发生调适与整合。满族入关使满族进入了一个以汉文化为主体的异文化社会。因此，入关后的形势向满族提出了与汉文化融合的要求。

一般来说，文化具有鲜明的民族性，由于所处的地理位置和自然环境不同，社会经济的发展以及人们认知世界的思维模式不同，不同民族的文化特征必然不同。在两种不同文化相互交往的过程中，那些表示各自地域文化、民俗的词语，也会随着民族之间的交往、接触而进入双方语言中。满族的先人主要是来自北方黑龙江流域及毗邻地区的渔猎之民,在由北向南的辗转迁徙中,他们先后承受了蒙古族游牧文化和汉族农耕文化的熏陶,满族的农业畜牧经济发展受到毗邻农耕民族和游牧民族的影响较为深刻。满族先民原以采集、狩猎、网捕为传统生业,长期接触其他民族的结果,是使满族在从事传统渔猎采集经济的同时,逐渐向农业畜牧经济转化。在新中国成立后,特别是改革开放以后,由于社会性质、国家政策、不同民族的接触以及科技进步等因素的影响,满族的社会经济文化发生了巨大的变化。因此,游牧民族文化对满族的渗透、满族对汉族农耕文化的汲取、现代化进程对满族文化的影响是满族社会经济文化变迁的深层影响因素。

三、小　结

语言不属于物质文化,但作为人类文化的最基础部分,物质文化也往往会在语言中留下深刻的印记,因此,可以通过语言材料研究历史上的各种物质文化现象,探索其起源、传播和演变的踪迹。语言随着社会文化的变迁而变化,因此表示某一物质文化的词的意义也会随着物质文化本身的演变而发生变化。两个民族交往,尤其是落后民族与先进民族交往,总会从先进民族那里获得新概念、新思想,随之会在本民族语言的使用当中留下痕迹,这种现象也是不同民族文化交流在语言上的必然反映。满族语言作为人类文化的基础部分,满族社会经济文化在满族语言中留下了深刻的印记,影响着满族语言的生存和发展。这种影响通过大量的满语词汇表现出来,对满语使用发展历程进行研究可以看出满族文化的基本重心与发展变迁状况。反过来,满语的使用也影响着满族社会经济文化的生存和发展。满族社会经济文化的变迁，会引起满语使用情况的变化；满语的发展又会反映出满族社会文化的变迁及其基本的时代特征。在满语与满族社会经济文化的互动关系中，满语的本质，绝对不仅仅是一种交流的工具，而是满族文化的表达，是满族文化延续的重要载体。

额尔古纳俄罗斯族语言文化中的
浑沌学因素分析

张英姿

俄罗斯族是我国 22 个低于 10 万人口的少数民族之一，主要居住在新疆、黑龙江和内蒙古等靠近俄罗斯、哈萨克斯坦、蒙古国的北方地区，其中内蒙古境内的俄罗斯族又以额尔古纳市为主要聚居区。这里的俄罗斯族多为从 19 世纪中叶起陆续从俄罗斯迁入我国境内的俄罗斯人及其与汉族人结合的后代。一百多年来，由于地理的阻隔、异族的通婚，加之社会的变迁与时代的发展，当地俄罗斯族所讲语言同标准俄语相比，在语言的各个层次上都有了一定程度的变化，已演变为一种在俄语原有方言基础上发展而成，同时又受到汉语方言强烈影响的混合型的特殊的俄语方言。额尔古纳俄罗斯语在其复杂的发展进程中也体现了浑沌学因素。

一、语言特点

一百多年来，由于地理的阻隔、异族的通婚，加之社会的变迁与时代的发展，额尔古纳俄罗斯语在语音、词汇和语法方面都有了自己的特点。

（一）语音方面

由于语言接触关系的改变，现在俄罗斯族所使用的俄语与标准俄语相比，在语音上已经产生了一些变化，这种变化主要表现在辅音上。例如浊辅音有清化的趋势。俄罗斯族 70 岁以上的老人，一般将拼在元音前的浊辅音作清化处理，在俄罗斯族懂俄语的人群中，年龄越轻，浊音清化越明显。到三四十岁只会说个别俄语单词的人群，已完全没有浊音的存在。某些辅音有卷舌化的倾向，即发音部位前移或后移，变为舌尖后音。[s] 拼在辅音前面时发音部位有后移倾向，即可说成 [s]，也可说成 [R]，处于不稳定的状态。

俄罗斯族这种语音上的演变，显然是受当地汉语方言影响的结果。

由于俄罗斯族均为俄汉双语人，且讲汉语的机会大大多于讲俄语的机会，汉语的某些发音习惯自然会被带进俄语，从而导致俄语语音逐渐形成浊音清化以及塞擦音 [tʃ]ʲ 和擦音 [s]、[ʃ] 卷舌化的倾向。①

（二）词汇方面

1. 日常生活中食品、鞋帽及家具类的实词词汇比较丰富。例如面包就分为 хлеб——大列巴，булочка——小列巴，колачки——挂锁形白面包，пришмыколачки——四角面包等；奶油分为黄油，酸奶油等；鞋类分为 катанки——高筒毡靴，шлепанцы——拖鞋，туфли——便鞋等；椅子可称为 женский стул，невальный стул，还有躺椅 кресло，凳子 табретки 等等。

2. 由于俄罗斯族语言属于俄语南部方言区，并且与现代俄语沟通交流较少，因此有些常用词语仍是旧语、土语，例如站牌常用 станок，而不常用 остановка；火车站用 станок поезда，而不用 вакзал，礼物常用 подарок，不知道 сувенир。表示情感

---

① 白萍：《内蒙古俄罗斯语的形态特点》，载《民族语文》，2008 年第 4 期。

的名词也很匮乏，像 дружба 这样的抽象词汇很少使用。另外，形容词数量不多，尤其是表示心情方面的词汇更少，只有表示颜色及漂亮、有趣等最简单常用的形容词经常使用，因此俄罗斯族人在使用俄语时经常会冒出"稀里糊涂""累得够呛"等纯汉语词汇。

3. 有些词的意义与现代俄语中的意义有所差别。例如他们认为 двор 指牛圈、羊圈等，而现在多指庭院、农户；他们认为两层小楼可以用 квартира 来表示，而现在多指带套间的公寓，楼房则用 дом 或 здание；还有 ресторан 曾有妓院的意思，而现在只表示餐厅。他们认为动词 есть 和 кушать 有意义和用法的区别，есть 是表示狗、猪等牲畜吃东西，含有贬义，招呼人吃饭时用 кушать。但在现代俄语里，这两个词在词义方面已没有这样的区分，在饭桌上我们也经常听到"ешь，ешь"的话语。研究这些词语意义的差别，为斯拉夫语系的词源学和历史语言学的研究提供了难得的语言材料。

4. 一些常用词汇缺失，如"劳动模范"、"英雄"、"毛主席""市长""牧场""苏联"等，笔者认为，这是因为在文革时期或与苏联关系恶化时期，强制断绝两国一切往来，并且不准再说俄语，使得语言也在这一阶段出现"断层"。

(三) 语法方面

1. 基本特点

(1) 简单名词的性、数、格形式是完整和正确的，日常的简单短句没有出现语法错误。如他们熟悉这些词的复数二格形式：брат-братьев，друг-друзей，сын-сыновей，денги-денег。像这样的简单句"он отцу дал книгу"是符合语法规范的。

(2) 俄罗斯族语言中形容词长尾形式很少用，而较常用短尾形式，并且不随数词的变化而变化。

（3）动词的完成体、未完成体形式不分。当表示写完了这句话时，用的是 закончить писать 而不会用 написать 这个词。

（4）情态动词很少，最常用的是 надо，对 должен 等词不熟悉。

（5）对前置词的使用不熟练，最常用的是 в、на，一般在表示时间的情况下使用，例如 на десять часов。而在一些句子中干脆不用前置词，如"从工厂回去"直接表达为"иду завод домой"，很明显这是受到了汉语表达方式的影响。

俄语是典型的屈折型语言，词形变化很丰富并且一个变词词素可以同时表示好几种语法意义，而汉语是典型的孤立语，缺少词形变化。俄罗斯族语言形容词、动词的词形变化已大大简化，说明在语言接触中，汉语作为强势语言对俄罗斯族语言的语法结构产生了很大的影响。

（四）借词

1. 俄罗斯族语言增加了很多来源于汉语的借词，主要分为两方面：一是俄罗斯没有的事物，如人参（женьшень）、炕（кан）、豆腐（доуфу）、包子（поузы）、高粱（гаолян）等，二是改革开放以来出现的新事物，主要是家用电器方面，例如电视机、电饭锅、洗衣机、插座等。

2. 同时，当地汉语方言也借用了俄语词汇。比如马嘎嘎（макака）为"猴"，萨巴嘎（собака）为"狗"，马斯拉（масло）为"奶油"，西米丹（сметана）为"酸奶油"，伏特加（водка）为"白酒"，彼瓦（пиво）为"啤酒"，苏波汤（суп）为"俄式肉菜汤"，列巴（хлеб）为"面包"，布拉吉（платье）意为"连衣裙"，毡疙瘩（катанки）为"高筒毡靴"，喂得罗（ведро）为"一种上大下小的镀锌铁皮桶"，嘎斯（газ）为"煤气"，蓝波（лампа）为"电灯泡"，马神（машина）为"机器"等。

其中，这些借词的构词模式可以归纳为三大类：
(1) 音译模式
第一，全部音译模式
属这一类构词模式的借词最多。如伏特加（водка），彼瓦（пиво），马嘎嘎（макака），萨巴嘎（собака），马斯拉（масло），西米丹（сметана），布拉吉（платье）等。
第二，部分音译模式
如 хлеб——列巴（根据这一借词又派生出"大列巴、小列巴、列巴圈、列巴花"等词）
第三，音译＋意译模式
因这类模式构成的借词较为复杂，笔者将其细分为三类：
1) 全部音译＋表义类的汉语语素模式
这种模式的构词特点为：将借词全部音译过来，然后在借词后面加上表示义类的汉语语素。如：суп——苏泊汤——苏泊（全部音译）＋汤（表义类的汉语语素）。
2) 部分音译＋表义类的汉语语素模式
这种模式的构词特点为：将借词部分音译，音译的音节一般在 2 个左右，在音译的部分音节后加上汉语语素。此时汉语语素是表类别的，目的是使这些借词在结构上更符合汉语构词特点。如 малина——马林果——马林（部分音译）＋果（表义类的汉语语素）。
3) 汉语语素＋音译构词模式
这种模式的构词特点为：用汉语语素修饰、限定借词，表用途、形状、质地、用料等特征。如：катанки——毡疙瘩——毡（汉语语素，表用料）＋疙瘩（部分音译）。
3. 俄罗斯族语言中没有 кофе，фильм，джнсы 等这类英语借词，而这些词语现在已进入现代标准俄语的基本词汇和核心词汇。这是由于俄罗斯族语言和文化缺少与西方语言文化及现代俄语交流的途径和可能,因此鲜有英语借词,而涌现了大量的汉语借词。

额尔古纳俄罗斯语的形成发展是一个非线性过程,是一个多种因素共同作用的复杂的非线性浑沌演化过程。浑沌学认为事物在动态发展过程中往往会产生意想不到的复杂性。额尔古纳俄罗斯语的形成和使用过程充满了这种复杂性,第一代俄罗斯族是当地俄罗斯人,教育水平不高,多是讲口语、土语,他们的子女,即第二代俄罗斯族人由于家庭贫困等原因,大都没有接受过正规教育,与境外俄罗斯人的接触很少,加上没有任何俄语传播媒介,如广播、电视节目等,因此他们的俄语与现代标准俄语无论在语音、语调还是用词上都存在着一定差别。第三代以后的俄罗斯族人受到政治环境的影响,学说俄语的条件和积极性都遭到极大的破坏,强制政策的实施加速了额尔古纳俄罗斯语的封闭和消亡。改革开放之后,随着中俄贸易的发展,额尔古纳市加强了与俄罗斯的经济文化交流,有些懂俄语的老人作为翻译去过俄罗斯,但是由于文化水平的限制,他们只会听说不懂读写,并不能改变额尔古纳俄罗斯语的使用现状。额尔古纳俄罗斯语在语音、词汇等方面的使用特点在一定时期内是处于相对稳定的。由此可见,语言系统的动态性和稳定性贯穿于人类语言使用的整个过程。

浑沌学的深入研究指出:世界是确定的、必然的、有序的,但同时又是随机的、偶然的、无序的,有序运动会产生无序,无序的运动又包含着更高层次的有序。[1] 浑沌是无序中的有序,并以有序为前提。第一代俄罗斯族是来自俄罗斯不同的地域,他们所操的是俄罗斯各地的方言,在语音词汇等方面也有一些微小差异,表面看来存在无序的浑沌状态。但是在语言变异的过程中,

---

[1] 张公瑾、丁石庆主编:《文化语言学教程》,教育科学出版社,2004年。

额尔古纳俄罗斯语受到汉语强势语言的影响,都发生了一致的变异,遵循了语言简化,汉语构词法等原则,具有一定的规律性,体现了无序中的有序。额尔古纳俄罗斯语保留了俄语的语言底层,很多现代标准俄语已经抛弃的传统用法还在额尔古纳俄罗斯语中存在,这也为俄语的历时语言学研究提供了重要线索。

二、文化特点

语言是文化的载体,本身又对其为一种独立的文化现象。额尔古纳俄罗斯族的文化呈现了双重化的特点,既不同于俄国文化,也不同于汉族文化,主要表现在物质文化的衣、食、住、行、生产方式和精神文化在语言、命名、宗教信仰与观念、婚俗、节日等多方面的体现。

(1) 服饰文化。在额尔古纳,中老年妇女仍沿袭俄罗斯的穿着传统,喜欢穿短上衣、肩部带褶的花连衣裙或西服套装,头系四方头巾,冬天系毛织大披肩三角头巾,而40岁以下的年轻人,喜欢穿西装、衬衫、牛仔裤等中式服装。

(2) 饮食文化。主要表现为饮食习惯中西兼备,进食使用刀叉,也用筷子。日常生活中普遍食用馒头、烙饼、面条、米饭、油饼等中式饭菜,也较喜爱列巴(面包)、奶茶、西米丹(奶油)、果酱、苏波汤(俄式大菜汤)等多种俄罗斯风味的饭菜。他们常食的糕点不下20余种,包括主食面包(有黑白两种)、甜食茶点面包和各种糕点、饼干。他们善于就地取材腌制各种俄式酸菜,如酸蘑菇、酸黄瓜等。他们还较普遍地用当地野果,如嘎鲁比(笃斯、越桔)、斯莫罗吉娜(山葡萄)、季姆良卡(草莓)、山丁子等加工果酱。有些人家能用家传方法在冬季搅出冰糕,夏季制清凉饮料格瓦斯,甚至还能自制白酒、果酒。

（3）建筑文化。俄罗斯族文化的二元性在民宅建筑方面表现为建筑格局汉式化和建筑式样的俄罗斯化。他们的住宅多是用木栅栏围成的一个小院落，主体建筑包括厨房和几间卧室，庭院内建有牲畜圈棚，还辟有菜园。从格局来看，和北方农村并无两样。但其建筑式样和屋内布置却极具俄罗斯特色。在市郊、乡镇及农村，绝大部分人家住的是独门独院的俄式"木刻楞"。有的人家在庭院一角单独建有蒸汽浴澡堂，也是俄式木结构建筑，称为"巴尼亚"。

（4）语言、姓氏与命名、宗教信仰与观念。第一、二代俄罗斯族汉、俄语兼通。他们在家中或与本族人的交往中，大多使用俄语，而在一般的社会交往中，则常讲汉语。第一、二代俄罗斯族多半有双重姓名：汉姓随父，汉名也由父亲起。俄姓则从母。母亲因信奉俄罗斯东正教便依宗教习俗在孩子出生后为其认教父，由教父陪同去教堂接受牧师洗礼，并由牧师命名，男孩常见的名字有"亚历山大""尼古拉""维克托尔""瓦西里"等，女孩则叫做"玛丽雅""薇拉""柳芭""塔玛拉"等。俄罗斯姓氏从母姓，如母亲姓伊万诺娃，则自己也姓伊万诺娃。在宗教信仰方面，有一部分人既信仰东正教，在屋顶一角设神龛，供奉基督耶稣和圣母玛丽娅，同时又受父辈的影响，也信奉鬼神、崇拜祖先，相信万物有灵。很多家庭出现既供奉玛丽娅，又在门上、墙上贴门神、财神的现象。在俄罗斯族的观念中，人们既像其母亲和外祖母那样，讲究清洁卫生，又跟汉族一样，十分注重家族团结与互助以及儿女的忠与孝，而且重视农业，热爱土地，体现了汉族的传统思想。

（5）婚姻习俗。这方面体现为整个婚礼进程既有俄罗斯传统仪式，又有汉族习俗。如迎亲路上和酒宴上的乐队就具有俄罗斯特点，乐队主要由手风琴手组成。酒宴上人们兴致高潮时还会跳起踢踏舞或俄罗斯双人舞。在婚宴中，有人提议干杯时，来宾中总有人装作沾唇后难以下咽的姿势,连连叫喊"苦哇",随即人们也会含笑叫苦不迭,新郎、新娘便要接吻,人们才开怀畅饮。这些仪式都是俄罗斯风俗的体现。受父辈的影响,迎亲的队伍到达新娘家门口,新娘家人按照北方汉人礼仪堵门不让新郎进,而是先询问他是干啥的,当他答完"是来接媳妇的",再喝过两杯白酒后,方许进门。

(6)节日习俗。他们过着华、俄两个节日。从爷爷或父亲那里沿袭下来的是汉族节日,如春节、端午节、中秋节、元旦等节。庆祝方式也与当地汉族大致相同,只不过节日期间也会做俄罗斯传统食品如库利契、多尔特、蜜疙瘩、列巴等以示庆祝。从祖母或母亲那里沿袭下来的是俄罗斯节日,均与东正教的圣诞、复活、感恩三大节日有关,其中圣诞节、复活节最富有民族宗教色彩。具有广泛群众性的节日,依时间顺序为:一是圣诞节,又称为"主降生日",时间是每年公历1月7日。按惯例,当日除念经祈祷外,家家户户亦要折些松枝,讲究的人家室内要挂满五颜六色的装饰品及玩具、糖果、糕点等儿童礼品的圣诞树,并烤制大型蛋糕。二是耶稣复活节,俄语称之为"巴斯克节",为额尔古纳俄罗斯族一年中最隆重、最热闹的节日,是为了庆祝耶稣被钉死在十字架后第三天又得以复活。时间一般在公历4月26日或5月初。早在巴斯克节到来之前,人们便开始忙碌起来,住房粉刷一新,圣像龛前做出精心布置、装饰,主妇们提前烤制出大量不同风味、不同造型的糕点,其中必有一种是呈圆柱状,俄语称作"库利契"的大蛋糕,上有 XB 字母(两字母为俄文"基督复活"的缩写)的奶油花,此为用以敬奉耶稣和圣母玛丽娅等神以及主客分享的上等食品。

从以上的描述和分析中,我们可以看出,俄罗斯族文化在宏观上既有华人特点,又有俄人特点,即二元性。这是因为俄罗斯族是华、俄两个民族的后代,其文化必然受这两个民族的影响,打上两个民族的文化烙印。

俄罗斯族文化的发展本身就是一个动态的过程：一方面俄罗斯族文化从其开始形成起，就从内部促使他们不断调适、改进、完善；另一方面她不得不同东北地区的整个文化环境达成一致或部分让步，这就迫使其文化不断发生变异。具体表现为早期俄罗斯族文化的俄式特点比较明显（尤其是女性），当他们发展到第四、五代时，俄罗斯传统文化保留的较先辈要少得多，而是更多地吸收了周边汉文化和其他少数民族文化。如第一、二代俄罗斯族普遍建有面包炉和洗俄式桑拿浴的澡堂子。但现在的年轻人都嫌烤面包工序复杂，情愿到集市上去买或不吃，而时下流行的淋浴较用柴火烧水的澡堂子要方便得多，所以现今年青一代建房时很少在院子里另辟一间澡堂子了。再如，新娘子结婚时也不一定穿民族服装而是改为穿西服套裙。有的人家虽然在屋顶一角设神龛供奉基督耶稣和圣母玛丽娅，但仅为一种摆设。①

浑沌学理论认为，自相似性是一种普遍存在的由已知到未知的思维模式，是浑沌作为一种分形几何结构所具有的特性。俄罗斯族语言和文化在与汉族语言和文化接触的过程中，自身也不断发展、调适，交叉影响所形成的特点也体现了这种层层嵌套的自相似性。

第一、二代俄罗斯族都精通汉、俄两种语言，但汉语是以山东、河北方言为主，第三、四代俄罗斯族汉语的普通话说得特别娴熟，而俄语几乎被遗忘了，只懂不会说，并且文化的汉化特点也更加突出。但是自 80 年代开始，由于呼伦贝尔盟实行沿边开放，边贸蓬勃发展起来，急需各类俄语人才。会讲俄语，既成为一种时髦，又成为一种生存技能和优势，因而有许多人又加紧强

---

① 唐会：《试论内蒙古华俄后裔的文化特点及其发展趋势》，载《内蒙古工业大学学报》，2001 年第 1 期。

化俄语，懂俄语的人数短时间内大增，相应的俄罗斯文化特点也再次有所回归，最明显的标志，就是一年一度的巴斯克节过得尤为隆重而热烈。再如上世纪50年代末以前，由于额尔古纳有许多东正教堂，所以东正教徒的婚礼一般在教堂举行，男子择期备车亲自迎娶女方到家后，然后携手到教堂举行结婚仪式。新郎穿西装，新娘头戴花冠，身着白色礼服，面向圣像站好，各自将戒指放于桌上。主礼牧师问明男女双方确愿结为夫妻后，诵念经文，宣布婚事是"上帝配合，人不可分开"，然后握住新郎的手，新郎握住新娘的手，绕桌三周，交换戒指，婚礼结束。50年代末，教堂被毁，婚礼没法在教堂举行，而是在男方家举行。目前，额尔古纳市为尊重俄罗斯族的宗教信仰自由，重新修复了一个教堂，相应的又有一部分人开始在教堂举行婚礼了。俄罗斯族的丧葬文化也是如此，第一、二代俄罗斯族去世后，一般在其墓前立十字架，50年代末改为立汉族式的墓碑，现今十字架又重新出现在信教的俄罗斯族墓前。

三、语言态度

通过调查显示，俄罗斯族普遍使用俄语和汉语两种语言，但以汉语为主，共同交际语为汉语，俄语的使用受到使用场合和掌握人群的限制，在不同年龄段的人群中表现出不同的特点。

70岁以上的老年人能操一口流利的俄语，语音、语调比较纯正，这些老年人之间的交往语一般是俄语。他们绝大多数没有上过学，不会读，也不会写，精通汉语，与其他民族或小辈人交流时用汉语。他们是第二代俄罗斯族人，父亲多为山东、河北一带的汉族，母亲是俄罗斯人，他们小时候最先习得的语言是俄语，俄罗斯的语言文化和风俗习惯在他们心里留下了恒久不灭的烙印。他们继承了俄罗斯母亲的优良传统，擅长烤制面包，讲究干净卫生，热情开朗，为人和善，幽默大方，并且能歌善舞，酒量很好。他们很乐意用俄语与人交流，并且关注俄罗斯当代时事。我们认识的俄罗斯老妈妈玛丽娅是这个人群的典型代表，她出生在俄国，还曾经在俄国念过小学，她的俄语说得很流利，性格开朗风趣，她给自己的小狗起名叫果利亚，并且熟知普京和梅德韦杰夫，但是当被问及是否想回俄罗斯时，她斩钉截铁地回答，她想留在中国，不想去俄罗斯。这说明尽管因为自己的特殊民族成分和血缘，他们经历了很多波折，甚至直到现在他们的民族身份还没有得到认可，但是他们仍然认为自己的祖国是中国，对祖国依然怀有很深厚的感情。

四五十岁到六十多岁的中老年人群是第三代俄罗斯族人，他们大多在幼年时跟父母或长辈习得了俄语，而且他们小时候周围的人都讲俄语，语言环境较好，只是由于"文革"的影响，致使他们被迫脱离了俄语环境，因此很多人凭儿时的记忆仍会说一部分俄语，但只停留在听和说的层面，不能读也不能写，与日常生活有关的话题多半能听懂，会说一些日常用语或词语，但较之上一辈人已经有了明显的退化。他们对俄语还是很有感情的，但是由于各种政治原因没有学好，现在因为生活、工作的负累，已经不可能再重新学习俄语了，因此他们希望后代人能够有机会和条件学好俄语。

40岁以下的中青年及儿童是第四代、第五代俄罗斯族人，他们掌握的语言基本上只有汉语一种，俄语既不能听，也不能说，更谈不上读和写，有些人可以听懂生活中常用的个别单词。第四代俄罗斯族人正值"文革"期间出生，他们的父母那时几乎都受到了不同程度的迫害，无人敢讲俄语，因此这些人也就失去了从小在长辈那里习得俄语的机会。改革开放后，虽然经济政治形势较以前有了明显的改观，当地学校也曾在1981年至1991年前后开设过俄语课，但他们已错过了学习语言的最佳年龄。第五代俄罗斯族人已完全丧失了学习俄语的语言环境和外部条件，汉语已完全成为他们家庭及社会生活交往的主要交际语。他们也大多与当地汉族人通婚，生活习惯和风俗基本与汉人无异。但是他们已经意识到了学习俄语的重要性，认为学习俄语是适应社会形势发展的，也希望后代人能将本民族语言传承下去并得到发展。

浑沌学研究表明，对初值的敏感依赖性，会导致系统长期行为的不确定性和随机性。初始条件的微小变化可以对系统未来的表现产生巨大的影响。俄罗斯族的语言文化作为初值，影响着俄罗斯族人民情感系统的变化。当代俄罗斯族青年一方面对本族语言文化持不屑一顾的态度，认为没有必要再学，另一方面他们在潜意识里是热爱本族文化的，他们的手机里存储的是俄罗斯歌曲，也擅长俄罗斯舞蹈，同时继承了俄罗斯传统节日和风俗习惯，这都体现了对俄罗斯族语言文化这个初值的敏感依赖性。

综上所述，俄罗斯族语言文化的发展过程蕴含着浑沌学因素，运用浑沌学理论可以更好的对这一问题进行阐释，并提供了新的思路和视野。

纠错反馈：中介语系统演化的重要因素

洪 芸

一、引 言

随着后现代主义在社会科学、艺术等各个领域中的兴起，一些教育工作者如 Swada 和 Caley、Doll（王海澜，2001）等把浑沌理论视为教育理论应采纳的一种后现代范式。他们对浑沌理论进行了精致的分析，倡导以浑沌为基础或隐喻重新解释教育。Mac Phosen（王海澜，2001）在对于浑沌学如何应用于其他领域时指出有两种方式：一是直接的应用，即直接用浑沌理论与方法来研究问题，如它在电子学、计算机网络等领域的应用；二是间接的应用，即提供思考问题的新视角、新范式，这种应用主要是在社会科学领域。浑沌学认为因果关系不是持续性和对应性的，这种思想有利于在自然科学领域产生新的发现，而作为一种隐喻，也可能会对社会科学的研究产生极大的借鉴作用。它对社会领域研究的价值包括以下三个方面：

1. 浑沌的隐喻。大多数的社会系统实际上可能是浑沌的，因此浑沌学可能在将来的某一天应用于社会科学，但就目前而言，我们可以借鉴其研究角度与范式，即间接应用，尤其是教育科学实际上一直是由隐喻推动着的，浑沌理论的不可预测性、奇异吸引子和分形这些隐喻，可以为理解教育提供一个新的方式。

2. 浑沌系统、吸引子之类的概念系统。由于教学系统的研究对象是不同层次的教与学的系统，我们可以利用浑沌系统的特征对其进行解释和应用，比如可以探讨把大型的教育现象重新加以界定，看作浑沌系统，做一些短期预测，可以分析对教育产生过较大影响的课程吸引子等。

3. 对传统教育研究范式的反思与改造。传统教育研究有这样几个基本观点：一是认为教学就是知识传递的过程，掌握知识构成了教学的本质；二是认为教学中的知识是真理性的知识，其正确性是不容怀疑的；三是认为教学是有客观规律的，良好的教学是符合规律的教学。在这几个基本观点的支配下，教育就是"教"等于"学"的一个过程，而实际上，同样的教师和教学方法，教学效果却千差万别。我们用浑沌学的思想，挑战拉普拉斯式的教条，挑战教育控制实践的观念，最终可以深化对教育现象的认识，改进教育现象的研究。

本文将利用浑沌学的理论来重新解释二语课堂教学的纠错反馈。我们认为二语课堂教学是一种特殊的超复杂系统，传统的教学研究范式需要变革，至少隐喻式的借鉴浑沌学理论是富有意义的。

二、纠错反馈的定义及分类

R. Ellis 等（2001）认为纠错反馈是对学生错误句子的一种反应。这种纠错反应由他人发起，包括 1. 告诉学生他的句子有误；2. 提供正确的目的语形式；3. 对错误的性质提供语法解释；4. 以上 3 种任意两种的组合。

纠错反馈方式多种多样，从不同的角度可以将之分为不同的类型：

按纠错反馈的来源分类：可以是由教师或本族语者提供的，

也可以是由学习者自己或学习者的同伴提供的；按纠错反馈的目的分类：可以是为了达成交际双方相互理解而提出的（即关注语言的意义），也可以是为了纠正学习者语言形式方面的错误而提出的（即关注语言的形式），也可以是针对语用而提出的；按纠错反馈的形式分类：可以是口头的，也可以是书面的；按提供方式分类：可以是直接的给予评价，指出问题所在，也可以是间接的，以暗示、含蓄的方式指出错误；按是否提供正确的目的语形式，或者能否推动学习者进行自我修正来分类：可以是直接告诉学习者正确的目的语形式，但却不能促进学习者的自我修正，如重述类，也可以是引导学习者自己说出正确形式，并且促进学习者的自我修正，如引导类。

以上阐释了纠错反馈的几种主要分类维度，这些维度构成了一个复杂的多维空间，每一个具体的纠错反馈策略是由它在这个多维空间的位置决定的。比如，某种纠错方式可能是由教师针对学习者语法错误提供的直接口头负面反馈。

根据 Lyster 和 Ranta（1997），这种纠错反馈主要有以下六种形式：明确纠错、重述、引导、元语言解释①、澄清请求、重复。

1. 明确纠错：教师明确指出学生错误并提供正确的语言形式，如例1：（本文的例句全部来自真实的课堂教学录音）

例1：

学生：在我的国家，男人比女人平等。

教师：不对，应该说男人跟女人平等，大家注意一下，A跟B平等。（一边板书，一边说话），注意这种用法。

2. 重述：教师将学生的错误句子改正后说出，有时说的是整个句子，有时只是错误的部分，即有改变和重点的重复。重述

---

① 元语言解释指的是用分析、描述语言的语言解释错误。

一般来说是间接的,没有像"你错了"这样直接的提示,不过有些重述更明确一些,只着力于错误部分,大部分重述都是在对话中将正确的句子表达出来而不说明错在哪里。重述也包括把学生用母语说出的句子翻译成目的语。

例2：

学生：过去中国人认为多子多福,……长老的时候,没有问题。

教师：多子多福,老了以后没有问题。

3. 引导：教师经常使用3种方法：(1) 直接向学生提问,如"这个句子用XX怎么说?"；(2) 故意停顿一下,这样可以给学生足够的时间用来完成教师的句子,如例3；(3) 重复句子的错误部分,让学生重新说一遍句子。

例3：

学生：现在一般的中国家庭两代——

教师：只有——

学生：只有两代三口人。

4. 而不直接提供正确的形式。提出评价是指告诉学生句子是错误的,如"这句话说得不对"；提供信息指的是提供语法解释或是告诉学生某个词的词性,如"可能补语不能用在把字句里","'见面'是离合词"；提出问题是指出错误性质,不过需要学生自己回答,如"副词能用在名词前面吗?"

例4：

学生：你带——

教师：用"把"。

学生：你把他带到我的办公室去吧。

例5：

学生：教室离我的宿舍远。

教师：一个远不好。

学生：很远。

5. 澄清请求：Spada 和 Frohlich（1995）对澄清请求下的定义为：教师不明白学生的句子，或者句子某些地方是错误的，需要改正。这种反馈针对的问题既可以是对于语义的理解的问题，也可以指词语准确性的问题，或者两者兼而有之。如教师询问学生"什么意思？""我没听懂。"或者重复学生的错误"你说的XX是什么意思？"

例6：

学生：刘老师把书放在……

教师：什么啊？

学生：桌子上。刘老师把书放在桌子上。

6. 重复：教师重复学生的错句，一般是在错误的地方提高语调，以凸显错误。

例7：

学生：老师把椅子搬出……

教师：搬出去了吗？

学生：搬到。

浑沌学理论认为，复杂系统是由许多相互作用的成分构成的，这些成分共同作用的结果是不可预测的。Larsen—Freeman（1997）认为，中介语是一语和二语不同类型的知识之间互动的结果。二语研究中始终无法解决的一个问题就是如何确定学习者的中介语水平，因为研究者的语法是一个静态的规则，不适合判断学习者不断变化的内在的中介语语法。虽然二语习得的成功是以中介语与目的语吻合程度的多少来衡量的，不过这两个系统永远不可能完全吻合。一方面，中介语不断向目的语靠拢，另一方面，目的语也在不断进化或发展着，而且当我们使用"目的语"这个词时就是有误导性的，因为这个目的始终是活动着的。然而，中介语在动态发展过程中又往往是相对稳定的。在每一个阶段，各个组成成分之间保持着某种特定关系，受到某些特定环境因素的制约。因此，要对二语习得作出全面深刻的描写和解释，不但要描述和分析各种关系的静态排列，更要描述它们发展变化的过程。二语初始状态的研究也可以为我们揭示中介语是如何发展的。目前对于二语初始状态的研究趋势是：二语的发展是依靠普遍语法原则和二语输入的交互作用，普遍语法在二语习得过程中起着制约和引导作用，这一点已经达到了共识（柴奕，2007）。而二语输入根据 Carroll（张雪梅，2001）有两类：一类输入和二类输入。前者指学习者从周围环境中获得的正确的目的语语言输入，后者指包括清楚的或含蓄的反馈在内的否定输入，主要是对学习者有关语言学习的假设进行修正的输入。其中学习者完全依靠一类输入不能掌握有多重限制的语法规则和复杂的语言形式，而二类输入有利于学习者发现其语言假设中知识如何关联、受何制约等重要信息，能够对目的语做出正确推断，并逐步调整原假设（张雪梅，2001）。二类输入中的否定输入指的就是纠错反馈。即当学生的二语输出出现不符合目的语规则的情况时，教师对于学生输出的反应。这种反应有显性和隐性之分，即直接反馈与间接反馈。直接反馈是指明确指出学生的错误并纠正，间接反馈是指用间接方式指出学习者的输出与目的语的不同，是在不打断交际的情况下判断学生不符合语法的地方。无论哪种形式，基本上都包括 3 个步骤：触发、反馈和理解回应，如例 8：

例 8：
学生：我认为老人在福利院照顾。（触发）
教师：由——（反馈）
学生：由福利院照顾。（理解）

三、中介语系统对反馈的敏感性

复杂系统的动态模型会表现出反馈圈,这种反馈圈在生物进化中已经被接受,达尔文的物种选择将生物界对反馈的敏感性解释得淋漓尽致。生物体吸收外部影响,并且改变内部结构来适应新环境。在生物学上,这种因素是单个的有机体,反馈是自然选择提供的,这种模式的稳步改善就是进化。正反馈促使进化的进行,负反馈检验那些引起物种质变的因素,从而保持生物体长时间的稳定。而学习的过程也就是试验一个新模式是否违反现实,然后再修正使其与外界适应,其实这种情况始终存在于生物界中。在学习语言的认知过程中,这种过程实际上也是相同的,有机体变成了单个的个体,反馈则来自于老师和学生自己的直接经验。二语都是在社会中学习、使用、协商和得到支架帮助的,学习者根据过去的经验使其系统化和自动化。学习者在学习一门语言时,首先会根据外界输入,在已掌握的目的语某种规则的基础上能动地、创造性地形成一个关于该语言的假设,(这是人类固有的、内在的语言能力),当遇到现实的交际需要(要实现的交际目的)时,就有可能按此假设生成他此前从没学过、从未听到过的话语(语言能力外化,言语生成),然后逐步尝试使用该假设,其中必然有对有错(有错即是错误的生成),这时他就需要外界提供有效的反馈信息。如果学习者的输出是正确的、可理解的,那么他们会得到正面反馈,对话将会关注意义和交流。经过交际实践的检验(检验的结果作为新的信息再反馈到大脑相应的中枢,即反馈内导),对的规则就被强化并巩固下来(即形成巩固的条件反射);而错的(即偏误)就得到负面反馈,帮助他们将注意转移到他们所不知的上面。通过纠错反馈,无论是间接的方式还是直接的方式，学习者通过对它们的重组、吸收予以解决。这样一个在足够的输入下，这种环形反射过程不断重复，学习者逐步尝试、逐步修正自己的中介语，学习者的中介语系统不断向目的语系统靠近的过程，也是学习者逐步掌握目的语的过程。从动态复杂性系统的角度看，反馈有助于中介语系统超越其当前设定的模式，激发新的模式形成过程，从而获得新的语言特征。

理论上讲，纠错反馈促进中介语的发展，二语学习过程的特征就是假设的建立和修改。学生可能只需几秒钟的时间，也可能需要一生的时间来得到一个正确的假设，纠错反馈就是引起这个变化的动因。Schachter（1991）观察到，即使一个简单到如"不，不是这么说"的句子也能够对学生斩断自己的错误假设起到巨大的推动作用，因为这样一个句子也可以缩短学生假设的验证过程。

当反馈不足且没有其他外力帮助的时候，如当学生使用词典的时候，学生无法自行判断正确与否，他们会有迷路的感觉，即使在目的语环境中也可持续数周甚至数年，直到得到正确的假设。如Gordon（Han，2002）说的那样：如果学生足够幸运，他的第一个猜测就是对的，否则也可能需要无数年才得到一个正确的猜测结果，实际上，这个过程是没有止境的。

四、中介语的僵化

学习者的复杂中介语系统的动态结构反应了反馈的循环，反馈使中介语发展和进化。在认知方面，施动者是个体的大脑，学习者从教师那里接受反馈；学习者的中介语是一个自组织的过程，因为中介语的反应和改变受反馈的影响。当反馈停止，学生的中介语进入一个僵化状态，系统就闭合，进入到一个稳定的状态。从浑沌理论的视角来看，这只是一种静止的平衡态，而不是真正的有序，因为此时"熵"处于极大值状态。这种僵化的中介语没有活力、没有生机，借用热力学术语，它将走向"热死"。（张武江，2004）

那么什么样的反馈可以引起中介语的僵化呢？

Ellis（1994）曾对中介语的僵化研究作了如下总结：1）内因：①年龄因素；②缺乏与目的语社会文化融合的欲望。2）外因：①交际压力；②缺乏学习机会；③反馈性质对学习者第二语使用的影响。Ellis所提的反馈性质，又被称作"相互作用论"，其主要论点是：(1)学习者在第二语言学习的课堂内所获得的不正确的内容有时起到了语言输入的作用，从而导致了学习者语言错误的沉淀，即僵化。(2)第二语言学习的课堂活动中，反馈对学习者可以产生肯定的、中立的、否定的或负面的影响，而学习者对此的不同反应会对其本人的语言使用产生不同程度的刺激。该解释说明学习者二语学习的心理因素及对反馈的不同反应。

Vigill与Oller（陈慧媛，1999）认为对僵化过程起决定作用的主要是语用问题而不是句法方面的问题。也就是说是语言交流中外在因素对内在语言体系的一种交互作用在起作用。在交流过程中，说话者与听话者（主要是对语言掌握更地道的听话人）之间含有两种信息的交换：一种是"情感"方面的信息，另一种是"认知"方面的信息。情感信息不是以语言形式而是以超语言的形式，比如面部表情、声调或手势等来实现的。认知信息包括事实、猜想和信念。认知信息都以语言的形式来表达。情感信息和认知信息都有三种状况：肯定的、中立的和否定的。这样就可能有九种组合状况。如果在交流中得到的是肯定的情感反馈和肯定的认知反馈，就会鼓励学习者继续以同样的语言形式试用下去。如果学习者的语言中还有大量错误，这种形式的反馈就会造成错误形式的僵化。因此，防止语言僵化的最佳状况是肯定的情感反馈与否定的认知反馈。肯定的情感反馈鼓励学习者继续语言尝试，而否定的认知反馈示意学习者有必要作一些变化和修改。这就会使不正确的或有问题的话语形式处于一种不稳定状态中，这种不稳定状态会迫使学习者去对自己的语言作修正。

我们认为引起中介语僵化的原因有许多，反馈是其中一个不可忽视的因素。由于反馈在课堂语言教学实践中的具体运用以及学习者对反馈的接受和识别程度不同，有可能引起中介语的僵化现象，如以下三种情况：(1) 学习者对间接反馈如澄清请求、重述等反馈形式无法识别，我们曾提到的"一类输入"和"二类输入"，只有学习者的正确识别才能使作为反馈的二类输入具有意义，否则这些反馈就不会发生任何作用。(2) 教师的反馈不够清晰或对于多个错误包含在一个反馈中，反馈本身不具备信息性和凸显性。Long (1996) 经研究发现，学习者对教师的反馈在理解与认识上存在分歧。学习者往往不能正确地识别其意图。(3) 教师对学习者的错误的反馈不一致或不连贯，从而致使学习者的某些错误永久僵化。Allwright（龙梅，2004）讨论过这一现象。由于教师在课堂上耐心地纠正了某一学生的错误，但对另一学生的同一语言点的同一问题却视而不见，就会使教室里的其他同学产生疑问，无所适从，甚至自行推断出一条错误的语言规则。

总之，一个系统要进化，要达到一个新的演化状态，就需要来自内部和外界的反馈。反馈分正反馈和负反馈，正反馈的作用就是通过进行一些使现存状态产生不稳定的操作来放大系统偏差，负反馈主要起平衡调节作用，阻止偏差出现。可见，负反馈对系统最终达到目标起着决定作用。郝柏林曾这样说过：演化就是浑沌加反馈，或是有反馈的浑沌。在二语教学中，纠错反馈是促进学习者中介语系统演化的一个重要的因素。纠错反馈的作用是使学习者成功改进其中介语规则，引导学习者注意到来自他人的输入与自己的输出之间的不一致,从而使学习者关注语言形式本身,这是单纯地给予可理解的输入无法做到的,因此对于反馈的调查发现和研究结论对第二语言教学有着重要的指导意义和参考价值。

　　学习过程是一个尝试、犯错的过程。学习者必须通过处理外界对错误的反馈,使他的中介语越来越符合语法规范,距离目标语越来越近。他最终通过纠正错误学得目标语。僵化产生的机制在于,学习过程中的中介语错误没有得到外界的正反馈,或得到正反馈而没有得到必要的处理,或得到的是负反馈,而在学习者的中介语体系中沉积。

甘南藏族学生汉语中介语
干扰因素的浑沌学解释

杨 琳

一、中介语的概念及特点

"中介语"(Interlanguage)这个术语指学习第二语言时自主形成的母语与目的语之间但又独立于母语和目的语之外的一种过渡性语言,兼有学习者的母语和所学目的语的特征。在国内中介语研究的颇多总结中,有些学者也总结出了许多特点,如过渡性、母语依靠性和反复性。过渡性最早由赛林格(Selinge)在1972年提出,于20世纪80年代传入中国。在国内有人也将其翻译为"过渡语"、"族际语"、"中继语"等,指语言学习的过程本身就是一个动态不平衡的过程。母语依靠性,是指在学习目的语时不能完全脱离母语,母语的语言规则系统对目的语形成影响的现象。反复性则指学习过程中不断地向目的语接近的现象,但这种接近不是线性的,而是呈螺旋形或波浪形。

二、藏族学生汉语中介语的表现

我们知道语言的发展有线性的,也有非线性的过程。没有一个规则是没有例外的,没有一个语法规则能百分之百地描述概括一个言语现象。甘南藏区的大部分藏族操安多方言，藏族学生学习汉语普通话（目的语）的过程，也正是语言迁移的过程。"迁移"过程中有所谓正迁移和负迁移之分，负迁移就是常说的"干扰"，学习过程中由于"干扰"出现了与母语不同的变异形式，也出现不同的伸缩与折叠，也就造成了我们现在所看到的这种既不是母语又不是目的语的中介现象。"既然是中介语，就会有偏误，就是不到位、就是不标准、就是不纯。"① 这种迁移在不同的层面各有表现，以下我们主要从语音层面来观察藏族学生的中介语现象。

2.1 从声母角度看。在安多藏语②的音位系统中，单辅音声母有 36 个，复辅音声母有 18 个。单辅音声母有较为对称的清浊对立，如有 [p] / [b]、[t] / [d]、[k] / [g]、[tʂ] / [dʐ]、[ts] / [dz]、[tɕ] / [dʑ] 六对。

	例 词							
[p] / [b]	宝贝	标兵	辨别	颁布	背包	版本	保镖	布帛	不必
[t] / [d]	电灯	道德	大地	大胆	带动	单调	到达	颠倒	打赌
[k] / [g]	改革	巩固	高涨	高档	公关	观光	古怪	挂钩	骨骼
[tɕ] / [dʑ]	嘉奖	阶级	建军	将军	见解	加剧	交际	借据	救济
[ts] / [dz]	总则	遭罪	走卒	祖宗	自尊	藏族	自在	最早	坐姿
[tʂ] / [dʐ]	战争	主张	珍珠	茁壮	郑重	专著	追逐	诊治	招致

汉语普通话辅音没有清浊对立，因此，藏族学生形成的中介语在发"宝贝、标兵、辨别、电灯、道德、大地、改革、巩固、高涨、总则、走卒、遭罪、战争、主张、珍珠、建军、阶级、嘉奖"等词的清塞音、清塞擦音音节时，都发成了浊音，而且往往

---

① 于根元：《动态：语言的本质》，载《语文建设》1997 年，第 9 期。
② 这里专指安多藏语方言夏河拉卜楞语音音系。

带有藏语前置复辅音［n］。以上六对浊音在安多藏语中是属于不同的音位，具有区别特征。但在中介语中，多关注"微观文化"，他们却自然合并为浊音，成系统并发音稳定。

其次，藏语中没有唇齿音［f］音位，藏语母语多关注"微观文化"的单语人至今也不会发这个音，而会说第二语言汉语的人在发这个音位时，用另一个复辅音声母替代。如奋发［xwən xwa］，声母带有圆唇化色彩。也有把声母［f］发［ɸ］和［x］的。

		例 词							
［f］	［xw］	夫妇	纷繁	佛法	吩咐	丰富	发疯	反复	付费	放飞

2.2 从韵母的角度来看。汉语普通话音节中有元音组合成的二合、三合复元音韵母，这些音色发音动程清晰响亮，圆润和谐。然而对藏族学生来说是一大难点。安多藏语中复合元音韵母极少，因此，受母语藏语元音的影响，藏族学生发普通话的复元音韵母时，由于发音动程不完全或开口度大小不够，听起来很像单元音，甚至有的改变了元音音位。

		例 词							
［au］	［ɔ］	懊恼	报道	操劳	告到	抛锚	讨饶	照抄	草包	唠叨	号召
［iau］	［iɔ］	调教	脚镣	巧妙	鸟叫	吊销	飘摇	聊表	吊桥	交掉	窈窕
［iou］	［ʉ］	丢牛	球友	流油	琉球	绣球	就有	旧酒	牛柳	久留	悠久
［y］	［ʉ］	区域	旅居	滤去	曲剧	序曲	语序	浴具	女婿	迂曲	须臾
［iɛ］	［E］	喋血	贴切	铁屑	乜斜	趔趄	别接	揭帖	结业	歇业	冶铁

以齐齿呼韵母和撮口呼韵母为例，"掉、跳、桥、小、交、表、料、苗、漂"，三合复元音［iau］的音色变为二合复元音［iɔ］，中间开口度最大的主要元音［a］丢失；"就、修、球、刘、扭"音节的三合复元音［iou］和"去、绿、许、句"音节的单元音

韵母［y］的音色也都变为单元音舌面央高圆唇元音［ʉ］，"跌、切、铁、鞋、撇、烈、街、灭、捏、业"音节的复二合复元音［iɛ］的音色也变为单元音舌面前正中不圆唇元音［E］，"全、选、捐"等音色当地学生发音时，受母语复辅音圆唇化的影响，将舌面前高圆唇音［y］的音色发为舌面后高圆唇音［u］。这些变异后的音色在汉语中介语中成系统地出现。

在汉语中介语中，前后鼻音出现混淆，受到汉语西北地区方言兰银官话的影响，藏族学生学说普通话也是无一例外地全盘体现这一方言特色。

2.3 从声调的角度来看。安多藏语方言没有声调。从现有的资料来看，所谓的声调只是一种习惯性的音高现象，并不具备区别词汇意义的价值，只有在极个别的情况下，伴随声音的高低习惯调有可以区分意义的作用，如 fiŋa（高调，五）、fiŋa（低调，我）。因此，藏族学生在学习普通话时无法感知普通话的四声，说出来的话可能有轻重音的区分，但不是声调的区别。

2.4 从语法角度来看。藏语（母语）的语序一般是 SOV，而汉语普通话（目的语）的语序是 SVO 型，由于母语句法运用规则的吸引和依赖，中介语句法也与母语句法极其相似。并由此而形成的规则也很难改变。

藏：ŋe tan jən phioŋe taŋ na。
中：我 电影票 买了。
汉：我买了电影票。

藏：khə kaŋe ka tsa mə. ge。
中：他 我 话 说。
汉：他不和我说话。

藏：ŋa ta hgor momet。
中：我再 没有。
汉：我再也没有钱了。

藏：tshəmə ka tshetaŋ nərə?
中：你 不高兴 为 什么
汉：你为什么不高兴？

我们看到中介语的词序规则与母语有着惊人的相似，并可以在运用中套用，正如浑沌学中提到的分形或者无穷的嵌套结构，好像一颗洋葱从里到外的剥离，每一片都是何其相似。这种自组织性稳定影响着新系统生成的规则,从深层次角度来看,这些"混乱"是"有章可循、有迹可求"的。研究非线性系统时,不是针对个别情形,而是把各种可能的系统作为一个连续过渡的序列去考察,以图一举阐明全部可能性……①这种句法以至于影响到周边地区如西宁、临夏等地的兰银官话,被人有趣的称作"藏式汉语"。它是中介语形成中不可忽视的"暗流"之一。

三、对中介语成因中干扰因素的浑沌学解释

语言作为一个开放性系统,本身的发展不可能在封闭的真空中生存与发展,一方面它的结构本身会有一定的历时演变,另一方面也会由于环境的变化,在同其他语言的接触与交流过程中产生不同的变异形式。藏语是一个自成体系发展成熟的语言,形成了它母语内部核心的"初值"。语言的"初值"在受到其他语言文化的影响时,会有一定的排他性和保守性,这也就使得学习者在接受第二语言的学习时,产生对母语初值的依赖性。

藏族学生在学说普通话时,发出的声、韵、调既不是汉语普通话的也不是母语的。安多藏语中的浊塞音声母和浊塞擦音声母在汉语普通话中找不到与之相对应的音节,因此在发汉语清塞音声母时,无法具体而又清晰地区分声带的振动,把汉语普通话的清塞音声母字都变为浊塞音声母字,说出来的汉语听起来"重而浊";安多藏语没有声调音位系统,他们在学习普通话的"阴阳上去"四声时,虽然尽量向目的语靠拢,但是受到母语无声调的深刻影响,形成一种既不是母语也不是目的语的混合语声调,不

---

① 苗东升、刘华杰:《浑沌学纵横论》,第243页,中国人民大学出版社,1993年。

仅缺少汉语所谓的"高低转折、抑扬顿挫"的音乐性，而且听来仍然带有浓厚的藏语色彩。在学习和模仿的过程中原有的语音系统平衡被打破了，同时又没有来得及为适应新的语言而建立起新的平衡，在这种平衡与平衡破缺中语音学习中所表现出的微小差异，与标准汉语普通话（目的语）已是大相径庭了。这种"四不像"，是一种紊乱，但它是从一个固有系统向新系统转变并取得新的平衡前的必经阶段。

语言每时每刻都在变化。浑沌学认为事物在动态的系统中常常会显现出意想不到的复杂性，造成事物各种不同的推力，并产生各种引力。目的语大量的新语音形式，是引力，但母语的语音模式无法接受这些新形式时，便产生推力，在是否坚持传统的母语语音习惯依靠，同时又要接受和寻找目的语的大量新的语音形式的信息的"奇异吸引"时，就产生一种折中的形式，即从母语模式去理解和接受新形式。中介语中各种因素的筛选和整合、对规则的一些不完整运用，都可找到母语的"影子"，这些所谓的"影子"犹如一个个奇异的吸引子，对新的语言系统产生着潜移默化的影响，使得新系统建立新规则，在运用中达到一个相对稳定的状态。

当然，我们还可看到，学习者自主学习时常常用类推或推衍的方式在目的语和母语之间来回穿插学习，由此也会引起相反的作用力。例如有关前后鼻音韵母的区别，通过一些偏旁类推法的学习使用后，学生常常会过度推衍，以偏概全，甚至以讹传讹。

四、结　　语

萨丕尔在《语言论》中提到"每一个词，每个语法成分，每一种说法，每一种声音和重音，都是一个慢慢变化着的结构，由看不见的不以人意为转移的沿流模铸着,这正是语言的生命。"[1]甘南藏区藏族学生学习汉语普通话,实际上不同于其他汉语方言区的学生学习汉语普通话的情形,学习的过程中交织着两种语言系统,两种社会历史背景,两种文化心理的矛盾冲突。藏族学生所说的汉语中介语是一个既不同于汉语普通话又不同于藏语的一个特殊而又独特的语言系统,是一个逐步向汉语普通话过渡的动态的语言系统,也是学习汉语普通话的必经阶段。严格有序的藏语母语系统和学习汉语的过程中那些看似混乱、无序的语言现象混杂在一起,其中所充满的分合与影响、奇异的吸引子,汇成了由母语成分和目的语成分混合而成的新的语言沿流模式,形成浑沌,而又在此基础上产生了以汉语方言为主的新的稳定形态,即汉语中介语。汉语中介语在母语藏语与汉语目的语之间在不断地整合语言中有生命力的部分,这其中的不稳定、随机性、动态的因素在这种生命力的筛选中,从无序到有序直到最终建立新的语言机制。

---

[1] 爱德华·萨丕尔著,陆卓元译:《语言论—言语研究导论》,商务印书馆,第138页,1985年。

基于浑沌学思想的汉语
教学模式及其应用

鲜红林

教学过程是一个非线性的、开放的复杂系统，传统的线性的教学模式并不能适应教学过程的需要。非线性教学模式是对线性教学模式的一种超越。教学过程的实施由线性思维走向非线性思维，是当代教学理论发展的必然规律。本文试图用浑沌学的思想去分析汉语教学过程中所应采取的教学模式。

一、基于浑沌学思想的教学模式

1. 浑沌学思想指导下教学模式的划分

依据教学理论和教学实践的认知特性，人们常把教学模式划分为线性教学模式和非线性教学模式。线性教学模式是一个简单的、确定的、序列性的、易于量化的秩序系统，它有着清晰的起点和明确的终点。非线性教学模式是一个复杂的、多元的、不可预测的系统，永远处于转化和过程之中。线性教学模式与非线性教学模式的区分为教学理论和教学实践的研究开辟了新思路。

由于教学过程本身是一个复杂的、动态的、非线性的过程，因此，由线性教学模式向非线性教学模式的转变，是当代教学理论与实践发展的必然要求。非线性教学模式的提出与建构，是人们运用复杂性科学重构教学世界的结果。另外，信息技术的发展与普及，也为非线性教学模式的建构与实施创造了条件。与传统的教学模式相比，非线性教学模式在教学内容上信息量更大，在教学媒体上形式更为多样，在教学方法上更趋向个性化。

根据浑沌学思想，在动态的、复杂多变的非线性教学过程中，教师应该灵活选择线性或者非线性的教学模式来实施教学。在基于浑沌学思想的教学过程中，教师处理问题的方式不再是预先设定、按部就班，而是视具体情境而定。在课堂教学过程中，师生依托认知结构通过互动来，选择教学方法、获得和建构教学内容、并对教学效果作出评价等。

2. 基于浑沌学思想的线性教学模式

在传统的线性教学模式中，教师和学生之间的关系是简单的线性关系。教学模式和教学过程是围绕如何"教"而展开的，很少涉及学生如何"学"的问题，常使学生处于被动的地位，从而影响了学生创造力的培养。

在传统的线性教学模式中，学生是被动接受者，学生在教学过程中处于被动地位，学习时只能被动而直接地接受教师所教授的内容，并且死记硬背，忽略了运用自己的思维去分析和探究。

课堂上教师作为教学主体，是知识的拥有者，拥有绝对权威。教师决定教授内容、教授方式和步骤，重点关注如何向学生传授知识，不顾及或很少顾及学生的兴趣、动机、水平、情感、师生关系、生生关系、课堂气氛等等其他可能影响教学过程和教学效果的因素，也忽视了学生实践能力的提高以及发散性思维、创造性思维的培养。

3. 基于浑沌学思想的非线性教学模式

建构主义理论是现代学习理论的发展与突破，它给教学领域带来了学习观和教学观上的根本性变革。在建构主义的知识观、学习观和教学观里充满了非线性思维。建构主义理论是构建现代教学模式的理论基础，笔者主张：在教学过程的组织和实施中所运用的基于浑沌学思想的非线性教学模式应是在建构主义理论指导下的非线性教学模式。

(1) 建构主义的非线性知识观

知识只是人们对客观世界的一种解释、假设或假说，或者只能说是一些信息、符号，并不是对现实的准确表征，也不是绝对正确的终结答案。它必将随着人们认识程度的深入而不断地变革、升华和改写，并出现新的解释和假设。知识并不能绝对准确无误地概括世界的法则，也不能提供对任何活动或问题解决都适用的方法。掌握书本知识并不意味着掌握了规律。书本知识只有通过学生个体的主动建构，变成学生认知结构中的知识，才能获得意义。获得知识的多少取决于学习者根据自身经验去建构有关知识的能力，而不取决于学习者去记忆和背诵教师所教授内容的能力。

(2) 建构主义的非线性学习观

建构主义的学习观强调学生学习的主动性、积极性和创造性，在建构主义的学习过程中，学生的学习不再是被动地接受过程，而是一个主动建构的非线性过程。建构主义学习观主张学习是心理的积极运作过程。它非常重视学生已有的直接经验对其学习的影响，认为每个人的经验及对经验的信仰是不同且有差异的。建构主义关注学习者如何以原有的经验、认知结构和心理结构为基础来主动建构认知结构。

建构主义学习观认为学习者能够运用多种认知方式、信息资源进行学习，同时，对学习材料的理解会受到群体文化、社区文化的影响。建构主义学习观强调，知识不是单纯通过传授得到的，而是学习者在一定社会文化背景下，通过他人（教师、家长及学习同伴等）的帮助，利用必要的学习手段及学习资料，通过意义建构的方式而获得的。学习者不是消极、被动地接受来自外界的刺激，不是把知识简单、机械地从外界搬到记忆中，而是在原有经验的基础上，主动而积极地对外部信息进行选择与加工，通过新旧知识经验间反复、双向的相互作用过程来主动建构自己的认知结构。

建构主义学习观十分重视学习环境，把情境、协作、会话和意义建构作为学习环境的四大要素。学习环境中的情境必须有利于学生对所学内容的意义建构，协作发生在学习过程的始终，会话是协作过程中不可缺少的环节，"意义建构"是整个学习过程的最终目标。在学习过程中帮助学生建构意义，就是要帮助学生对当前学习内容所反映的事物的性质、规律以及该事物与其他事物之间的内在联系达到较深刻的理解。这种理解就是关于当前所学内容的认知结构。建构主义学习观不像传统的线性学习观那样强调学生的死记硬背和被动接受，而是具有了复杂的、开放的、非线性的特征。在这种非线性的学习过程中，学习并不是信息在量的简单积累，更重要的是包含新旧知识经验的冲突，以及由此而引发的认知结构的重组。学习过程并不是简单的信息的输入、存储和提取，而是新旧经验之间双向的相互作用过程。

（3）建构主义的非线性教学观

建构主义教学观重视教学过程中教师与学生以及学生与学生之间的相互作用和合作学习。教师是学生进行意义建构的帮助者、促进者，而不是知识的提供者和灌输者，学生成为了教学过程中的主体，是知识的主动建构者和探究者，而不再是被动的接受者，教师和学生之间的关系已经不是简单的线性关系，而是和许多其他因素融合在一起构成的非线性关系，师生之间更多地体现为一群个体共同探究有关课题并相互影响。建构主义教学观以其学习观为基础，强调教学的灵活性，包括教学方法、学习方法和学习内容等各方面的灵活性，反对机械式、教条式的教学。它所提倡的教学过程不是先教后学这么一个简单的线性过程。

建构主义教学观的基本原则是建构性原则、主体性原则、相互作用原则。建构主义教学观提倡在教学过程中，既强调学习者的认知主体作用，又不忽视教师的主导作用。学生是信息加工的主体，是意义的主动建构者，而不是外部刺激的被动接受者和被灌输的对象。在教学过程中不以灌输知识为主，而应启发学生自主地建构知识结构，应按照学生认知建构图式进行教学设计，尤其应注意设计教学情境和认知冲突。在教学过程中，建构主义教学观强调，教师应该鼓励学生从多方面发挥主体作用以及主动用发现法、探索法去建构知识，同时教师应该引导学生主动去搜集并分析有关的信息和资料，并鼓励他们对所学习的问题提出各种假设，并努力加以验证。为此，教师可以创设机会，鼓励学生主动参与，促进学生主动学习。

大卫·杰弗里·史密斯认为，效果好的教学最本质上取决于人与人之间的关系。也就是说，教学过程中最关键、最活跃的因素是人。在教学过程中，人和人之间的关系包括教师与学生一对一的关系、学生与学生之间一对一的关系、教师与学生群体之间的关系、学生与学生群体之间的关系等等。建构主义教学观强调，在教学过程中，这些人和人之间的互动应该贯穿于教学的全过程，教师应在教学过程中最大限度地激发学生积极主动地动手、动口、动眼、动脑，从而使学习成为学生自己积极而自主的活动。

由以上论述可以看出，建构主义学习理论所提倡的教学过程并不是简单的教和学的过程，而是一个由多个因素共同参与、互相作用和影响的动态过程，因此可以说，建构主义的学习理论是动态的、非线性的。在建构主义学习理论指导下的教学模式和教学过程着重培养和发展学生的主体性、主动性以及创造性。

(4) 在建构主义理论指导下的非线性教学模式

建构主义理论的教学模式尽管有多种不同形式，但它们之间有共性，即都具有非线性的特征，在它们的教学过程中都包含情境创设、独立探索、协作学习，以及在此基础上由学习者自身最终完成的对所学知识的意义建构。同时，各类教学模式的宗旨也一致，即培养学生学习的主动性及独立解决问题的能力、培养学生的实践能力及创造性能力等。

目前，对建构主义理论教学模式的研究方兴未艾，但主要有下面几种：

a. 交互式教学模式

交互式教学模式在合作学习的基础上发展而来，它着眼于师生对话。合作学习强调让学生在小组或小团体里相互帮助并展开学习，注重集体性任务，主张教师放权给学生，小组成员间应相互合作和相互沟通。交互式教学模式的教学目标主要是帮助学生形成学习动机，同时训练学生的阅读策略，教学重点为基本概念、基本原理及变异过程的教和学。其教学过程一般包括确定主题、创设情境、独立探索、协作学习、自我评价、深化学习等环节。

b. 认知学徒式教学模式

认知学徒式教学模式是对传统教学模式脱离现实生活的一种改进，是"做中学"教学模式的一种衍生。这种教学模式非常重视有效教学的教学策略。为增进学生对教学内容的理解，它提出了三种策略，即增加内容的复杂程度、增加内容的多样性、首先传授最高水平的技能。

为刺激学习者的认知活动，它又提出了六种策略：模仿、辅导、提供—逐渐拆除—重新组合"脚手架"、学生提供表达获取新知识的机会、反思和鼓励学生的探究能力。为促使个体学习的社会化，该教学模式又提出了五种策略，即情境学习、模拟、专家实践的文化群体、内在动机、利用合作。当前，认知学徒教学模式受到了广泛的重视。

c. 支架式教学模式

支架式教学模式认为教师应当为学习者建构知识提供一种概念框架，这种框架中的概念有利于学习者对问题的进一步理解。因此，可以事先把复杂的学习任务加以分解，以便把学习者的理解逐步引向深入。支架式教学以前苏联著名心理学家维果斯基的"最近发展区"理论为依据。支架原本指建筑行业中使用的脚手架，在这里用来形象地描述一种教学方式：儿童被看作是一座建筑，儿童的"学"是不断而积极地建构自身的过程；而教师的"教"则是一个必要的脚手架，支持儿童不断地建构自己及不断建构新的能力。维果斯基认为，在测定儿童智力发展时，应至少确定儿童的两种发展水平：一种是儿童现有的发展水平，一种是潜在的发展水平，这两种水平之间的区域被称为"最近发展区"。教学应从儿童潜在的发展水平开始，不断创造新的"最近发展区"。支架教学中的"支架"应根据学生的"最近发展区"来建立，通过支架作用不停地将学生的智力从一个水平引导到另一个更高的水平。

支架式教学由这样几个环节组成：搭脚手架——围绕当前学习主题，按"最邻近发展区"的要求建立概念框架；进入情境；独立探索；合作学习；效果评价等。

d. 抛锚式教学模式

这种教学模式要求把教学过程建立在有感染力的真实事件或真实问题的基础上。确定这类真实事件或问题被形象地比喻为"抛锚"，因为一旦这类事件或问题被确定了，整个教学内容和教学进程也就被确定了（就像轮船被锚固定一样）。由于抛锚式教学要以真实事例或问题为基础（作为"锚"），所以有时也被称为"实例式教学"、"基于问题的教学"或"情境性教学"。

在抛锚式教学模式中，首先应使学习在与现实情境相类似的情境中发生，以解决学习者在现实生活中遇到的问题为目标

(Cunningham, 1991)。学习的内容要选择真实性任务, 不能对其做过于简单化的处理, 强调现实的问题情境和学科间的交叉。其次, 教学的过程应与现实的问题解决过程相类似, 应展示专家解决问题的类似探索过程, 并提供解决问题的原型, 从而指导学习者的探索。由于在学习中对具体问题的解决过程本身就反映出学习的效果 (Merill, 1991), 情境教学采用"一体化"测验, 或者进行与学习过程一致的情境化的评价 (Jonassen, 1992)。抛锚式教学由这些环节组成: 创设情境; 确定问题; 自主学习; 协作学习; 效果评价等。

e. 随机进入教学模式

随机进入教学模式的基本思想源自建构主义学习理论的一个新分支——认知灵活性理论。这种教学模式指对同一教学内容, 在不同的时间、不同的情境下, 出于不同的教学目的, 应当采用不同的方式加以呈现。也就是说, 学习者可以随意通过不同途径、不同方式进入同样教学内容的学习, 从而获得对同一事物或同一问题的多方面的认识与了解。学习者通过多次"进入"同一教学内容, 能达到对该知识内容的比较全面而深入的掌握。这种多次进入, 绝不是像传统教学中那样, 只是为巩固一般的知识、技能而实施的简单重复。这里的每次进入都有不同的学习目的, 都有不同的问题侧重点。因此多次进入的结果, 绝不仅仅是对同一知识内容的简单重复和巩固, 而是使学习者获得对事物全貌的理解以及认识上的飞跃。随机进入教学模式包括如下几个环节呈现基本情境; 随机进入学习; 思维发展训练; 小组协作学习; 学习效果评价等。

二、把基于浑沌学思想的教学模式
引进汉语教学过程的必要性

1. 传统的线性教学模式在汉语教学过程中的局限

传统的教学观认为教学模式是线性的、有序的，教师的教与学生之间学之间呈线性关系，教学过程就是知识的简单叠加过程，是忠实而有序的线性的传递知识的过程。所以教师的教授和学生的学习往往是机械化的、线性的。传统教学过于强调课本知识的权威性、绝对性以及教师的权威性，重视结论的获得，而轻视得出知识的探索过程。教师对知识做了过于简单化的处理，知识被分割为一个个的小要点，然后被作为结论呈现给学习者，教师的任务就是帮助学习者理解并巩固它，然后训练学生对其进行熟练运用。

在传统的教学模式中，教师对学生如何学缺乏充分的引导。因此学生很少运用自己的知识经验及通过自己的思维去思考和分析问题。由于传统的线性教学模式混淆了高级学习与初级学习之间的界限，将初级学习阶段的教学策略不合理地推及到高级学习阶段，对教学内容做了过于简单化的处理，因此，即使在高级阶段学生对知识的掌握也基本停留在对关键要点的记忆上，甚至只是字面的了解。面对与课本中例题相类似的问题，他们可以套用所学的概念、原理来加以解决。但如果遇到课本中没有或者老师没有讲到过的问题时，就缺乏解决问题的能力。

传统的教学模式被认为是线性的，教授和学习之间呈清晰的因果线性关系。它忽略了学习者的学习动机、学习兴趣、自尊、自信、自我评价、自我形象、师生关系、教学环境等因素，认为学习的最终成果和状态是可以预测的，教学过程是可以控制的，复杂的教与学的过程可以简单地通过对学习者、学习内容和教学策略等要素控制来实现。传统的教学模式认为，一定的教学模式和过程必然导致学生产生一定的发展变化，知识和能力的简单累积会自然地导致学生的整体发展。于是，在教学过程中，教师常常会把预定的教学设计方案强加给每一个学生，把学生当作被动的、机械的接受者。

但事实上，教学过程充满浑沌，学习者的特征或教学环境不同，就可能产生不同的学习结果，仅仅根据预定的教学模式去预测学生的成就是不合理的。教学的对象是人，而人的发展是不可预测的，对教学过程以及教学效果的完全控制是不可能的。因此，具体的教学过程中，这些预定的线性教学模式往往无法达到预期的教学效果。

在传统的教学过程中，汉语教学同其他学科一样，一直以来所采用的教学模式是线性的，并有着很大的局限性。

2. 真实的汉语教学过程是一个复杂的非线性过程

传统观点认为，教学过程由教师、学生、教学内容三个要素构成，但在多媒体课堂，还要增加教学媒体这个要素。从认知的角度看，教学过程包括三个要素：认知过程、情感过程和心理调节过程。除此之外，关于教学过程的要素，还有"四要素说""五要素说"，甚至还有"六要素说""七要素说"等等。由划分方法的不同可以看出，实际的教学过程是一个复杂的过程，在这个过程中，各个要素并不孤立存在，而是与教学过程的方方面面发生着联系，同时，各个要素之间也在互相作用和影响。由于教学过程中各个要素本身都具有复杂性以及不确定性，因此由这些要素构成的教学过程必然也是一个浑沌的过程。实际的教学过程远比传统认为的简单的线性过程要复杂得多。教学过程因其对初始条件显现敏感依赖性和行为的不可预测性，可以称为一个非线性系统。在教学模式实施过程中,这个系统同样是确定性与非确定性的对立统一体,即线性与非线性的统一体。

浑沌学理论告诉我们,在稳定的线性关系中,极少数变量的微小变化与产生的极小影响是成比例的。然而,面对大量错综复杂的因素,则很难预测系统未来的状况。教学过程的非线性特点和对初始条件的敏感性,必然导致实际的教学过程以及教学效果的不可预测性。由于教学过程是一个受多种因素影响的复杂的非线性过程,根据浑沌学的观点,预定的线性教学模式在实施过程中,很容易受具体教学过程中浑沌事件的影响,教学环境信息的微小变化、学生身心状态的微小变化、教学内容的微小变化或对教学目标的微小偏差,都可能会导致实际教学效果的巨大变化。因此,可以说传统的线性教学模式和实际的非线性教学过程并不匹配。浑沌理论认为,教学过程是一个开放系统,提倡采用灵活的教学模式,在这些模式中,应能快速有效地适应和处理未曾预见到的各种偶然事件。

同其它学科一样,汉语教学过程也是一个复杂的、动态的、非线性的系统。在这种情形下,把基于浑沌学思想的教学模式运用到汉语教学中就成为一种必然的趋势。

3. 在汉语教学过程中引进基于浑沌学思想的教学模式

在信息化社会中,面对各种来源的丰富信息,汉语教学既要帮助少数民族学生形成对汉语知识典型特征的认识,帮助他们掌握汉语知识的基本概念和原理,形成基本的技能,又要使他们对汉语知识做进一步深化和丰富,帮助他们在实践中把课堂上学到的有关知识同具体语境联系起来并恰当运用。此外,我们的汉语教学应该不仅使少数民族学生具备丰富的汉语知识和扎实的言语技能,更要使他们具有独立分析、独立判断的能力和品格。同时,根据浑沌学理论,浑沌现象是一种具有普遍性的现象,因而,真实的汉语教学过程也是一个渐进的、多层次的、多角度、及多种因素互相作用的非线性过程。这些因素要求在汉语教学过程中必须从浑沌学的角度出发,采用灵活多变的教学模式。

三、基于浑沌学思想的教学模式的应用

根据浑沌理论,汉语课堂上教和学的过程不能简单地用有"因"必有"果"去解释,整个教学过程和教学效果都具有不可预测性。因此,教师在选择教学模式时,既要考虑到汉语教学过程中有序的、线性的一面,也要考虑到其无序的、非线性的一面。因此在汉语教学过程中,针对教学条件、教学目标、教学评价、教学内容、教学方法、学习者自身的兴趣、情感、水平和能力等等具体情况,我们可以采用灵活多样的教学模式,具体情况具体对待,只有这样才能真正体现浑沌学思想的精髓。

汉语教学过程是一个动态的、开放的系统,科学的态度应该是充分考虑到各种可能影响到教学过程和教学效果的因素,设置多维的教学目标,因人施教,因材施教,合理选用线性或非线性的教学模式来实施汉语教学过程。

1. 不能完全摈弃传统的线性教学模式

在传统的汉语教学过程中,在传授汉语知识时,教师通常会对知识做一定的简单化处理,比如突出所要教授内容的重要而关键的特征,排除无关的或不重要的信息等。这种简单化的线性处理并不是完全没有益处,这种教学方法有助于学生理解和掌握汉语知识的典型和关键的特征。

尤其在学习的初级阶段,学习者因为不具备相关的知识基础,所以往往只能被动地接受教师所教授的内容。即使处于学习

的较高阶段，当遇到前所未见的陌生知识或者晦涩难懂的内容时，学习者的情况往往也是如此。在这些情形下，适当采用传统的线性的教学方式符合学习规律以及学习者的特点。因此，笔者认为，在这些情形下，没有必要完全摈弃传统的线性教学模式。在某些时候，传统的线性教学模式也有自己的优势。当然，科学的态度是，它只能作为一种辅助教学手段。

2. 灵活采用非线性教学模式

在汉语学习的高级阶段，少数民族学生已经具备了一定的汉语知识基础，已经可以成为学习的主动者，再加上此时教学内容在复杂性和难度上的加深，同时考虑到此时汉语教学的目标是要培养少数民族学生的综合能力，因此，在此阶段应该主要运用非线性的思维方式实施教学。当然，在高级阶段，当教授一些晦涩难懂的理论、原理时，采用传统的线性教学模式也不失为一种灵活的策略。此外，即使是在初级阶段，也不是必须采用线性教学模式。针对初学者的特点以及教学内容，教师适当采用非线性教学模式也同样可以增加汉语知识的趣味性以及提高初学者对学习汉语的兴趣。

总之，具体采用哪一种教学模式来教授汉语，笔者认为应该根据教学内容、少数民族学生的汉语水平、教学条件、教学环境以及语言环境等等因素灵活选择。只有从整体和全局的角度出发来灵活地选择适当的汉语教学模式，才真正符合浑沌学的思想。

而当考虑运用非线性的汉语教学模式时，笔者主张采用基于建构主义理论的非线性教学模式。具体的内容在前面已经论述过。

3. 在汉语教学过程中充分利用课件和网络超媒体

在实施基于浑沌学思想的教学模式的过程中，由于计算机和互联网的参与，最大限度地提高了学生的学习积极性、学习效率和质量以及学生的自主能力和创造能力。

从教师的角度看，汉语教师可以充分利用计算机组织汉语教学。在统观全局，掌握教材结构和知识系统的基础上，汉语教师可以制作成各种智能型课件，存入计算机并用于课堂教学。同时也可以充分利用互联网，将旧有汉语知识、当前汉语知识与扩展汉语知识整合，然后将全部内容发到互联网上，并让各个知识点之间形成链接，从而构建一个丰富而生动的超媒体汉语学习环境。这样，少数民族学生除了在课堂上学习汉语知识外，还可以通过网络来学习汉语，这就让汉语学习摆脱了时间和空间的局限。这些教学手段也是基于浑沌学思想的对教学模式的丰富和发展。

从少数民族学生的角度看，除了利用汉语教师所提供的课件和创设的超媒体汉语学习环境来学习汉语以外，少数民族学生自己也可以充分利用互联网进行汉语学习。随着互联网的普及和网络教学的快速发展，网络为汉语学习者提供了各种所需的汉语学习资源，这些都有利于少数民族学生快速有效地获取各种汉语知识和汉族文化。这些汉语学习资源是以超文本和超媒体结构组织起来的。在超媒体汉语学习环境中，少数民族学生可以根据自己的兴趣和基础选择适合的汉语学习内容和汉语学习策略，然后通过网络链接，灵活地在各知识节点上自由浏览，从而使汉语学习的自控性得到提高。在网络汉语学习环境中，少数民族学生不仅可以共享丰富的汉语信息资源，而且能够利用网络同其他人进行信息交流。通过互联网学习汉语是一种非常典型的非线性学习方式。我们在实施汉语教学时应该大力鼓励学生利用互联网来学习汉语。

四、结束语

随机性、偶然性、突发性、顿悟性是汉语教学的特点,在汉语教学过程中,汉语教师不可能预设少数民族学生在课堂中可能达到的理解程度和可能产生的创新思想,但可以通过充分的备课和灵活的课堂组织去培养少数民族学生的探究能力、发散性思维以及创造性思维。

汉语课堂教学活动是一个动态的、复杂的过程,除了涉及到汉语教材、汉语教师的教学理念和水平、汉语教学环境等因素以外,还涉及到少数民族学生的许多个人因素,包括情感、心理、水平、经验等等,所有这些因素都相互交织、变化,互相作用和影响。因此,在设计、组织、实施和控制汉语教学过程时,应该从浑沌学的角度出发,尽可能周全地考虑所有相关的因素,并预测各种可能出现的情况,充分作好教学准备,同时采取灵活多变的教学方法,以达到良好的整体优化的教学效果。

浑沌学理论与外语教学

井兰柱

一、浑沌理论的产生、发展与语言研究

浑沌学理论的产生经历了一个漫长而复杂的过程。浑沌概念不论在中国还是在西方都古已有之。中国古代的先哲们对浑沌思想做出了很深刻的论述，为后人留下丰富的智慧宝库。到了近代，中国的浑沌思想未受到来自自然科学的挑战，与古代相比基本一致。而在西方，牛顿力学理论统治着整个科学界，把浑沌与混乱等同起来；同时代的哲学家们也从哲学上否定浑沌的客观意义。到了 19 世纪末 20 世纪初，量子论和相对论把我们的认识引向微观和宇观层次，从而结束了牛顿理论在这一领域的支配地位。过去以精确地观察、实验和逻辑论证为基本方法的传统科学研究，在进入人的感觉远远无法达到的现象领域之后，遇到了前所未有的困难。因为在这些现象领域中，仅仅靠实验、抽象、逻辑推理来探索自然奥秘的做法行不通了，需要将理性与直觉结合起来。对于认识尺度过小或过大的对象，直觉的顿悟、整体的把握十分重要。于是，传统理论和方法无法解释的现象和无法解决的问题就得另辟蹊径，寻找新的理论和方法来解释和解决了。这就为浑沌学的孕育、产生和发扬光大提供了必要的前提条件。

恩格斯曾经讲过，一旦社会有了需求，实践比十所大学更能把科学技术推向前进。浑沌学的孕育、产生和发展也是社会需求

和实践推动的结果。任何一种科学理论的创建都有其特定历史阶段，是在人类认识水平达到一定高度时才产生。浑沌学理论建立在社会需要新的理论解释新的现象，新的方法解决新的问题，以及科学发展积累了必要的知识并提供了新方法和新工具的基础之上。

浑沌学理论的建立是众多科学家长期艰苦探索和努力研究的结果。他们中有两位特别突出的人物：法国科学家彭加勒和美国科学家洛仑兹。彭加勒在众多科学研究领域的杰出才华使他能够清楚地看到浑沌现象，并且做出了以往其他人没有做出的贡献。他断言，在每一个领域中，精确的定律并非决定一切，它们只是划分了偶然性可能起作用的界限。他的断言对我们今天的研究和探索仍然有着重要的指导作用。洛仑兹工作在气象领域，似乎远离真正科学研究阵地，对于长期气象预报的无规律现象别人认为是离奇古怪的，他却感到与他的经验和直觉相符合。在读了彭加勒和伯克霍夫的著作并了解了他们的理论后，他勇敢地造了传统理论的反，他写的一组论文《确定性非周期流》成为研究耗散系统浑沌现象的经典文献，为浑沌研究做出了重大贡献。彭加勒被称为真正发现浑沌的第一人，洛仑兹则完成了耗散系统领域中浑沌研究的重大突破。

随着浑沌学理论的日渐成熟，越来越多的科学家投入到浑沌研究当中。1971年，法国数学物理学家茹勒和荷兰的泰肯斯联名发表论文《论湍流的本质》，揭示了奇怪吸引子的浑沌性几何特征。1975年，华人李天岩和他的导师约克教授发表了具有轰动效应的论文《周期三蕴涵浑沌》，创立了著名的李—约克定理。美国物理学家米切尔·费根鲍姆历时数年以少有的韧性埋头于函数迭代这种枯燥乏味的操作中，经过无数次的计算建立了关于一维映射浑沌现象的普适理论，把浑沌研究从定性描述推进到定量描述，使浑沌理论具备了现代科学一个分支的资格。

到20世纪70年代,在物理学、化学、生态学各领域都发现了大量类似的复杂现象,浑沌学引起了众多科学家的真正重视,成为众多科学家研究的热点。

上个世纪70年代末80年代初,我国实施改革开放国策,促使学术领域出现新的生机和活力。到80年代中后期,随着世界政治格局发生重大变化,世界文化格局也发生了重大变化。第三世界民族自我意识崛起,肯定自身文化价值,促进了世界多元文化格局的形成。在这个大背景下,我国语言学界在引介国外语言学理论的同时,产生了一门土生土长的语言学分支学科,即文化语言学,造就了一批研究文化语言学的专家学者,出版了一批研究著作。其中,张公瑾先生在其专著《文化语言学发凡》中首次把浑沌学理论引入语言研究中,为广大语言研究者开辟了语言研究的新视野,开拓了语言研究方法的新思路,开创了语言研究的新领域。张公瑾教授与丁石庆教授2004年主编了《文化语言学教程》(2004年教育科学出版社出版,2005年获得北京市高等院校优秀教学成果二等奖),再次阐述了浑沌学理论和方法以及研究实例;在2005年和2008年,主编了《浑沌学与语言文化研究》(2005年中央民族大学出版社出版,)和《浑沌学与语言文化研究新视野》(2008年中央民族大学出版社出版)两部研究文集,汇集了更多专家学者的研究新成果。可见,浑沌学理论在语言研究中的应用受到越来越多的重视,更多人加入到研究队伍中,必将促进语言研究快速发展,浑沌学理论与语言研究相结合的成果也更加丰富。

二、浑沌学理论在外语教学研究中的应用

浑沌学研究表明,我们所生存的客观世界是具有复杂性的浑

沌世界，即有序和无序相统一的世界。语言作为客观世界中存在的一种客观现象，也应该具有浑沌的特性，也是有序和无序的统一。语言的浑沌性在语言教学研究中屡见不鲜，构成语言的三大要素语音、词汇、语法都包含有序和无序的现象，都是二者的统一。语言这种浑沌性特征在以往的教学中缺乏足够的理论解释，特别是对许多不符合规律的现象，只能说是"例外"或者用"习惯用法"来对付。当我们把浑沌学理论引入语言教学研究后，对上述诸多以前无法给予充足理由解释的语言现象作出理论上的论证和说明，这有助于语言学习者理解语言中的不规律现象，并对他们从整体上把握语言本质有重要的理论指导作用。

（一）"蝴蝶效应"与英语语音教学研究

"对初值的敏感依赖性"是浑沌学理论的一个重要概念，指的是"在系统的长期行为中初值的微小改变在运动过程中会不断被扩大，导致轨道发生巨大偏差，以致在空间中的相对距离会越来越远。"[①] 正如中国成语"差之毫厘，谬以千里"的内涵一样，讲的就是这种对初值的敏感依赖性。控制论的创立者维纳引用过一首民谣对这种现象作了特别生动的描述：

丢失一个钉子，坏了一只蹄铁；
坏了一只蹄铁，折了一匹战马；
折了一匹战马，伤了一位骑士；
伤了一位骑士，输了一场战斗；
输了一场战斗，亡了一个帝国。

马蹄铁上掉个钉子本是一件微不足道的事，但经过逐级放大

[①] 张公瑾、丁石庆主编：《文化语言学教程》，第 107 页，教育科学出版社，2004 年。

后，竟然导致整个帝国灭亡的灾难性后果。①

1972年12月29日，美国麻省理工学院教授、浑沌学开创人之一E. N. 洛伦兹在美国首都华盛顿召开的美国科学发展协会的第139次会议上，发表了题为"可预报性：在巴西一只蝴蝶翅膀的拍打能够在美国得克萨斯州产生一个龙卷风吗？"的报告。洛伦兹在计算机上用他所建立的微分方程模拟气候变化的时候，偶然发现输入的初始条件的极细微的差别，可以引起模拟结果的巨大变化。洛伦兹打了个比喻：在南半球巴西某地一只蝴蝶的翅膀的偶然扇动所引起的微小气流，几星期后可能变成席卷北半球美国得克萨斯州的一场龙卷风，这就是天气的"蝴蝶效应"。它激发了人们对浑沌学的浓厚兴趣。后来，人们把这种事物发展初始条件的微小改变会给最终结果带来巨大变化的现象叫做"蝴蝶效应"，这种理论就是"蝴蝶效应"理论。

英语语音教学的效果对学生掌握语音的初值有敏感依赖性，可以说它是决定英语语音教学成败的关键。在学习语音的长期过程中，最初微小的学习误差会被逐级放大，致使最终的学习效果发生重大偏差，与准确的发音标准越来越远，从而导致"蝴蝶效应"现象产生。试想，如果对某一个音没有掌握准确，那么就影响与这个音相关词汇正确读音，进而影响与这些词汇相关的句子以及由这些句子组成的篇章准确表达。这样看来，凡是与该发音有关的词汇都受到影响，在听力理解中遇到则听不懂，在口语表达中则不能准确脱口而出，最终影响学习英语的整体效果，特别是影响听说能力的培养。

例如，英语/θ、ð/是齿间擦音，发音时舌尖轻触上齿边缘与上齿内侧，也可以将舌尖置于上下齿之间，舌的两侧贴靠上排两

---

① 苗东升、刘华杰著：《浑沌学纵横论》，第72页，中国人民大学出版社，1993年。

边的牙齿，气流从舌尖与上齿间窄缝泄出，摩擦成音。而汉语中则无类似音。不少中国学生倾向于用齿擦音和齿塞擦音 s、z［s、ts］代替英语的/θ//和/ð/（在读 thing、think、this、that、these、those）这些词时口音尤其明显。英语/w/与汉语［w］是两个发音部位和方法都相同的半元音，但英语/w/是辅音音位，发音时声带振动，是浊辅音。而汉语［w］是元音［u］的变体，带有轻微摩擦。当 u 在零声母音节作韵头时，变读为双唇半元音［w］，如［wei］（威）、［wen］（文）；也可以变读为摩擦极轻的唇齿半元音［ʋ］（与英语的辅音/v/极相似），如［ʋei］、［ʋən］，而不改变字意。不少中国学生将汉语的这种发音习惯转移到英语中来，常把英语词首的/w/发成/v/，造成词义的变化。例如，wet /wet/（湿的）读成 vet /vet/（兽医）；wine /wain/（酒）读成 vine /vain/（葡萄藤）等。英语的/s、z/是齿龈擦音，发音时舌端贴近上齿龈，气流由舌端齿龈所形成的窄缝中通过时摩擦成音，/s/是清辅音，发音时要送气，但声带不振动；/z/是浊辅音，发音是声带振动，不送气。汉语的［s］也是擦音，与英语/s/非常相似，但发音时舌尖向前平伸，接近上齿背，是个齿音（舌尖前音），无对应浊音。在教学中，中国学生发英语/z/时错误较多，常用汉语的 z［ts］代替，比如把 zoo/zu/发成［zū］（租），zero /'zɪərəʊ/中的/z/音发成汉语拼音［z］。这些便是受汉语母语的负迁移影响而导致英语发音失败的典型例子。

由此可见，我们在英语语音教学中，一定要逐个地把所有发音完全准确掌握，决不能留下任何一个含糊不清，模棱两可的发音不管，那样，这个发音就是那只马蹄铁的钉子，最终会产生巨大的难以预料的不良后果。因此，在英语语音教学中，不仅要系统掌握每个音的发音要领，还要把学生的母语发音与学习英语语音结合起来，进行对比研究和教学，最大程度地减少母语固有的发音习惯对学习英语语音产生的负迁移影响。确保把每个音发准确，学到位，尽最大努力减小最初学习语音的误差，避免产生"蝴蝶效应"现象。

（二）"线性和非线性"与英语词汇教学研究

非线性这个概念来自数学，指的是两个变量之间没有像正比那样的"直线"关系。非线性系统是不具有叠加性的系统，非线性现象表现为部分之和不等于整体。与此相反，线性系统最基本的特点就是具有叠加性，即部分之和等于整体，并且这种叠加往往是可分解的。在语言系统的词汇和语义领域，既有线性现象又有非线性现象，而且非线性现象更多。

在英语词汇教学中，学生对线性现象往往比较容易掌握，对非线性现象的掌握比较困难。因为非线性现象表现为部分之和不等于整体，以非线性方式构成的词汇，其语义常常不等于构成该词汇的各部分的意义之和。而很多学生在遇到这样的词汇时，往往用线性方式来看待它们，因而总是造成语义理解错误。英语词汇中有很多动词后面加上一个后缀"－er"或"－or"，其含义就表示为发出这个动作或行为的人或物了。比如"write"是动词，"写"的意思，"writer"就是从事写作的人，当type与writer构成另外一个词"typewriter"时，其含义就不是"打字员"了，而是"打字机"。把"typewriter"当作"打字员"是以线性的方式理解的，而该词的构成是非线性的，这就是把词汇的非线性当作线性理解造成的误解。再如，"drinker, teacher, driver, thinker"等等都是线性的，"cooker"则是非线性的，不是指"厨师"，而是指"炊具"。教学实践中很多学生常把"cooker"当作"厨师"，这同样是把非线性方式构成词汇按线性方式构词理解所造成的。又如"kingmaker"是指"候选人手下的竞选工作人员"，"fox－bat"是指"狐蝠式战斗机"，"pony-tail"是指像小马的尾巴一样的马尾辫，即人的头发的一种梳理方式。"brainstorm"不是头脑刮风暴,而是指众人自由讨论以求得出尽可能多的好主意或好想法。"breakfast"一词与 break 和 fast 都没有关系,更不能看成是二者意义的叠加。"headlight"不是指头上的灯,而是指汽车的前灯。这些词的构成方式都是非线性的。另外,一些词汇的读音也表现为非线性,如"forehead"的读音并不是 fore 和 head 两个词读音的简单叠加,其中的"h"不发音。"grandmother, grandfather, grandson, granddaughter"等词的发音都是非线性的,即 grand 一词的字母"d"不发音。

(三)"有序和无序"与英语语法教学研究

如前所述,语言既是有序的,又是无序的,是有序和无序的统一。有序是指语言系统的有规则性,无序是指语言系统的无规则性。英语的语法规则就是有序和无序的统一。我们知道,英语是一种屈折语,就是通过词形的变化表示语法关系,而且往往一个词尾表示几个语法意义,如 comes 表示现在时、主动态、第三人称、单数、陈述语气等 5 项语法内容。英语名词复数就是通过词尾的变化实现的,一般可数名词的词尾加 s 构成复数形式,以 s, ch, sh 结尾的名词加 es 构成复数,以 f, fe 结尾的名词,把 f 或 fe 变成 v 再加 es,以 y 结尾的名词变复数要把 y 改成 i 再加 es,这些变化是规则的,也是有序的。还有些名词复数变化是不规则的,如 foot—feet, man—men, mouse—mice, child—children, ox—oxen 等等,都是无序的。

单位词(Partitive 或 Unit Noun)是表示事物个体性的词语。很多英语单位词与所度量的事物存在着一对一的有序对应关系,例如,"a bar of chocolate——一条/块巧克力, a drop of water——一滴水, a grain of sand——一粒沙子, a lump of sugar——一块方糖, a slice of meat——一片肉, a bottle of ink——一瓶墨水, a cup of tea——一杯茶，a bowl of rice——一碗米饭，a glass of beer——一杯啤酒，a pair of shoes——一双鞋，a gang of hooligans——一群/伙小流氓"等等。英语中还有少数单位词其搭配功能很强，一个词能与所度量的很多不同事物搭配，如 piece 可以构成：a piece of advice/bacon/bread/cake/chalk/cloth/ coal /evidence/folly/furniture/ice/information/land/meat/music/news/paper/research/sugar/work 等等，可见，与单位词 piece 分别对应的汉语单位词有：个、项、片、块、支、件、条、则、曲、张等等。此外，单位词 bit 也可以与多个名词搭配，如 a bit of advice/bread/grass/news/trouble/wood 等等。以上的英语单位词既有与汉语单位词一对一的有序对应，也有像 piece 和 bit 等单个英语单位词与多个汉语单位词的对应关系，这种不对等对应关系就是一种无序现象。

英语动词的过去式和过去分词的变化也存在有序和无序两种情况，一般情况下，动词过去式和过去分词是在原形动词上加"-ed"构成，这种构成方式是有序的；但还有许多动词的过去式和过去分词变化是不规则的，不是在词尾直接加"-ed"构成，而是通过动词自身变化或不变实现的。有些动词原形的过去式和过去分词各不相同，如 begin-began-begun，drink-drank-drunk 等；有些动词原形的过去式和过去分词完全相同，如 bend-bent-bent，buy-bought-bought，feel- felt-felt，fight-fought-fought 等；有些动词原形与过去式不同，但与过去分词完全相同，如 run-ran-run，become-became-become 等。不发生变化的英语不规则动词是动词原形与过去式和过去分词完全一样，如 cut-cut-cut，fit-fit-fit，hit-hit-hit，put-put-put，spread-spread-spread 等等。在教学实践中，很多学生能够较好地掌握规则动词的变化方式，而对于不规则动词的掌握就很差了，他们常常把规则动词的变化方式强加于不规则动词上，或者对不规则动词的变化掌握不准确，出现张冠李戴、丢三落四的情况。

由此可见，在英语语法教学中，我们不仅要掌握规律性的有序的语法规则，更应该注意不规律和无序的语法规则，这样才能真正学好学通英语语法。

三、结　语

把浑沌学理论引入语言研究领域，为我们打开了语言研究的新思路。把浑沌学理论应用到外语教学研究中，有利于促进外语教学研究的发展，有利于提升对外语教学中遇到的疑难语言现象的解释力，有利于外语教学质量的提高。当然，我们的研究还远远不够，需要我们静下心来，认真研读深刻理解浑沌学的理论和方法，领会其中的精髓，潜心钻研我们的研究领域，把浑沌学理论和方法应用到外语教学实践中，为提高外语教学质量服务。

浑沌学视野下的壮语翻译

黄美新

一、引　言

浑沌 (chaos) 是一类广泛存在的动力学现象,浑沌理论兴于 20 世纪 60—70 年代。按照浑沌学观点,浑沌现象无处不在,但我们看到的世界图象是一个系统和谐的图象,既是有序的,又是无序的;既是确定性的,又是随机性;既是稳定性的,又是不稳定性的。浑沌理论还认为,浑沌是系统的整体行为,浑沌运动本质上不能还原为部分特性。动力学家在给浑沌下定义时,往往把不可分解性作为浑沌的基本特征。以离散映射 $x_{n+1}=a_{x_n}(1-x_n)$ 为例,浑沌是此系统在相空间 [0,1] 上的整体行为,若把 [0,1] 划分为几个子区间,则在任一子区间上都不会出现浑沌。作为一种理念和方法,浑沌理论同样适用于研究壮语翻译现象。本文试着用浑沌理论来观照壮语翻译,主要从浑沌理论中的系统内部和谐性原则和整体性原则来谈壮语翻译。文中壮语材料来源于作者母语——广西大新县壮语。

二、从系统和谐性原则谈壮语翻译

从浑沌学角度看,语言是一个浑沌状态的系统,壮语当然也是一个浑沌状态的系统。语言中的有序和无序，构成了语言的系统内部和谐。浑沌并不单纯地等于无序，浑沌包含无序的一面，同时也包含有序的一面。现代物理学把有序定义为对称破缺，把无序定义为对称显现或恢复。在系统演化中，有对称破缺就有对称恢复，就有新对称性的显现和产生，有序和无序在浑沌运动中总是难解难分地联系在一起，这就是浑沌学中的系统和谐性原则。在壮语中，有些词处于浑沌状态，如壮语亲属称谓中存在父系和母系不分、直系和旁系相混、血亲和姻亲相混以及同辈男女同一称谓的现象，举例如下：

祖父、祖父之弟　　　　　　kuŋ^{55}
（直系和旁系不分）

父之兄、母之兄、父姐之夫　jɛ^{523} / luŋ^{31}
（父系和母系、血亲和姻亲不分）

父之姐、母之姐　　　　　　pa^{35}
（父系和母系不分）

哥哥、堂哥、姐姐、堂姐　　pi^{21}
（直系和旁系、同辈称谓不分）

弟弟、妹妹、堂弟、堂妹　　nɔŋ^{523}
（直系和旁系、同辈称谓不分）

儿女、兄弟之子女　　　　　luk^{33}
（直系和旁系、同辈称谓不分）

侄子（女）、外甥子（女）　laːn^{55}
（直系和旁系、同辈称谓不分）

这些亲属称谓正符合古代先民处于浑沌状态下的血缘婚制的特点，是壮族先民经历过血缘婚制的语言化石。同时它们也反映了壮语亲属称谓系统中的浑沌状态，它们既有序又无序，上述亲属称谓中的有序表现在它们的称谓简单统一，无序表现在直系和旁系亲属不分、父系和母系不分、血亲和姻亲不分、同辈称谓不分，但它们却能构成壮语系统内部的和谐性，从而能满足壮族群体的社会交际需要。而汉语中的亲属与亲属称谓基本上存在一一对应关系，针对这种现象，要准确地把壮语翻译成汉语，还要从句子或篇章的意义去分析研究。如壮语中有这样的句子：

[1] pi^{21} lau^{31}　khən^{35}　phja^{55}　pai^{55}　tək^{55}　hin^{55} ja^{33}.
　　　哥我们　　上　　　山　　　去　　打　　　猎　　了
我们的哥哥上山去打猎了。

[2] pi^{21}　lau^{31} ju^{33}　lən^{31}　phuŋ^{55}　ɖə^{35} khva^{33}
　　　姐　我们在　　家　　　缝　　　衣　　裤
我们的姐姐在家缝衣服。

上述两个例子中都存在壮语词 pi^{21} "兄姐"，译者应该怎样译好句中的这个 pi^{21}？这就要求译者从句中的意义去把握，例[1] 中出现 khən^{35} phja^{55} pai^{55} tək^{55} hin^{55} "上山去打猎"这样的句意，一般来说，能"上山打猎"的应该是男性，因此译者应该把 pi^{21} 翻译成"哥哥"。同样地，在例[2] 中出现"在家缝衣服"这样的句意，译者可以判断"在家缝衣服"的应该是女性，因此把这个 pi^{21} 翻译为"姐姐"。又如：

[3] luk^{33} min^{31} ŋa:m^{55} ʔau^{55} mɛ^{21}. 他的儿子刚娶亲。
　　儿子　他　刚　取　女人

[4] luk^{33} min^{31} ŋa:m^{55} naŋ^{21} mən^{55}. 他的女儿刚坐月子。
　　女儿　他　刚　坐　月

怎样准确翻译例[3] 和[4] 中的壮语词 luk^{33}，这也从整句的意义来判断。译者可以从例[3] 中的 ʔau^{55} mɛ^{21} "娶女人"来判断句中的 luk^{33} 是指男性，因此译成"儿子"；从例[4] 中的 naŋ^{21} mən^{55} "坐月子"来判断句中的 luk^{33} 是女性，因此译成"女儿"。又如壮语中有这样一首情歌：

[5] pi^{21} noŋ^{523} ka^{33} kon^{33} ʔɛŋ^{55} 兄妹孩儿时

van^{31} van^{31} pai^{55} thə^{55} va:i^{31} 日日去放牛
mə^{35} ni^{55} nɔŋ^{523} pin^{31} ɟa:u^{55} 妹今变俏姑
lɛ^{33} pi^{21} taŋ^{33} thin^{55} ɟa:i^{31} 瞧哥如石沙

壮语词 pi^{21} nɔŋ^{523} 既可译成"兄妹"，也可译成"姐弟"，在壮族地区，大约20世纪70年代以前"姐弟恋"和"兄妹恋"一样普遍，歌圩上既有兄妹对歌，也有姐弟对歌。因此如果仅从此歌中的第一句来看，译者是难以判断句中的 pi^{21} nɔŋ^{523} 的意思，但从整首歌来看，就不难理解 pi^{21} nɔŋ^{523} 的具体含义，尤其是歌中的第三句提到 nɔŋ^{523} pin^{31} ɟa:u^{55} "妹变姑娘"，壮语词 ɟa:u^{55} 意为"少女、姑娘"，因此从中可判断整首歌中的 pi^{21} nɔŋ^{523} 意为"兄妹"，而不是"姐弟"，这样把歌中的 pi^{21} nɔŋ^{523} 译为"兄妹"就正确了。

有序与无序是矛盾的统一体，同时也是和谐的统一体。壮语系统就是这样一个系统和谐的统一体，只有把握有序与无序之间的辩证关系，才能更好地搞好壮语翻译。

三、从整体性原则来谈壮语翻译

浑沌学理论是以整体的观点来研究浑沌状态的复杂规则性的学问。浑沌是系统的整体行为，不能用分析-累加的方法去解决，同时系统的演化是确定性与随机性相结合的体制，必须以整体观念去把握，这就是浑沌学中的整体性原则。作为整体的壮语，同样具有不能还原为部分的特征。无论是词语、句子或篇章都不是一个词一个词地累加。译者要从整体上去理解，不能分开来解释，如壮语中有以下这样一些词语：

[6] tha^{55} na^{35} 面子

壮语词的 tha^{55} 意为"眼"，na^{35} 意为"脸"，两个词合起来才有"面子"之意。如果译者把 tha[55] na[35] 分开来译，那是望文生义。

[7] pi[21] nɔŋ[523] 亲戚、朋友

壮语词的 pi[21] 意为"兄姐"，nɔŋ[523] 意为"弟妹"，二者合起来才有"亲戚、朋友"之意，当然如果译者简单地把 pi[21] 和 nɔŋ[523] 的词义相加，译成"兄弟姐妹"也未尝不可，但是不够准确。

[8] pa:k[33] mau[55] 多嘴

壮语词 pa:k[33] 是"嘴"之意，mau[55] 是"轻"之意，如果译者把二者的词义简单地相加，译为"嘴轻"，那就错了，因此译者要从整体上来看这个词语，才能译好它。

[9] hɛk[55] khɛk[33] 客气

壮语中的 hɛk[55] 是"做"，khɛk[33] 是"客人"的意思，二者合起来才是"客气"的意思，如果译者把它译为"做客"，那是不正确的。

另外，从浑沌学角度来看，壮语同样是一个不断演化的系统，是一个有无数随机性和外来干扰的浑沌系统，但它的演化是确定性与随机性合成的一种运动体制。如壮语中以数词"一"组成的数量词与形容词的组合方式，壮语中原有的组合方式为：量词＋形容词＋数词"一"，但由于壮语借用汉语词的"一"以及一些形容词，使得壮语中数词"一"组成的数量词与形容词原有的组合方式发生变化。如："一大杯水"，壮语中原有的结构为：

[9] tsɔk[33] nam[523] luŋ[55] nəŋ[33]

　　杯　水　大　一

由于壮语借用了汉语词"一"和"大"，结构变为：

ʔɛt[55] tsɔk[33] nam[523] luŋ[55]

一　杯　水　大

或：ʔɛt[55] ta:i[21] tsɔk[33] nam[523]

　　一　大　杯　水

又如壮语中名词与形容词的原有组合方式为：名词＋形容词。但由于汉语构词方式的影响，壮语中出现了一些"形容词＋名词"的构词方式。如：

[10] nai^{55} ɬaːu^{55} "漂亮" 或 nai^{55} maːu^{33} "英俊"

壮语词 nai^{55} 意为"好"，ɬaːu^{55} 意为"少女、姑娘"，maːu^{33} 意为"小伙子"。nai^{55}＋ɬaːu^{55} 意为"漂亮"，nai^{55}＋maːu^{33} 意为"英俊"。这种构词方式显然是因为受汉语的影响而改变的，这些也说明了壮语的结构和演化是一种浑沌状态，但并不影响人们的交际需要。上述说明了壮语是一个统一体，译者必须用整体观去考察认识一些微观的语言现象才能做好壮语翻译。

四、结　语

壮语作为一个浑沌状态的系统，它是无序与有序相统一、确定性与随机性相统一、稳定性与非稳定性相统一的系统和谐体。因此，对于壮语中一些处于浑沌状态下的词语、句子甚至篇章，译者要从系统内部和谐性原则和整体性原则来把握，这样才能把壮语翻译做得更好。

日本文字文化的浑沌学考察

[日] 水原寿里

浑沌（Chaos）指混杂、混合、交错、彼此相互影响、彼此相互重叠的状态或现象。用这个词来描述、说明语言的历史发展、语言系统的混合、语言的种类划分以及语言与周边语言的关联、互为影响等是最恰当不过的了。语言具有复杂性与非线性的本质，语言文化上有很多现象，其发展都不是一天造成的结果，而是一个复合的、杂糅的过程，所以这是浑沌理论最能发挥的领域。以日本文字为例，公元5世纪到6世纪左右，汉字传入日本。日本民族利用汉字来标记日语的发音创造了万叶假名。之后，平安时代初期以汉字的草书体为基基创制了日本的平假名，再用汉字的部首为部件创制了片假名。片假名主要是用在语尾的活用上（包含助动词）及充当助词。平安时代由中国传入的新词则是使用汉字加上平假名来表示新的概念或物品的实质含义。日语中除了外来语之外，几乎都是汉字。"烟草"（tobacco）、"合羽"（kappa）等传入较早的外来语使用的也是汉字，即使本来语源中没有汉语的影响也以发音类似的汉字来表示。近现代的科学知识等用语，因为是没有既有的名称，所以用片假名来记录代表其意思。现代日本语的一般标记法，虽然使用的是汉字，但用的是日语读音。以下是日本文字的发生发展及其读音演变的研究。

一、日本文字的由来

古代日本没有文字，自从佛教传入日本，汉字也自然地从中国传入了。日本人就使用汉字来记录日本原有的文化和口传记忆。例如《古事记》[①]、《日本书纪》[②] 还有《万叶集》[③] 里，都是用汉字来记录大和朝廷时期的语言。可以看得出这个时期佛教的传入带给日本的影响是很大的。无论在文字上，还是在文学上，或者是在一般的学问知识、社会生活等等都带来了很大的影响和变革。日本最古的汉字字典是平安时代[④]初期空海所编纂的《篆隶万象名义》[⑤]。其次是昌住所编撰的汉和辞典《新撰字镜》[⑥]，在院政期时又有了《类聚名义抄》[⑦] 的产生。这些辞典都是按字形分类的，受到中国自古以来汉土在研究文字文化或传承汉字时

[①] 太安万侣712年编撰。日本最古的历史书。全文为汉文语体。从远古的神话纪录到第33代天皇的纪录。

[②] 日本奈良时代720年编撰，是现存日本传存最古的正史。全30卷，系图1卷，系图失传。

[③] 日本现存最古老的歌集。大约是759年大伴家持所编撰的作品。上至天皇贵族下至普通百姓，男女老少等当时有名歌谣作品都收录其中。共约4500首，是研究日本文学的第一手资料，日本语言文化学研究的重要资料。

[④] 平安时代（公元794—1185年）约有390年间以京都为政治中心的律令制王朝时期。

[⑤] 空海佛僧于平安时代参照中国543年顾野王的古书《玉书》的字音和训注编撰的参考书，首尾和《玉书》完全相同，只有引用部分省略的抄出本。

[⑥] 892年日本佛僧昌住所编撰的日本现存最古的辞典，仿照中国的字书所编撰，类似汉和辞典，全12卷，集录约2万字，有160个部首的分类，也有明注发音和和训，是一本非常正规的辞典。

[⑦] 1100年成书的汉字辞典。内容分为佛、法、僧三部分，乃法相宗的佛徒所编撰。反切（发音）•用例•和训•和音等举例记载很多。发音还记载着声调，是研究日本言语文化的重要资料。

所经常使用的书籍《说文解字》①还有《玉篇》②的影响很大。室町时代③，又编撰了汉和辞典《倭玉篇》（和玉篇）④，这本书在室町、江户时代⑤非常流行，以至于《倭玉篇》都成了汉和辞典的代名词。此外，因为受到了《尔雅》⑥的影响，平安时代中期按汉字的意思来进行分类的字典也出现了。这就是平安时代中期源顺所编撰的《和名类聚抄》⑦，还有江户时代1694年贝原好古的《和尔雅》，1719年新井白石的《东雅》（东方的尔雅）。除此之外，还有按汉字字音进行分类的韵书。日本南北朝时代⑧的《聚文韵略》是最有大众影响力的。现代日本的音韵学著作《日本音韵音调史研究》的作者金田一春彦也受到《类聚名义抄》的影响。通过这些字典中可以了解日本的汉字的由来，更可以了解日本的文字乃是完全受到了中国文字的影响。

① 中国最古的文字部首类别的汉字字典。公元100年后汉许慎作。全书所载小篆9353字，重文1363字，把汉字分为540个部首。汉字的体系按照阴阳五行的造字方法分为六种体系，即象形、指示、会意、形声、转注、假借的分类由来。该书直到19世纪为止仍是汉字研究的经典。

② 南北朝时期的梁朝顾野王所编撰的部首分类汉字字典。总共收录16917个汉字，分为543个部首，记载了很多字的读音、用例和注释等的解说。

③ 室町时代（1336—1573年），足利义满统一南北朝时代建立的以武家为尊的时代。由于下层阶级的商人层和农民层的抬头和社会的进步产生了下克上的局面。是到织田信长为止的237年间的政权时代之称。

④ 1603年日本仁和寺所印刷的汉和辞典。乃是受到中国宋代陈彭年《大広益会玉篇》的影响所作。

⑤ 江户时代，1603—1867年。

⑥ 中国最古的类语辞典和语释辞典。传说是儒教的周公所作，也有说是汉初学者在整理春秋战国以后的古籍时，所补充的训诂学类书籍，为十三经之一，是非常重要的考证学和古文字学的参考资料。

⑦ 938年平安中期学者暨和歌名人源顺仿照中国辞典《尔雅》所编撰的汉和辞典。当今日本编撰国语辞典百科全书参考仿照的经典资料，也是研究日本史和日本文学的重要资料。

⑧ 日本南北朝时代，1336—1392年。

平安时代人们从很多的汉字中选出了适合日本语言的汉字，同时又在其文字旁用片假名作注解，表示日语原来的意思或读音。可见日本是多么喜好中国的文字和文化，处心积虑之下创造了和式汉字。此外，女性用平假名把日常口传的文学记录下来，产生了诸如《万叶集》这样的"女流文学"[1]。由于触及了本土文化和细腻的人物内心，"女流文学"令男性刮目相看。这是平安时期的特色，也是后世文学学习的典范。

（一）片假名的起源和发展

"片假名"的"片"是表示不完全的意思，譬如说，"ア(a)"是从汉字"阿"演变而来的，"イ（i）"是从汉字"伊"演变而来的，"ウ（wu）"是从汉字"宇"演变而来的，也就是说由于在《万叶集》这本书中，部分地使用了一部分假名，就叫做"片假名"。但是并不是所有的"片假名"都从汉字的一部分演变而来。有的"片假名"是由整个汉字转变过来的，例如说，"ヶ（介）ke"、"シ（之）shi"、"チ（千）chi"、"ツ（川）tu"、"ハ（八）ha"、"ミ（三）mi"等，则是以全笔画来创造出一个"片假名"。

9世纪初期奈良时代的僧人在传授佛典内容时，用和式方式读出汉文，也补助添加了一些和式字体来辅佐汉字的表达，这就是最初期的"片假名"。它与汉字一起使用，是字体的混用时期。其后"片假名"使用范围扩大，渐渐推广了之后，一般的歌集和小说，再进一步还有一般社会上的日常的日记笔记等，都纳入了使用的范围。另外，"训读"则是在著名典籍《万叶集》[2]的附

---

[1] 平安时代中期由于片假名和平假名的发明使得贵族中女性的创作机会大增，代表性的人物有紫式部、清少纳言和泉式部等。所创作的物语和日记文学称为"女流文学"。

[2] 《万叶集》成书于7世纪后半叶至8世纪后半叶，是日本最古老的歌集。

记上开始采用的。由于在书籍余白之处必须快速地用小形字体作记录,"片假名"的字形省略化和简略化的过程加快了。

"片假名"在平安时代初期汉字训读的使用基础上开始发达起来。到了20世纪和21世纪,"片假名"则主要用在记录外来语、拟声语、拟态语等。可以说,"片假名"在日语的音节文字的表记上常被使用。

在日本的一般文化生活上,"平假名"具有审美的价值,像《源氏物语》①、《枕草子》② 等作品中的"平假名",是用来鉴赏的字体。比较而言,"片假名"大多偏向记号性的文字,属于符号性的文字字体。这两种字体都有其特殊的文化价值,可见文化的演进也会造成文字字体的变迁,这些都是在时间轨迹上出现的浑沌现象。日本的字体在创造初期,由于地域文化的不同、语言的发音不同而呈现出许多差异。特别是10世纪中期,日本由于汉字文化和日本既有的思想体系融合得更加密切,"国风文化"盛行,以国家编撰的《古今和歌集》③ 为首,再加上《竹取物语》等大量物语文学流行于民间,出现了大量的相异字体。于是国家开始整理推行这些异体字。经过了两个世纪左右的合并和分类等过渡期,到了12世纪的《源氏物语》的文字表现上,终于形成了和现代日本的报纸杂志所用文字相近的字体。1900年(明治三十三年),明治天皇颁布的《小学校令施行规则》中,有"一音一字"的行政命令,规定只有采用了48种假名的文字才得以普及使用,而在此之前通行的假名大约有230种是不被承认的。这是日本政府为了统一全国文字所实施的一种强制性的文字

---

① 《源氏物语》,平安时代中期成书,日本长篇小说,紫式部著。
② 《枕草子》,平安时代中期女流作家清少纳言执笔。
③ 《古今和歌集》,勅撰和歌集。醍醐天皇勅命、平安时代延喜5年(905年)成书,同年4月18日(5月29日)醍醐天皇奏上。

统一政策。至此，我们可以把日本文字的发展脉络看成一个浑沌发展过程：从无到有；从有序进入无序再进入有序。日本文字由中国的文字文化的传入而产生，经历了一个"大风暴"、大临界点。文字系统时刻处在一种不稳定的动态中。在日本国内的各种方言、言语文化与传统风俗习惯的演进动力与洪流中，文字出现了混用的现象，国家强制力的介入与推行则促使文字向一个有序的方向发展。融合的现象和统一的政策实施，说明语言文字的演化是一种复杂动力学行为，符合浑沌动力学演化过程，表明了语言文字发展的随机性和确定性的统一。

（二）平假名的起源和发展

日本自古以来就有自己的语言，当然没留下任何确切的读音纪录。我们可以从中日交流史看到一些蛛丝马迹。5世纪到6世纪，经由朝鲜传入了中国的汉字、美术和农业以及其他的工艺品和工艺技术。6世纪初又从中国传入了儒教思想，同样在6世纪，经由朝鲜中国的佛教也传入了。随着佛教的传入，大量的佛教经文也传入了日本。

7世纪时，经由朝鲜半岛，日本和中国有各种文化交流，也有许多贸易交流活动。许多出土的木简、铁刀铁剑、铜镜或铜钱等之上雕刻有文字，可知随着商贸活动由中国传入了各式各样的物品，这些物品上都雕刻有中国的文字。这些文字，日本人原只是把它们当作一种文样或图案来欣赏，在知其含义之后，渐渐地用这些文字当作表音符号来记录自本民族的语言，这就是日本民间采用汉字的由来。

7世纪，中国隋唐时代，日本派遣了许多使者和留学生到中国去学习先进文化。这些使者和留学生回国之后，把学到的文化带进了日本。国家自上而下学习中国文化的风气与相关的制度和政策，给知识分子们提供了创造本国文字的绝好契机。

7世纪开始，出现了使用汉字来表示日语读音的动向。譬如在万叶假名里表示日语的"は"这个意思的汉字就有"歯"、"葉"、"派"、"刃"、"波"、"羽"、"覇"、"端"、"破"、"爬"、"把"、"爬"、"頗"、"琶"、"芭"等。但是使用的最多的是"波"这个字。所以"ha"现在大部分就写成"波"。再一个例子就是，大阪市中央区难波宫迹652年前的木简上，用汉字"皮留佐乃皮斯米之斯"记录"はるくさのはしせめのとし"（harukusanohajimenotoshi），这也是这首和歌最前面的11个字。由这些字可以知道当时的人们是用中国的汉字来表示的日语的读音的。

一般认为，"平假名"（hiragana）乃是日本群众在采用中国的汉字的过程中产生演进而来的。也有一种说法是空海创作的，但是一般还是以《万叶集》的假名为日本"平假名"流行之开端。8世纪末期，日本的正仓院文书里，有平安时代平假名的字形和笔画顺序的记载。这些平假名乃是由万叶假名演变而来的，采用楷书体或行书体。如"安"写成"あ"（a）、"以"写成"い"（yi）。也因为"万叶假名"里，把汉字草书体化了，以这类草书体的汉字形状作为日本文字的书体，这种书写体形就叫做"平假名"，也是沿用至现今的草书体的"平假名"。

平假名地出现在平安时代初期，但真正把"ひらがな"（hiragara）"叫做"平假名"的是在16世纪以后的事了。为了要和"片假名"区分开来，也叫做"普通的假名"。由于这种书体被一般女性所喜好，使用者大多数是女性，所以又叫做"女手（おんなで）（onnade）"，或"女文字（onnamoji）"。与此相反的是"男手"和"男文字"，但指的不是片假名而是汉字。

平安时代末期平假名约有300多种，到了明治时代被整合成100多种。

1900年的明治天皇时代颁布了《小学令施行规则》，规定日本平假名和片假名的47个字。也就是如下表所整理的"いろは

(iroha)"。47字之外再加上鼻音表示鼻音的"ん"字，总共有48个字。就用这48个字来书写日本语。出现的其他假名就视为为变体假名。这48字如下表：

平假名	片假名	平假名	片假名
安→あ（a）	阿→ア（阿的左侧部分）	乃→の（no）	乃→ノ（乃的左侧部分）
以→い（i）	伊→イ（伊的左侧部分）	波→は（ha）	八→ハ
宇→う（u）	宇→ウ（宇的上面部分）	比→ひ（hi）	比→ヒ（比的右侧部分）
衣→え（e）	江→エ（江的右侧部分）	不→ふ（hu）	不→フ（不的左上部分）
於→お（o）	於→オ（於的左侧部分）	部→へ（he）	部→ヘ（部的右侧部分）
加→か（ka）	加→カ（加的左侧部分）	保→ほ（ho）	保→ホ（保的右下部分）
幾→き（ki）	幾→キ	末→ま（ma）	万→マ
久→く（ku）	久→ク（久的左侧部分）	美→み（mi）	三→ミ
計→け（ke）	介→ケ	武→む（mu）	牟→ム（牟的上面部分）
己→こ（ko）	己→コ（己的上面部分）	女→め（me）	女→メ（女的下面部分
左→さ（sa）	散→サ（散的左上部分）	毛→も（mo）	毛→モ
之→し（shi）	之→シ	也→や（ya）	也→ヤ
寸→す（su）	須→ス（須的右侧部分）	由→ゆ（yu）	由→ユ（由的右侧部分）
世→せ（se）	世→セ	与→よ（yo）	与→ヨ
曽→そ（so）	曽→ソ（曽的上面部分）	良→ら（ra）	良→ラ（良的右上部分）
太→た（ta）	多→タ（多的上面部分）	利→り（ri）	利→リ（利的右侧部分）
知→ち（chi）	千→チ	留→る（ru）	流→ル（流的右下部分）
川→つ（tsu）	川→ツ	礼→れ（re）	礼→レ（礼的右侧部分）
天→て（te）	天→テ	呂→ろ（ro）	呂→ロ（呂的上面部分）
止→と（to）	止→ト（止的右上部分）	和→わ（wa）	和→ワ（和的右上部分）

续表

平假名	片假名	平假名	片假名
奈→な（na）	奈→ナ（奈的左上部分）	為→ゐ（i）	
仁→に（ni）	二→ニ	恵→ゑ（え）（ye）	
奴→ぬ（nu）	奴→ヌ（奴的右侧部分）	遠→を（wo）	乎→ヲ
袮→ね（ne）	袮→ヌ（袮的左侧部分）	无→ん（n）	尔→ン

二、日语的读音

日本汉字读音奇特，一个汉字会有多个不同的读音，一个发音也同时表示多个汉字。这种现象屡见不鲜。在读音上分别有"音读"和"训读"两种：

（一）音读

日语汉字按汉语的发音读出来，叫音读。音读又分为"吴音"、"汉音"、"唐音"、"惯用音"等几类。"吴音"是指公元5—6世纪传入的汉字读音。一般是指中国的六朝时从南部的吴（即江南一带）直接传入的读音，也有的学者认为"吴音"是指经由朝鲜搬到传入日本的。这个说法有一定道理，因为汉字是由百济人王仁传给日本的，但没有确凿的证据支持。实际上，在汉音传入日本之前就有讲念经典的传统读音。如果不去细究时代背景、地域风土等情况的话，都可以把这些读音笼统地称为"吴音"。"汉音"乃是奈良时代到平安时代这一时期因为大量派遣遣唐使（目的地主要是中国西北部的长安）和僧人去中国，他们带回的大唐国都长安的读音。其后，从镰仓时代到室町时代，很多禅僧和商人相继前往中国留学或做贸易，他们也都带回日本大量的与佛教有关的经书或一般的书籍。他们在读这些从唐朝所带来的读物时使用的读音就叫做"唐音"（其实是宋、元、明代的汉字音，接近现代音，又叫"宋音"）。另外，一般普通的学习者在读中国古典韵书《广韵》、《集韵》时，所采用的发音是"吴音"、"汉音"、"唐音"杂糅在一块儿的读音。一般百姓、士农工商各阶层在日常阅读时的读音，并没有严格的规定，没有统一的读音也没有禁止哪种读音的风气。这种混合杂糅的读音在大正时代以后被叫做"惯用音"。从日本汉字读音的多重复杂系统上已经呈现出浑沌的面貌。

（二）训读

只取汉字义，读日语音，叫训读。在日语里，训读是用日语古来相传的、既有的读音来读汉字，与该汉字原有的音（汉音、吴音）有很大的不同。所谓的"训"是指用简单的语句对汉语中难解的语句进行明确的解释，或者是用现代语句对古语进行简单说明，也可以是用通用语来解释方言的做法。当日语字词中出现单一汉字或是汉字与假名相连时，这时常会用到训读，可以用平假名来标记。汉语对日本人来说是一种外国语文，汉字的学习过程同时也是一种翻译，因此读汉字时就用到了"训读"。由于汉文主要以训读的方式作为素读习惯，而汉语和日本语的语汇的对照不可能是一一对应的，一个汉字就有了很多字训。然而一个汉字本身蕴含的微妙复杂的意思不是一句简单的日语所能解释的，因此就采用了"意在言外"的策略，即一个汉字尽量用一个译语来解释，这就是一字一训固定化之由来。因此日本的汉字就有了"训读"及"和汉混淆文"，极大地开拓和增强了标记日语的可能性。

（三）日本汉字发音和中国汉字发音的异同

日本汉字发音的特征和中国汉语发音是有所区别的。汉语大多以偶数音节构成一个词组或短语，而日语多以奇数音节为一个语汇单位。例如，汉语的"樱花"是两个音节，而日语的"桜"（sa—ku—ra）则是三个音节；汉语的"桌子"是两个音节，而日语则是"机"（tu—ku—e）三个音节。古代汉语的声母发音有清音和浊音的对立，现代汉语还有送气音和不送气音的对立，日语却没有这种对立。在声调上也没有完全保持一定调值的原则（京阪式发音除外），因此有很多同音异义词。

（四）日本国字训读

"蛸"的日本国字训读为 tako、"椿"的日本国字训读为 tsubaki、"沖"的日本国字训读为 oki。这些字的读音和意义和汉语不尽相同。只有在日本才通用的读音就叫做"国训"。动植物名称（尤其是鱼类名称、鸟类名称、草木名称等）多为"国训"。例如，鱼类名称："鯵"念成 aji、"河豚"念成 fugu、"鮎"念成 ayu、"鮭"念成 sake、"鮫"念成 same、"鮪"念成 maguro、"鱒"念成 masu、"鰯"念成 iwashi；植物名称："榎"念成 enoki、"楓"念成 kaede、"桑"念成 kuwa、"欅"念成 keyaki、"榊"念成 sakaki、"椿"念成 tsubaki、"柊"念成 hiyiragi、"林檎"念成 ringo、"桜"念成 sakura、"秋桜"念成 kosumosu、"朝顔"念成 asagao、"菖蒲"念成 ayame、"李"念成 sumomo、"撫子"念成 nadeshiko、"萩"念成 hagi、"向日葵"念成 himawari；鸟类名称："不如帰"念成 hototogisu、"孔雀"念成 kujaku、"梟"念成 fukurou、"雀"念成 suzume、"啄木鳥"念成 kitsutsuki、"鴎"念成 kamome。如此等等。

（五）读音的混用

如上文所述，日语读音繁杂，有音读和训读的杂糅，音读里还有"吴音"、"汉音"、"唐音"、"惯用音"等音的混杂。音读和训读的结合方式，有音读＋训读的"重箱读法"，有训读＋音读的"汤桶读法"。日语读音的混杂状况，正是语言文化传播的浑沌实例。

（六）送假名

日语的"用言"（动词、形容词、形容动词）在其汉字后面都标写着平假名。这部分是随着主语的不同而在词尾上有所变化。从日本文部省所颁布的、或岩波书店每年出版的日语动词活用部分可看到，日语除了分四段活用之外，还有上一段活用、下一段活用、上两段活用、下两段活用。此外还有助动词的否定形、完了存续形、回想形、推量形、指定形、比况形、自发可能受身形、使役形、尊敬形、谦让形、丁字形、希求形等变化活用词尾。形容词还有文语、口语之活用形的变化，这些大多是在汉字的表记后面加上假名来叙述意思。动词、形容词、形容动词、助动词的这些用法是由日语自身的语法特点决定的，也可以说是浑沌的体现。

（七）注音假名（振假名）

日本语文里，使用了很多假名和汉字。假名一般是表音的，汉字则是表意的。汉字的读音不容易，大多数的人并不一定完全了解汉字的发音，日本的汉字就经常使用假名的发音来附在一起标记，这样才不会有读错的误会。这种用汉字和假名来一并标记的情况就叫做"注音假名"、"振假名"、"rubi注音假名小铅字"。日本也因为学习欧美的近代化，有很多直接借用英语的词，例如现代电器用品等名称都是外来语，就用片假名来记音。在日本全国贯彻英语教育的制度之下，导致了标注外来语的"表音文字"的出现。这种融人类的知觉、感情和判断能力为一体的现象乃是浑沌学的领域了。

（八）日本的国字

日本在使用汉字的过程中创造了本民族特有的一些字，这些字以中国的汉字为基础，却与中国汉字有些差异，这种字就叫做"国字"。日语对"国字"的解释是这样的："日本自己也有自创的文字，就叫做国字，日本的这种自创国字，和汉字的意思并不尽相同。还有就是在中国或日本以外的国家也有自创类似汉字的国字。在此因为与本文无关，暂时不去叙述。""国字"举例如下："峠"（touge，山巅）、"畑"（hatake，农耕地）、"辻"（tuji，十字路口或道路交叉口）等等。在中国汉字里并不存在、故而没有对应的汉字读音是国字的一个主要特征。也有少数的国字，例如"働"（dou，劳动）、"腺"（sen，淋巴腺）、"搾"（saku，压榨）等在中国汉字里也是存在着的。这些字是逆输入——从日本传入中国的汉字的例子。汉字虽然是由中国本土传入日本的，但是由于从中国传入的汉字群里没有适当的字用以表达日本民族的一些概念或事物时，就产生了汉字变体基础上的"国字"。

（九）新字体和汉字的设限

明治维新之后，日本就开始有了文字改革运动，有了"废止汉字"和"汉字设立限制"两种极端的讨论。大正12年（公元1923年），政府第一次公布了选定的《常用汉字表》。1945年，日本宣布无条件投降，第二次世界大战结束。在联合国占领下，昭和21年（1946年），日本政府被迫决定完全废止汉字。但是由于必须要有一个过渡时期，1949 年日本政府第二次颁布了《当用汉字表》，告示了当时可以使用的 1850 个汉字，其他的汉字就被废除了。在这个《当用汉字表》中，很多俗字和略字被采用了。这些俗字和略字就是日本的汉字新字体。俗字和略字虽然被采用了，但是并没有体系化，所以被日本当时有名的汉学家抨击得很厉害。他们认为这种俗字和略字会破坏整个汉字的系统。例如，"竜（龍）"、"襲（襲）"、"滝（瀧）"、"仮（假）"、"暇（暇）"、"独（獨）"、"触（觸）"、"濁（濁）"等即是。在汉字学习的笔画问题上，日本政府又公布了 881 个汉字的书写笔顺来作为教学汉字的基本方向。近年由于注重历史文化保存的风气盛行，所以已经没有汉字废止或汉字设立限制的问题了。当前日本政府选定了 1945 个常用汉字，公布了 1006 个日本"国字"，作为汉字教学之用。这种由《常用汉字表》和"国语国字"引发的问题的产生、发展和使用经纬，都是随着时代的变化而产生的情况，也可以说是浑沌学研究的领域的范畴。

三、汉字的浑沌学研究

（二）汉字的笔顺

汉字的笔画的写字顺序就叫做笔顺。楷书、行书、草书等由于书体不同笔顺有所不同，同样的书体也因为不同的流派而有很多的写法，因此在日本尚未统一笔顺。横向地进行比较，日本规范的汉字写法和中国的规范汉字的笔顺也不尽相同。昭和三十三年（1958 年），日本文部省颁布了《笔顺指导手引》，一般的学校都以此作为标准教法而推行。这个《笔顺指导手引》大多以古典作品中的汉字笔画为基准，古典书写中所没有的，就是编撰者们自创的笔顺了，所以说这里边也是有一些问题。另外，日文的书写原本是竖排的，但是近年来受到外来语和翻译文学等的影响，大部分的日本人都已经是横写占优势了。《笔顺指导手引》介绍的都是竖排的笔顺，不太适合横排。例如，"可"这个字纵书时的笔顺是"一→口→亅"。而横书时则为"一→亅→口"，可以快些写完。

（三）表示感觉的汉字之浑沌

日语汉字和中国的汉字相似性很大，但是因为时代的变迁、地域的不同、文化内涵的不同，在用法上有很多差异。例如：汉语写"天气冷"，日语写成"天氣寒"；汉语写"天气热"，日语写成"天氣暑"；汉语写"味道辣"，日语写成"味辛"；汉语写"头疼"，日语写成"頭痛"；汉语写"房子旧了"，日语写成"部屋古"；汉语说"味道可口"，日语写成"味旨"；汉语写"她漂亮"，日语写成"彼女綺麗"；汉语写"脸红"，日语写成"顔赤"；汉语写"他很胖"，日语写成"彼太"；汉语写"价钱贵"，日语写成"値段高"。这些差异，有两种不同的语言带来的语法差异，有字符使用频率不同带来的差异，更有对汉字有不同感觉而产生的使用偏好。总之，不同的选择带来了不同的表现，这种文字的表达行为，具有结构、环境、行为等方面动态、开放、突现等非线性特点，是典型的浑沌现象。

a：移動距離は長い 縱書き連続性よい

b：移動距離は短い 橫書き連続性よい

(四)电子显示器的汉字表记

由于技术的限制,以前的汽车计价器、交通标识和外国电影的翻译字幕等,显示屏幕狭小难以表现笔画繁多的汉字,因此大多采用了简省的字体。举例来说,"号"字的简写体就有一些不同。这种汉字省略法的"恶用"引起了多方批评。日本书道家、京都精华大学教授石川九杨在其著作中指出,省略汉字笔画的表记方式对日本文化、日本人的精神等方面会产生很不好的影响。

四、结论

世界是无限多样的、结构是复杂耗散的、运动是突发多变的、发展是随机曲折的。复杂非线性动力系统是指那些非对称、非平衡、非简单叠加、非预期、非他组织、非循环、非封闭的复杂系统。作为语言的书写符号的文字,依附于语言这个巨系统,同时又有自身的规律性。语言演变的浑沌性,在文字演变中都可以看到,这是非线性科学的系统性与自相似性的体现。

由于地缘的关系,作为岛国的日本,保持相对的独立性。另一方面,自古以来日本就经由朝鲜半岛或邻近的海域和中国有着密切的交流。2000多年前,伴随着佛教的传入,汉字传入了日本,日本的语言文化得以用文字记录和传承下来。这种变化是日本语言文字发展史上的一个很大的波动和转机。这个从无到有的过程,是一个突变过程。

古汉语和古代日本邪马台国语言是两个几乎完全不同的语言系统,但是却使用完全一致的汉字来记录各自的语言文化。这两个有着一定的联系却保持相对的独立性的系统,经过长久充分的变化后,其演变结果会变得大相径庭。

古代日本的文化权力主要掌握在男性手里。从中国引进的文献因为都是汉文，在汉文的解读工作中，人们创造了片假名，写在汉字的旁侧以便于了解汉字的意思。这就是所谓的记述文字。平假名则是宫廷中的女性在学习汉文和练习汉文的草书书写方式时所发明出来的文字。这两种新创制出来的文字，其形体在开始时是不一样的。这两种形体的文字随着男性文学和女流文学的发展和演进而不断地得到发展完善。935年，男性作者纪贯之以女性的立场和口吻用平假名写成了《土佐日记》，这著名的日记体裁文学作品发表之后，就没有"男性使用片假名和汉字"、"平假名是日本女性的专利"这样的分别了。各种样式的文学促进了文字的发展。例如，有从《万叶集》开始而往和歌方向发展的各种和歌集，也有以《源氏物语》为代表的物语文学的昌盛发展，还有日记文学、纪行文学、随笔文学的发展，还有整个社会出现了积极向上、生气蓬勃的贵族"公家文化"。江户时代以后，这些文学／文化不仅在贵族之间流行，在一般中下层的平民百姓之间也流传开来。不仅和歌使用片假名和平假名，松尾巴蕉的《俳句》、川柳以及近松左卫门的《净琉璃》和《歌舞伎》、井原西鹤的《浮世草子》，还有现代的各种文学样式里，片假名和平假名都得到了广泛的使用。社会文化的通俗化、大众化倾向，使得文字的演变更加活跃。文学、文化的繁荣带动了文字的发展与成熟。明治时代以后，由于西洋文化盛行，从西洋引进了很多书籍和物品。因为学习英文和英语读音的"和化"作用，英文用片假名来拼读表示的做法，也经由文部省颁布了指导方案而得以通用和盛行。外来文化的输入造成了又一次的文字文化的浑沌现象。二十世纪后半期以来，还因为电脑的普遍使用、电子显示器的文字表现、漫画文化特殊用字的流行等等因素，文字的演变速度加快了，演变过程中出现了浑沌现象。浑沌打破了确定性的方程，打破了初始条件严格确定系统未来运动的常规，因而出现了各种变化多端的奇异吸引子。日本文字的整个发展演变过程，我们可以从文字与时代背景的联系中得到一个明了的认识：

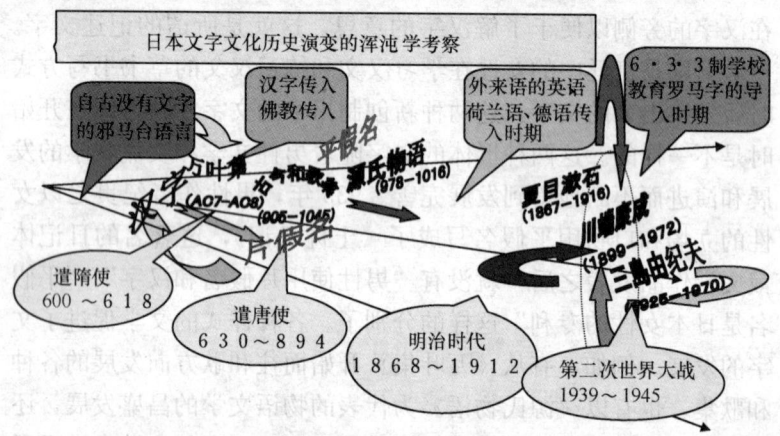

```
          日本文字文化历史演变的浑沌学考察

自古没有文字        汉字传入                    外来语的英语      6·3·3制学校
的邪马台语言        佛教传入                    荷兰语、德语传    教育罗马字的导
                                              入时期            入时期

         万叶集     古今和歌集   源氏物语                  夏目漱石
         (AO7-AO8) (905-1045)  (978-1016)                (1867-1916)
                                                         川端康成
                                                         (1899-1972)
         遣隋使                                           三岛由纪夫
         600～618                                        (1925-1970)
                    遣唐使
                    630～894    明治时代
                                1868～1912    第二次世界大战
                                              1939～1945
```

　　从图示中我们可以看到日本的文字体系是如何从无到有、从初始状态变成如今的面貌的。经过时间和空间的变动之后，因为文化发展的不同，汉字出现了不同用法。从整个汉字文化圈来看，历史上曾经使用汉字的国家——日本、韩国、越南等，都出现了这种"使用的偏差"，由此产生的文字与汉字在其母国的使用不尽相同，彼此之间的使用偏差也不尽相同，这正是浑沌学分叉理论的解释：存在着无穷多个由分叉通向浑沌的临界点，这是语言及其记录工具、汉字文化动力系统、民族社会发展的必然。选择哪个分叉，是偶然的，同时又是确定的。吸引子的存在使得日语书写系统演变符合汉字在传播中经历的五种形态：直接照搬（汉字汉文）——假借标注（汉字某文）——转注仿制（某族汉字）——改创变异（自制某文）——新"书同文"（一文多语）

和通用字符集建设[1]。正如同美国气象学家所说的"蝴蝶飞舞现象的坐标"那样：原有的既成线性轨道在路径移动的情况和条件下，虽然出发点仅有一点点的偏差或者说不尽完全相同、只稍微有一点差别，经过一段时间的发展之后，却演化成预想不到的极大偏差或完全不同的内容与结果。一个随时间确定性变化或具有微弱随机性的变化系统，就称为动力系统，这种动力系统的变化状态可以由一个或几个变量数值确定。日本文字书写体系敏感地依赖于初始条件，这个初始条件就是中国的汉字文化。由于结构、环境、行为等因素，这个系统发生了浑沌变化。字形、字义和读音的演变，是一种行为，具有结构、环境、行为等方面的动态、开放、突现等非线性特点，是典型的复杂系统变化。这个文字系统是高度开放的非线性复杂系统，有一个奇异吸引子：民族性和技术因素（政府行为、科技状况等）导致伸展，但基本价值把文字带回到一个合理的区域，因此我们今天看到的现代汉字和现代日本文字，字形、字义和读音存在差距的同时也仍具有一定的内在相似性。

当代所有科学的前沿问题都是非线性问题，包括自然科学和社会科学。浑沌是非线性现象的核心，是一门对复杂系统现象进行整体性研究的科学。社会科学中的语言文字，应以人文与科学相结合的方法来研究，因为纯科学与纯人文的方法都不足以揭示语言文字的本质。日语书写体系的这种自然、嵌入、交叠的映射，这种全方位的对立统一耦合，表现出来的整体动力活动就是动态系统中一类复杂的浑沌行为。分析语言文字系统联系的多体关系、多级关系分支与交叉、反馈关系和有机联系的非线性特

---

[1] 赵丽明：《变异性·层次性·离合性·互动性——汉字传播规律初探》，载《汉字的应用与传播——99汉字应用与传播国际学术研讨会论文集》，华语教学出版社，2000年。

征，有助于对语言文字的进一步认识和应用。语言文字作为一个复杂的系统，其正常的节律是由诸多因素、不同水平上的各种节律以非线性、非可积的方式彼此交互作用，构成了一个立体交叉网络，并通过不同时代的用字等表现出来。作为浑沌现象，语言文字以其特有的无序方式存在着。对文字信息的提取和分析用非线性方法会得到更真实、准确的结果。本文只是对日语的书写体系进行了粗略的浑沌学观照，从当代非线性科学的思想出发，直接用系统科学的语言重构现代语言文字的核心理论，有可能超越语言文字范式而又同时与现存整个自然科学学术规范相兼容。学习和借鉴非线性科学的重要意义不仅是要获取解决问题的新方法、新手段，更重要的是可以从中获得一种全新的视角，以推动语言文字研究学科的完善和发展。

文学的分叉现象
——谈叙事文学的发展

吴 刚

浑沌学的图景是关于演化的图景,一切随时间而演变的现象,都是动态系统。文学的发展本身就是一个动态的系统。而"在系统演化过程中的某些关节点上,系统的定态行为可能发生定性性质的突然改变,原来的稳定定态变为不稳定定态,同时出现新的定态,这种现象就叫做分叉"[①]。这种分叉现象,在文学上给叙事文学的发展带来了机遇。王先霈先生说,从上古到中古乃至宋代,中国的文学叙事发展迟滞,受到轻视。他说到原因:"从文学史的事实看,每当宗法制度和儒家礼教对思想的制辖松动,男女之大妨受到冲击的时候,文学叙事就获得发展空间。"[②]

一

文学上的这种分叉,给叙事文学带来了发展。大体上来看,有这样几次发展机遇。

一是在唐代。元稹的《莺莺传》、白居易的《长恨歌》,是中

[①] 苗东升、刘华杰:《浑沌学纵横论》,第57页,中国人民大学出版社,1993年。

[②] 王先霈:《中国古代叙事文学发展迟滞原因之探讨》,载《汕头大学学报》,2008年第4期。

国文学叙事的里程碑。为什么《长恨歌》及传奇会产生？陈寅恪在《唐代政治史述论稿》中开头引朱熹之言，称其时风气"闺门失礼之事不以为异"①。陈寅恪还说："李唐一族之所以崛起，盖取塞外野蛮精悍之血，注入中原文化颓废之躯，旧染既除，新机重启，扩大恢张，遂能别创空前之世局。"②唐开国皇帝李渊的母亲为鲜卑人。据说，任用的几代宰相、士人中，就有许多鲜卑等民族人员。而元稹则是鲜卑族后裔③，也有人说白居易也是少数民族。以上说的是民族融合的时代因素。还有一点是白居易的新乐府运动，就是用新题写时事的乐府式的诗。"歌诗合为事而作"，即现实主义精神。还有一重要影响，就是"浅切"即通俗，语言平易近人。他的诗流传当时社会各个阶层乃至国外，元稹和他本人也都曾谈到这空前盛况④。

《长恨歌》虽是一篇优美的诗体小说，但自诞生以来，颇受微词。在唐代，杜牧、李飞称其为"淫词媟语，入人肌骨"，宋代魏泰在《临汉隐居诗话》中称白氏"不晓文章体裁"，清初王夫之在《薑斋诗话》说："艳歌有述欢好者，有述怨情者，'三百篇亦所不废。顾皆流览而达其定情，非沈迷不返，以身为妖冶之媒也……迨元白起，而后将身化作妖冶女子，备述衾裯中丑态，杜牧之恶其蛊人心、败风俗，欲施以典刑，非已甚也。"可见，宗法制度和儒家礼教对时代的禁锢。

二是在金元。入主中原的蒙古族上层马上得天下，宗法制度和儒家礼教崩溃，社会"废科举"，堵塞了知识分子的仕途道路，一些人只好到勾栏瓦舍里找寄托，而蒙古族性格奔放、粗犷、豪

---

① 陈寅恪：《唐代政治史述论稿》，第1页，上海古籍出版社，1997年。
② 陈寅恪：《金明馆丛稿》，第303页。
③ 祝注先主编：《中国少数民族诗歌史》，第46页，中央民族大学出版社，1994年。
④ 游国恩：《中国文学史》（二），第150页，人民文学出版社，1963年。

放,醉心于民间舞蹈、音乐和戏曲,于是,运行于市民中的杂剧就发展起来。在董解元、王实甫笔下,张生由唐传奇中"负心汉"变为"志诚种"。从根本上改变了原作的主题,纠正原作认为莺莺是"尤物"称许张生始乱终弃行径为"善补过"的封建观点,以大团圆结局。元代这一政治文化格局促进了叙事文学发展,给文学带来了转折。

三是在明清。明代李贽、袁宏道、冯梦龙等人的异端思想,推动了白话小说的繁荣。徐渭的杂剧《四声猿》,抨击了当时社会丑恶和阴暗,蔑视传统封建礼教,表现作者的男女平等、妇女解放的思想。汤显祖的《牡丹亭》,歌颂了反对封建礼教、追求爱情幸福的要求,张扬了个性解放的思想。在民间流传广泛的"三国故事"、"水浒故事"、"西游记故事"之后,小说《三国演义》、《水浒传》、《西游记》出现。又出现的是第一部文人独创的小说《金瓶梅》以及神魔小说《封神演义》。清代蒲松龄《聊斋志异》、吴敬梓《儒林外史》、曹雪芹《红楼梦》。这些作品直接反映了当时的市民生活和思想感情,语言通俗、浅近,容易为群众接受。总之,他们是民间的力量。在上层,统治阶级用程朱理学的思想束缚百姓;在底层,百姓传阅着反对封建礼教、宗法制度的戏剧、小说作品。直至到了"五四"前后,新型的现代思潮涌起,中国小说进入了新时代。

二

上述三个时期,文学发生分叉,给叙事文学带来发展机遇,追其原因,能够得出一种认识:它来源于少数民族文化的力量,来源于民间文化的力量!这些是异于传统儒家礼教思想的。

(一)少数民族文化的力量。少数民族绝少有宗法制度和儒家礼教思想的束缚。他们大胆谈情说爱。就是汉族题材到了少数民族那里，也少了封建礼教的束缚。比如，王先霈先生在谈到叙事文学发展迟滞原因时，还说："在古人的文学观念中，主要倾向是重抒情而轻叙事，崇尚简省而反对繁缛。"① 但这在少数民族长篇叙事文学中，是很普遍的，不乏淋漓尽致的细腻描写。比如达斡尔族英雄史诗中对莫日根的战马颜色划分细致，语汇丰富，有黄骏马（kaltaar·mori）、斑马（sarele·mori）、花马（alar·mori）、银白色的马（soor·mori）、赤红马（jeerd·mori）、火红马（jerd·mori）、青云骏（eulen \ kuku \ hulan·mori）、乌骓坐骑（sarel·mori）、飞空骏、追风骏等等；而关于以骏马的年龄、战马的走步方式，以及以额鬃、四肢、尾巴的特征区分马，并给马起各种的美名，就更细致了。至于，战马会说话，给主人出谋划策的情节就更不用说了。战马是所有英雄史诗中共有形象，在这些民族的英雄史诗中，战马形象丰富多彩。为什么少数民族的说唱文学中会有如此生动具体的描写呢？这就要说到民间文化力量问题。

（二）民间文化力量。民间说唱最大特点是不受束缚，按照百姓的愿望去说唱。民间艺人来源于民间，服务于民间，用自己的民族语演唱自己民族的故事。叙事的话语权掌握在民间百姓手里。还有，许多民族只有语言没有文字，这样的特点，让民间文学必须用口耳相传的方式来传播。这种传播方式，经过民间艺人不断加工，代代相传，留下了鲜明的民间特色。

---

① 王先霈：《中国古代叙事文学发展迟滞原因之探讨》，载《汕头大学学报》，2008年第4期。

三

毋庸置疑，分叉给文学带来了发展。但在中国文学中，鲁迅、胡适、茅盾等人研究发现，汉族文学没有构成完整系统的神话，没有长篇故事，没有史诗。是没有分叉的机遇？事实不是如此，最主要是人为因素破坏了分叉的机会。

对于神话，茅盾认为，神话被历史化，历史被神话化。中国古代统治者，将传说中的神仙牵附为自家的祖先，将其家族史神话化，自家祖先神仙化。说穿了，这是汉文化宗法制度观念形成的。值得庆幸的是，在中国少数民族中，神话特别发达。每个少数民族都有自己丰富的神话。

对于史诗，它的产生与生存条件，需要职业歌手，需要民间艺人的参与。这在宗法制度和儒家礼教以及汉文化发达的历史时代，是不可能的。统治阶级不给百姓民间说唱的自由，简约韵文诗词曲赋的发达，也不给民间说唱的发展空间。但在少数民族中，完全另一种景象：从东起黑龙江，西至天山，南抵青藏高原形成了英雄史诗带。这里产生了闻名的三大英雄史诗——《格萨尔》、《江格尔》、《玛纳斯》。北方英雄史诗走廊内的长短英雄史诗约有400余部，其中，具有相当规模、在国内外具有较大影响的英雄史诗也有30—40部。

追根溯源，在文学的分叉点上，汉文学中的叙事文学也不是没有发展的雏形，《四库全书·钦定曲谱提要》言："考'三百篇'以至诗余，大都抒写性灵，缘情绮靡；唯南北曲则依附故实，描摹情状，连篇累牍。其体例稍殊。然《国风》'氓之蚩蚩'一篇已详述一事之始末，乐府如《焦仲卿妻诗》、《秋胡行》、《木兰诗》并铺陈点缀，节目分明，是即传奇之滥觞矣。"但它在元前毕竟没有发展起来。追究原因，除上述提到统治阶级的因素之外，还有俗文学时时受到雅文化的压抑，中国古代文人崇尚"阳春白雪"样式的诗赋文化，而对产生民间的俗文学则认为是"下里巴人"。尽管如此，生长在民间的俗文学犹如一条暗暗涌动的洪流，在适当的时机喷发出来。

文学的分叉，到了唐代才发展起来。在唐代，类似白居易的《长恨歌》虽然没有再发展起来，但给了唐传奇的生存空间。经历宋代的理学压抑之后，萌生在宋代的院本在金发展起来，到了元代，杂剧大步向前发展。但由于种种因素，无论是唐传奇，还是元杂剧，都走向了衰微。倒是始于明清的小说一直得到蓬勃发展。

在每个分叉点上，都促进了新的叙事文体的发展。比如唐传奇、元杂剧、明清小说。而每一次分叉点上，叙事文学的新发展，都是克服了宗法制度和儒家礼教思想的束缚。而明清小说的发展，充分说明，这是反抗宗法制度和儒家礼教思想持续最久、最彻底的一次文学发展，它带来了文学的革命。这说明，思想的解放最终带来了文学的解放，这给叙事文学带来了生机。叙事文学以小说的文体形式出现了新的定态，并最终稳定下来。可以说，这次分叉，文学史上出现的意义最大，众人皆知的《红楼梦》、《阿Q正传》等小说对国民的影响至深。

世界本质是非线性的，有间断、有突变、有分叉，这符合文学的发展本质。宗法制度和儒家礼教对文学发展的破坏，阻碍了文学分叉的机遇，延缓了叙事文学的发展，从另一方面看，这正是文学世界的无限多样性、丰富性、曲折性、奇异性、多变性的非线性的表现。

"第二届浑沌学与语言文化专题研讨会"会议纪要

刘 浩

2008年12月21日,中央民族大学少数民族语言文学院主办了"第二届浑沌学与语言文化专题研讨会"。参加本届会议的代表约八十人,其中有中央民族大学负责科研工作的校领导及少数民族语言文学院相关领导,有来自不同高校的国内外一流教授,有来自科研院所及学术期刊的知名学者,有耕耘在语言研究与教学一线的中青年学者,也有刚刚入门的青年学子。会议共收到论文二十余篇。

本次会议的学术交流活动由主旨演讲、大会主题发言、分会场交流三部分组成。其中大会主题发言环节分为上下午两场举行,分别安排在主旨演讲和分会场交流之后。无论是哪一部分,均紧扣"浑沌学与语言文化"这一主题展开,论题突出,见解独到,推理严密。且本次研讨会非常高效,在有限的时间内对许多有价值的选题进行了热烈的讨论,使与会者在开阔视野的同时也充分认识到将浑沌学理论应用于语言文化研究的广阔前景与时下的研究热点,达到了会议的预期目标。

上午九点,开幕式在中央民族大学文华楼1446会议室举行。中央民族大学少数民族语言文学系副主任周国炎教授主持开幕式,中央民族大学副校长宋敏教授、中央民族大学少数民族语言文学学院院长文日焕教授、中央民族大学少数民族语言文学系主任钟进文教授分别做了热情洋溢的讲话,并都对该会议的意义和作用给予了较高的评价。

随后，张公瑾先生（中央民族大学少数民族语言文学学院教授、博士生导师）做了题为"语言学思维框架的转换"的主旨报告。在报告中，他着重阐述了四个问题，分别是"改换观念，实现一次思维框架的转换"、"立足本体，拓展语言文化研究的领域"、"整体把握，提高对语言文化价值的认识"、"自主创新、走在世界思潮的前沿"。在第一个问题中，张先生指出文化语言学产生在中国有自己深厚的文化渊源。但对于这个新兴的学科，如果没有不同于传统的新方法论的支撑，它是站立不起来的。最初的十年间，人们在方法论上不断探索，但很难脱离旧的方法论的窠臼。到20世纪90年代初，科学的发展在分析方法登峰造极之后，转而开始朝着大综合的方向前进。在多学科交叉成为科学发展的普遍趋势之后，语言学借鉴其他学科的最新成果来促进本学科的发展，已势所必然。而浑沌学理论对于语言学研究的重大意义也就在这时被发现。经实践证明，浑沌学理论与方法的应用使语言学的面貌焕然一新，使文化语言学获得了坚实的方法论基础，实现了一次思维框架的转换。在第二个问题中，他提出学科的发展首先体现在对自己研究认识对象的深化上。文化语言学在前人对语言认识的基础上，提出了语言的文化性质问题，认定语言是一种文化现象。这个认识改变了语言学的理论与方法论基础，大大拓展了语言学的研究领域，从而使语言学融入了文化多样性的时代潮流，在实践上增添了人文关怀，获得了前所未有的生命力。对于第三个问题，他做了这样的阐述："由于语言是一种文化现象，在语言与文化整体以及语言与其他文化现象的关系上，语言获得了最有论证力和说服力的文化价值。浑沌学是以直观、以整体为基点来研究事物浑沌状态的复杂规则性的非线性分析方法，使用浑沌学的理论，为我们研究语言的文化价值提供了认识上的武器，为我们在语言的各个方面各个角度观察文化现象打开了方便之门。"在最后一个问题中，他认为我国在文化语言学及浑沌学的应用上是走在世界前沿的,但我们不必讲"领先"、"接轨"的话。文化语言学在中国有自己的传统和特点,它将为语言学开拓无限广阔的前景。

上午的大会主题发言环节由王显志(河北理工大学外语学院副院长,中央民族大学博士生)主持,共有五位代表发言。丁石庆教授(中央民族大学少数民族语言文学学院教授、博士生导师)在题为《语言文化研究之理论构建的浑沌学分析》的报告中系统阐述了学科带头人张公瑾先生的学术体系和理论构建过程,并对其学术贡献做了高度而又客观的评价。通过对文化观、语言观、学科观、学科发展观和创新意识的形成过程的逐个详细介绍,张公瑾教授学术和人格上的双重魅力得到了充分的展示,其学科思想体系和整体理论框架的科学性、合理性、创新理念也尽现其中。丁教授指出,一个学科理念的形成不是突发性的或线性的,是在长期的思考和实践中与学科史对话,与学科人物深层交流基础之上的非线性思想积淀。从整体上把握学科思潮的脉络和基本思路,并科学解读其深刻内涵,可以指导我们的研究实践,从而为进一步科学完善地奠定语言文化研究理论基础做出我们各自应有的贡献。赵丽明(清华大学文学院教授,博士生导师)做了题为《从国际编码看文字的模糊性、约定性、羡余性》的发言。她指出异体字问题是在国际编码中碰到的最大的问题,是几乎每个提案、每个文种都会遇到的棘手问题。而异体字现象的背后恰恰说明文字的模糊性、约定性、羡余性是普遍规律,同时也是文字系统内部自我调整的手段。她从自身实践经验出发,以几个少数民族文字文种为例做了具体的讨论。司提反·米勒(中亚东亚语言文化研究所所长,博士)结合自己多年来对西方浑沌学发展动态的了解,在本次会议中做了主题为《西方浑沌学和语言文化研究:发展趋向、研究结果、新的挑战》的报告,引起了与会者的普遍关注。他首先提到2008年发生的两件大事对浑沌学而言非常重要，一件事是"浑沌学之父"爱德华·罗伦兹（Edward Lorenz）的去世，另一件事是电影《浑沌理论》的上映。这部电影的影响尤其显著，它使很多人了解到浑沌学，但它完全歪曲了科学的浑沌学的内容，是非科学的浑沌学40年里的一个顶峰。他指出，在浑沌学最热门的20世纪80年代，浑沌学面对浑沌理论发生了分叉，一方面发展成多用于娱乐、商业、信仰等领域的民间浑沌理论，一方面发展成浑沌科学，而浑沌科学在从第一代走向第二代的过程中，"浑沌理论"这个名称已经不复使用，取而代之的则是"非线性系统理论""复杂系统理论""动态系统理论"等等。而第二代浑沌学也从个人的研究项目转到了研究所，研究的深度和力度虽都有所提高，但各个学科大多都还局限在自己的领域之中，这反而是一种落后，因而浑沌学到现在为止仍没有形成一门独立的学科。之后，他对西方语言学在研究浑沌学方面的成就和西方浑沌学在研究语言方面的成就分别做了系统的阐述。西方语言学界这几年主要研究奇异吸引子对非线性的发展作用，该研究从历史发展的角度出发，延伸到语言接触方面，而在历史发展和语言接触这两种不同的情况下，吸引子的作用是完全不一样的。吸引子这个概念在语言学上有着自己的独特性。西方浑沌学在语言方面最大的研究成果就是物理学者对语言传播的研究，而最重要的研究题目就是怎样传播声音浑沌中的语言，即如何在吵闹的环境中过滤和传播语言。这项研究开始于2005年，其成果现已广泛应用于大众手机之中。最后，他提出一个疑问："浑沌学在较小的范围中贡献很大，但如果这个系统开始变大、膨胀，甚至变成一个全球化的系统，浑沌学还有没有什么作用？"他说："在日益全球化的语言系统中，浑沌学的作用也同样会面临极大的挑战。尽管这个问题现在不能解决，但还是值得考虑的。"王峰（中国社会科学院民族学与人类学研究所南方民族语言研究室副主任，副研究员，博士）在《初值与沿流：语言演变的浑沌性质》一文中结合 E. N. 洛仑兹对浑沌系统的定义以及萨丕尔关于语言沿流的相关理论，探讨了语言系统作为浑沌系统的发展特性。而后在理论认识的基础上，以汉语语音发展的一些规律，如汉语复辅音脱落、二等介音、语音格局的重建等具体问题，来印证洛仑兹和萨丕尔的相关阐述，进一步证明了语言系统的浑沌性质。张铁山（中央民族大学少数民族语言文学学院教授、博士生导师）做了题为《语言变化的浑沌学诠释》的发言。他指出变化是语言的基本特征。对于"变化"可以进行多角度的分析，除去经典科学对事物发展变化的分类之外，21世纪从浑沌学这一新的角度来分析"变化"是对传统经典科学思维方式的飞跃。无论是语言的起源，还是语言的发展；无论是语言结构体系的发展，还是语言功能的变化；无论是整个语言体系，还是其内部的语音、词汇、语法的复杂变化，都可以用浑沌学理论来阐释。在用浑沌学理论对语言变化做了总体诠释之后，他又用一些具体例子验证了语言是浑沌状态下的不断变异的系统。

下午的分组讨论在两个分会场同时进行。第一分会场由胡玥（总后勤部后勤杂志社主任记者，博士）和张殿恩（北京联合大学外语学院副教授，博士）主持，共有七人发言。吴平（北京第二外国语学院副教授，博士）通过词缀"子"的历史演化、分类描写及作用探析，在《名词后缀"子"的文化意义流变》一文中，从浑沌学"分叉"的角度对后缀"子"的文化意义做了合理的诠释。洪芸（北京第二外国语学院副教授，博士）在《纠错反馈——中介语系统演化的重要因素》一文中提出了纠错反馈的定义、分类，指出反馈对于中介语系统的重要作用，最后结合浑沌学的相关理论得出纠错反馈是中介语系统演化的重要因素。王显志（河北理工大学外语学院副院长、教授，中央民族大学博士生）根据自己对英汉性别词大量的统计研究，提交了《从浑沌学视角透视英汉字词中的性别歧视文化》一文。论文从浑沌学角度对英语、汉语字词折射出的性别歧视文化进行了对比研究和现象解读。彭凤（新疆师范大学讲师，中央民族大学博士生）在《浑沌性是语言的本质属性——浑沌学视角下的语言任意性和理据性探讨》一文中指出从浑沌学的观点来看，语言沿流的走向不仅有着内在的规律性，而且时时可能会受到外部因素的干扰。语言是人类精神的产物，而个人恰恰是语言沿流的原动力。语言的演化是一个确定性与随机性并存的浑沌运动，浑沌性才是语言的本质属性。语言的浑沌性使语言任意性和理据性达到了有机的统一。陈永莉（中国人民大学文学院博士后）对如何评价对外汉语教材这个问题有自己独特的见解。在《对外汉语教材评价体系的浑沌学研究》一文中，她运用浑沌学理论，结合语言学、心理学、教育学等相关知识，试图建立一个系统、科学、严密、可操作性强的汉语国际推广教材的评价体系。一词多义现象是任何语言都普遍存在的现象，长期以来也备受语言学家的关注，李宇宏（中央民族大学博士生）在《词义引申的浑沌学解释》一文中从浑沌学的角度对多义词意义的引申做了精辟的论述。吴碧宇（中央民族大学博士生）在论文《基于浑沌学理论的汉语研究综述》中首先介绍了浑沌学的概念和主要特征，接着从浑沌学与语言学研究的理论性思考和基于浑沌学理论对语言学的应用性研究两个方面，综述了近年来从浑沌学视角对语言学的研究动态及相关成果。

第二分会场由戴红亮（国家语委语言信息司副研究员，博士）和李明（博士）主持，共有十余人发言。曹道巴特尔（中国社会科学院民族学与人类学研究所副研究员，博士）做了题为《蒙古语二元对立文化语义语音选择》的发言。他从一些有代表性的例子入手，讨论了蒙古语在表达阳刚和阴柔概念时对语音的不同选择，详细分析以辅音 R 为核心的阳刚语义语音组和以 M 为核心的阴柔语义语音组，并进一步深入讨论了各组之间的层次搭配关系。刘建勋（中央民族大学讲师，博士）发言的题目是《"十二"的隐喻意义》，他指出"十二"在许多语言中都有着很高的使用频率，其隐喻用法从浑沌学的角度来看更是有着独特的意义。何思源（中央民族大学讲师，博士）在《中国京语与越南语西贡音辅音、音调的异同》的发言中着重比较了具有共同来源的中国京语与越南语西贡音在辅音、音调上的不同变化，并用临界点、分叉、吸引子、初值敏感性等浑沌学理论解释中国京语与越南语的异同。浑沌是一类广泛存在的动力学现象，黄美新（中央民族大学博士生）在《论浑沌学视野下的壮语翻译》一文中从浑沌理论中的系统内部和谐性原则和整体性原则探讨了壮语翻译。胡艳霞（大连民族学院讲师，中央民族大学博士生）在论文《从满语的发展历程看满族文化变迁》中通过对满语借词的分析，认为满族先后承受了蒙古族游牧文化和汉族农耕文化的熏陶，其影响主要表现为游牧民族文化对满族的渗透、满族对汉族农耕文化的汲取、现代化进程对满族文化的影响三方面。格根哈斯（内蒙古民族大学讲师，中央民族大学博士生）的论文《蒙古语中古老的内部屈折构词法探析》在大量语言材料的基础上，挖掘了蒙古语中的内部屈折构词现象。她指出，虽然在现代蒙古语中内部屈折已不再是一种构词方法，但它作为一种古老的构词方法在很多词中被保留了下来，并且这些词互相都有共同义位，对这种现象的深入研究是很有价值的。张英姿（中央民族大学硕士生）在调查报告《浅论俄罗斯族语言文化的自相似性》中提出额尔古纳俄罗斯族在自身不断发展及与汉族文化相接触的交叉影响下，其语言和文化所形成的特点体现了浑沌学层层嵌套的自相似性。张永斌（中央民族大学博士生）的《论"多元文化"视野下的民族杂居地区语言和谐问题》在剖析语言与文化关系的基础上，提出语言和谐与"多元文化"是相辅相成、互相依存的，之后又对注重民族文化多样性的必要性进行了全方位的论证，并对如何促进语言和谐给出了自己的建议。吴刚（中央民族大学博士生）在《文学的分叉现象——谈叙事文学的发展》的发言中对文学的发展这一动态系统进行了浑沌学的分析，并主要描写了叙事文学发展过程中的分叉现象。最后，丁石庆教授做了题为《初始与分叉：达斡尔族姓氏的历史演化》的发言，他运用浑沌学的方法对达斡尔族姓氏的历史变化做了精辟的论述，并认为达斡尔族复杂的姓氏系统非常适于非线性的分析方法。

大会闭幕式由周国炎教授主持。首先，三位学者分别做了主题发言，向大家阐述了自己的学术思想。孟德腾（山西师范大学讲师，中央民族大学博士生）在《文化语音学理论构建的思考》中，简要回顾了音义关系研究的历史，并根据象征的显著程度把语音象征分为音义联觉词和隐性语音象征两大类。他认为语音层面的文化研究亟待加强，主张恰当运用浑沌学理论，寻找浑沌学理论和语音文化的契合点，为文化语音学的研究和理论构建提供更为广阔的发展空间。王国旭（云南民族大学讲师，中央民族大学博士生）对美国人类语言学家帕尔默的语言观进行了评述。在对加利·帕尔默及其著作做了言简意赅的介绍之后，对帕尔默文化"三加一"模式的文化语言学思想做了详细的梳理，并对其语言观的形成、发展及影响作了总结性的陈述。杨大方（中央民族大学成人教育学院副教授，博士）在《"山寨"现象的浑沌学观察》中从浑沌学这一新鲜的视角，观察分析了"山寨"一词的社会文化和背景，以及它复杂的语义体系并进一步探讨了语言变化发展的深层次规律。接着，分会场的主持人张殿恩和戴红亮分别就各自会场的讨论情况从个人到整体做了深入具体的汇报。最后，丁石庆教授对本次会议作了总结发言。他说，本次会议实际上是以"浑沌学与语言文化"为专题的第三次学术研讨会，在吸取了"预备"会和第一届会议的经验之后，本次会议举办得相当成功，且比以前讨论得更为深入和系统。本次会议提交的论文涉及到英语、俄语等印欧语系的语言，汉语、壮语等汉藏语系的语言，蒙古语、满语、现代突厥语等阿尔泰语系的语言及学界研究较少的越南语、京语等；论文研究范围非常广泛，涉及语言本体、语言变异、语言教学、语言翻译、语言和谐、语言影响、文学方面的语言学分析、语言学经典名著的解读报告、近期国内外信息的综合报道等各个方面；论文研究问题非常全面，分别从宏观的理论体系、微观的实例分析和理论与实际应用三个方面，为大家展示了浑沌学与语言研究的不同视角和不同途径。他指出，将非线性理论与方法引入到语言文化研究领域是张公瑾先生的独创，也体现了张先生深刻的洞察力、超前的学术研究意识、积极探索的精神和创新意识。正是有了张先生这一系列的努力，才使得这一学科的发展取得了新的突破。虽然现今体系并不完善，但这也正是大家前进的方向。而后，丁教授又对浑沌学与语言文化研究的前景做了相关设想，并期待大家一同努力，推动这一理论逐步走向成熟，也期望大家能在下一次的会议中多出成果，为会议再一次呈献精神会餐。最后，张公瑾先生表示会议在总体上达到了预期目标，自己在这次会议中也得到了鼓舞和启发，并吟诗一首抒发自己对这一学科的展望。

主要参考文献

［比］普里戈金：《从混沌到有序》，上海译文出版社，2005年。

［美］E·N·洛仑兹：《混沌的本质》，气象出版社，1997年。

［明］李时珍：《本草纲目》，人民卫生出版社，2005年。

［英］戴维·克里斯特尔编，沈家煊译：《现代语言学词典》，北京：商务印书馆，2007年。

［比］钟鸣旦：《圣经在17世纪的中国》，载《圣经与近代中国》，汉语圣经协会有限公司出版，2003年。

［韩］郑安德：《明末清初耶稣会思想文献汇编》，北京大学宗教研究所内部资料，2003年。

［加］大卫·杰弗里·史密斯著，郭洋生译：《全球化与后现代教育》，教育科学出版社，2000年。

［美］小威廉姆·E、多尔著，王红宇译：《后现代课程观》，教育科学出版社，2000年。

［蒙古］达·迈达尔、拉·达力苏荣：《蒙古包》（蒙文版），内蒙古文化出版社，1987年。

［日本］小泽中男著，白音门德译：《〈蒙古秘史〉的世界》（蒙文版），内蒙古人民出版社，1998年。

［英］诺曼·菲尔克拉夫著，殷晓蓉译：《话语与社会变迁》，华夏出版社，2003年。

李学勤主编：《十三经注疏·尔雅注疏》，北京大学出版社，1999年。

C·恩伯、M·恩伯著，杜杉杉译：《文化的变化——现代文化人类学通论》，辽宁人民出版社，1988年。

E·N·洛伦兹著，刘式达等译：《浑沌的本质》，气象出版社，1997年。

爱德华·萨丕尔著，陆卓元译：《语言论－言语研究导论》，商务印书馆，1997年。

白萍：《内蒙古俄罗斯语的形态特点》，载《民族语文》，2008年第4期。

本杰明·李·沃尔夫著：《论语言、思维和现实——沃尔夫文集》，湖南教育出版社，2001年。

蔡毅：《日本文化中的中国传统文化》，勉诚出版社，2002年。

蔡毅：《日中文化交流史丛书》，大修馆书店，1996年。

岑麒祥著：《语言学史概要》，北京大学出版社，1988年。

柴奕：《二语初始状态及其相关假说述评》，载《湘潭师范学院学报》，2007年第4期。

陈桂生：《教育学的建构》，长沙：湖南教育出版社，1998年。

陈慧媛：《关于语言僵化现象起因的理论探讨》，载《外语教学与研究》，1999年第3期。

陈士林：《凉山彝语的使动范畴》，载《中国语文》，1962年8、9月号。

陈松岑著：《语言变化研究》，广东教育出版社，1999年。

陈天机、许倬云、关子尹主编：《系统视野与宇宙人生》，广西师范大学出版社，2004年。

池田岩介、津田一郎、松野孝一郎：《复杂系化学和现代思想》(Chaos Series3)，1997年。

达·巴特尔：《蒙古语派生词倒序辞典》（蒙文版），内蒙古教育出版社，1988年。

大岛正二：《从文化史看汉字和中国人》，日本，岩波新书，2003年。

大岛正二：《汉字传来》，日本，岩波新书，2006年。

戴庆厦：《藏缅语族语言研究》，云南民族出版社，1990年。

戴维·克里斯特尔：《剑桥语言百科全书》，中国社会科学出版社，2002年。

丁石庆：《达斡尔语言与社会文化》，中央民族大学出版社，1998年。

丁石庆：《双语族群语言文化的调适与重构—达斡尔族个案研究》，中央民族大学出版社，2006年。

丁石庆主编：《社区语言与家庭语言—北京少数民族社区与家庭语言情况调查研究之一》，民族出版社，2007年。

丁有瑚：《对混沌学的基本认识》，载《现代物理知识》，1996增刊。

范冬萍：《复杂系统的因果观和方法论》，载《哲学研究》，2008年第2期。

范文贵：《基于建构主义理论的探究性数学教学观》，载《全球教育展望》，2003年第6期。

冯友兰：《中国哲学简史》，新世界出版，2004年年。

傅爱兰：《普米语动词的语法范畴》，中国文史出版社，1998年。

高文：《建构主义学习的特征》，载《外国教育资料》，1999第1期。

格桑居冕：《藏语动词的使动范畴》，载《民族语文》，1982年第5期。

辜正坤：《人类语言音义同构现象与人类文化模式》，载《北京大学学报》，1995第6期。

顾嘉祖、刘辉：《语言与性别》，载顾嘉祖、陆昇主编：《语言与文化》，上海外语教育出版社，2002年。

郝柏林：《从抛物线谈起——混沌动力学引论》，上海科技教育出版社，1998年。

何平：《古代中国的影响与现代越族的形成》，载《世界民族》，2004年第5期。

贺青梅：《非线性教学：主要特征与基本理念》，载《邵阳学院学报》（社科版），2007年第4期。

胡壮麟、刘润清、李延福：《语言学教程（Linguistics：A Course Book）》，北京大学出版社，1987年。

黄布凡：《古藏语动词的形态》，载《民族语文》，1981年第3期。

黄河清：《利玛窦对汉语的贡献》，载香港中国语文学会：《语文建设通讯》2003年（74）。

黄金、王飞霞：《古代中国移民与越南社会开发——以明末清初时期为例》，载《八桂侨刊》，2007年9月第3期。

黄行：《论语言的变化与回归——以藏语音系演变为例》，载《中国民族语言论丛》(2)，云南民族出版社，1997年。

纪玉华：《帕尔默文化语言学理论的构建思路》，载《外国语》，2002年第2期。

加藤彻：《贝和羊的中国人》，日本，新潮新书，2006年。

加藤彻：《汉文素养》，日本，光文社新书，2006年。

江荻：《汉藏语言演化的历史音变模型——历史语言学的理论与方法探索》，民族出版社，2002年。

金鹏：《藏文动词曲折形态在现代拉萨话里衍变的情况》，载《语言研究》，1956年第1期。

孔庆成：《语言中的"性别歧视"两面观——兼议语义贬降规律和语言的从属性》，载《外国语》，1993年第5期。

莱尔·坎贝尔：《历史语言学导论（第二版）》，世界图书出版公司、爱丁堡大学出版社，2008年。

兰纯：《认知语言学与隐喻研究》，外语教育与研究出版社，

2005年。

雷航：《现代越汉词典》，外语教学与研究出版社，2004年。

李葆嘉：《中国语言文化史》，江苏教育出版社，2003年。

李大川编纂翻译：《元极学混沌出开法》，baseball magazine出版社，1995年。

李扬：《试论〈现代汉语词典〉中的"子"字后缀》，载《阜阳师范学院学报》，2002年第4期。

力量：《近代汉语中词缀"子、儿"等的独特用法》，载《河南师范大学学报》，2006年第2期。

梁晓虹：《禅宗典籍中"子"的用法》，参阅 http://www.guoxue.com/www/xsxx/txt.asp?id=510。

林夏水：《分形的哲学漫步》，首都师范大学出版社，1999年。

龙梅：《中介语错误及其僵化问题》，载《四川师范大学学报》，2004年第4期。

龙永行：《17—19世纪越南华侨的移居活动与影响》，载《东南亚研究》，1997年第6期。

卢侃，孙建华：《混沌学传奇》，上海翻译出版公司，1991年。

陆国强编著：《现代英语词汇学》，上海外语教育出版社，1999年。

陆志韦等：《汉语构词法》，北京科技出版社，1957年。

罗常培：《语言与文化》，语文出版社，1950年。

罗竹风主编：《汉语大词典》，汉语大词典出版社，1990年。

马礼逊：《新遗诏书》，马礼逊牧师来华一百九十周年纪念版，香港圣经公会，1997

马学良：《汉藏语概论》，民族出版社，2003年。

梅耶著，岑麒祥译：《历史语言学中的比较方法》，世界图书出版公司，2008年。

苗东升、刘华杰著：《浑沌学纵横论》，中国人民大学出版社，1993年。

苗东升：《非线性思维初探》，载《首都师范大学学报》（社会科学版），2003年第5期。

内蒙古大学：《蒙汉词典》，内蒙古人民出版社，1999年增订版。

倪大白：《侗台语概论》，中央民族学院出版社，1990年。

彭燕：《英汉语言中的性别歧视》，载罗选民主编：《英汉文化对比与跨文化交际》，辽宁人民出版社，2000年。

钱钟书：《管锥编》（第3册），中华书局，1979年。

桥本万太郎著：《语言地理类型学》，北京大学出版社，1985年。

秦坚：《后缀"子"的类型和意义》，载《语言与翻译》（汉文版），2005年第1期。

清格尔泰：《蒙古语语法》，内蒙古人民出版社，1991年。

邱广君：《后缀"子"与"儿"的造字类型及其异同》，载《辽宁大学学报》，1990年第2期。

山口仲美：《日本语的历史》，日本，岩波新书，2006年。

申小龙：《历史比较语言学方法论溯源》，载《平顶山师专学报》，2004年第3期。

沈阳、冯胜利：《当代语言学理论和汉语研究》，商务印书馆，2008年。

石锋、刘劲荣：《拉祜语的元音格局》，载《云南民族大学学报》，2006年第2期。

石毓智：《汉语研究的类型学视野》，江西教育出版社，2004年。

笹原宏之：《日本的汉字》，岩波新书，2002年。

笹原宏之：《位相文字的性格和实态》，日本国语研究所，2002年。

水原寿里：《色彩认知与中日文化交流》，中央民族大学博士学位论文，2008年。

孙宏年：《17世纪中叶至19世纪初入越华侨问题初探——以人口估算为中心》，载《东南亚纵横》，2000年增刊。

孙汝建：《性别与语言》，江苏教育出版社，1997年。

索绪尔著，裴文译：《普通语言学教程》，江苏教育出版社，2001年。

汤泽质幸：《古代日本人和外国语》，勉诚出版社，1992年。

童天湘、林夏水主编：《新自然观》，中共中央党校出版社，1998年。

王海澜：《混沌理论应用于教育的争论》，载《全球教育展望》，2001年第12期。

王洪君：《汉语非线性音系学－汉语的音系格局与单字音》，北京大学出版社，1999年。

王金铭：《试论非线性教学模式》，载《赤峰教育学院学报》，2003年第6期。

王均主编：《壮侗语族语言简志》，民族出版社，1984年。

王显志：《英汉语言中性别歧视现象的对比研究》，天津师范大学硕士论文，2003年。

王颖著：《浑沌状态的清晰思考》，中国青年出版社，1999年。

吴安其：《历史语言学》，上海教育出版社，2006年。

吴福祥：《关于语言接触引发的演变》，载《民族语文》2007年第2期。

吴广谋：《系统原理与方法》，云南大学出版社，2005年。

吴锦程：《浅谈支架式教学》，载《学科教育》，2003第6期。

吴亮：《试论汉语名词词缀的形成和途径——语法化》，载《河南教育学院学报》，2005年第1期。

吴祥云、陈忠等编著：《浑沌学导论》，上海科技文献出版社，1996年。

五木宽之、福永光司：《道学人间学—混沌的发展》，致知出版社，1997年。

武田时昌：《中国古代科学史论》，京都大学人文科学研究出版社，1989年。

西双版纳傣族自治州人民政府编：《傣汉词典》，云南民族出版社，2002。

香港中国语文学会编：《近现代汉语新词词源词典》，汉语大词典出版社。

徐大明主编：《语言变化与变化》，上海教育出版社，2006年。

徐盛桓：《语言学研究的因果观和方法论》，载《中国外语》，2008年第5期。

徐通锵：《历史语言学》，商务印书馆，1996年。

徐通锵：《语言论——语义型语言的结构原理和研究方法》，东北师范大学出版社，1997年。

严绍璗：《日本中国学史》，江西人民出版社，1991年。

颜泽贤、范冬萍、张华夏：《系统科学导论——复杂性探索》，人民出版社，2006年。

杨然：《越南胡志明市的华侨华人社会》，载《东南亚纵横》，1996年第2期。

杨永林：《社会语言学研究：功能 称谓 性别篇》，上海外语教育出版社，2004年。

杨振兰：《汉语后缀"子"的范畴化功能》，载《山东大学学报》，2007年第5期。

姚新中著，赵艳霞译：《儒教与基督教——仁与爱的比较研究》，中国社会科学出版社，2002年。

尹蔚彬：《业隆话动词的时、体系统》，载《民族语文》，2002年第 5 期。

于根元:《应用语言学概论》,商务印书馆,2001 年。

喻翠容、罗美珍:《傣仂汉词典》,民族出版社,2004 年。

詹伯慧:《现代汉语方言》,湖北人民出版社,1981 年。

詹明道:《建构主义与数学教学》,载《课程·教材·教法》,2001 年第 10 期。

詹姆斯·格莱克著,卢侃、孙建华编译:《混沌学传奇》,上海翻译出版公司,1991 年。

张公瑾、丁石庆主编:《文化语言学教程》,教育科学出版社,2004 年。

张公瑾 丁石庆主编:《浑沌学与语言文化研究》,中央民族大学出版社,2005 年。

张公瑾、丁石庆主编:《浑沌学与语言文化研究新视野》,中央民族大学出版社,2008 年。

张公瑾:《文化语言学发凡》,云南大学出版社,1998 年。

张公瑾:《傣语德宏方言中动词和形容词的后附音节》,载《傣族文化研究》,云南民族出版

张公瑾:《浑沌学与语言研究》,载《语言教学与研究》,1997 年第 3 期。

张公瑾:《走向 21 世纪的语言科学》,载《民族语文》,1997 年第 2 期。

张会森:《最新俄语语法》,商务印书馆,2002 年。

张建伟,陈奇:《简论建构性学习与教学》,载《教育研究》,1999 年第 5 期。

张梦井:《汉语名词后缀"子"的形态学研究》,载《惠州大学学报》,2001 年第 1 期。

张武江:《非线性动力学与语言研究》,载《重庆工学院学报》,2004 年第 6 期。

张相学：《非线性教学：教学研究新视阈》，载《湖南师范大学教育科学学报》，2004年第6期。

张雪梅、戴炜栋：《反馈 二语习得 语言教学》，载《外语界》，2001年第2期。

张志敏：《东北官话的分区（稿）》，载《方言》2005年第2期。

章振邦主编：《新编英语语法教程》，上海外语教育出版社，2000年。

赵艳芳：《认知语言学概论》，上海外语教育出版社，2005年。

赵忠德：《音系学》，上海外语教育出版社，2006。

中国科学院少数民族语言研究所：《布依语调查报告》，科学出版社，1959年。

中国社会科学院语言研究所词典编辑室：《现代汉语词典（2002年增补本）》，外语教学与研究出版社，2002年。

中国植物学会编：《中国植物学史》，科学出版社，1984年。

中西进：《日本文化读解》，帝冢山学院大学出版社，1994年。

周耀文、罗美珍：《傣语方言研究》，民族出版社，2001年。

朱茂汉：《名词后缀"子"、"儿"、"头"》，载《安徽师大学报》，1982年第1期。

朱文俊：《人类语言学论题研究》，北京语言文化大学出版社，2000年。

朱文旭：《彝语使动范畴前缀词素研究》，载《民族语文》，1998年第6期。

Alessantro Duranti. Linguistic Anthropology. Cambridge University Press, 1997.

Barber, Charles. The English Language. A Historical Induction [M], 161, Cambridge University Press, 1993.

Ellis, R. A theory of instructed second language acquisition. In N. C. Ellis (ed.) Implicit and Explicit Learning of Languages. London: Academic Press, 1994, p. 549—569.

Ellis, R. A theory of instructed second language acquisition. In N. C. Ellis (ed.) Implicit and Explicit Learning of Languages. London: Academic Press, 1994, p. 549-569.

Ellis, R. Basturkmen, H. & Loewen, S. Learner uptake in communicative ESL lessons. Language learning, 2001 (51), p. 281-318.

Fromkin, V. & R. Rodman. An Introduction to Language. Harcourt Brace. 1974.

Gary B. Palmer Toward a Theory of Cultural Linguistics [M]. Austin: University of Texas Press, 1996.

Gary B. Palmer: Toward A Theory Of Culture Linguistics, 1996, University of Texas Press.

Han, Zhaohong, Rethinking the role of corrective feedback in communicative language teaching. RELC Journal 2002, 1, p. 1-33.

Jones, et al.: Oxford Advanced Learner's Dictionary. Oxford: OUP. 1997.

Lakoff & Johnson: Philosophy in the Flesh: The Embodied Mind and its Challenge to Western Thought, 1999.

Lakoff, George. Women, Fire, and Dangerous Things: What Categories about the Mind [M]. Chicago: University of Chicago Press.

Long, M. The role of the linguistic environment in second language acquisition. In W. Ratchie & T. Bhatia (Eds.), Handbook of research of language acquisition. Vol. 2: Second language acquisition. New York: Academic Press, 1996. p. 413

Long, M. The role of the linguistic environment in second language acquisition. In W. Ratchie & T.

Lyster. R, & Randa, L. Corrective feedback and learner uptake: Negotiation of form in communicative classrooms. Studies in Second language acquisition, 1997, 19, p. 37-66.

Nguyen Dang Liem. : Vietnamese pronunciation, University of Hawaii Press, 1970.

Nguyen Dình Hoa: Tieng Viet khong son phan, John Benjamins Publishing Company, 1997.

Schachter, J. Corrective feedback in historical perspective. Second language Research, 1991, 7, p. 89-102.

Spada, N. , & Frohlich, M. COLT: communicative orientation of language teaching observation scheme. Coding conventions and applications. Sydney, Australia: National Centre for English Language Teaching and Research, Macquarie University, p. 34.